移民が紡ぐ日本
交錯する文化のはざまで

河原典史・木下 昭 編
kawahara norifumi & kinoshita akira

文理閣

はじめに

「日本」をどう描くか、「日本人」とは誰か

木下　昭

　「日本て、どんな国ですか？」「日本人の特徴て、何ですか？」と聞かれたら、どう答えたらいいのだろうか。「そんなの簡単に答えられないよ」と思うかもしれない。しかし、「模範解答」を探すのは、実はそれほど難しくない。たとえば、海外で行われるジャパン・フェスティバルや万国博覧会において、日本を代表するとされる音楽や食べ物、映画、衣類、科学技術などが、公演・展示・販売される。わび・さびと結びつけられるいけ花や茶の湯、あるいは、アニメや漫画のような現代のポップ・カルチャーがその一例である。これらによって、もともと形のないはずの「日本」が五感に訴えるものになっている。一方、日本国内においては、「日本人」や「日本文化」をテーマとする書籍やテレビ番組が氾濫している。そのなかでは、日本文化や日本人に本質的な共通性と独自性、たとえば、「集団行動」「礼儀正しさ」「時間に厳格」などがあることが前提とされ、その源として DNA が持ち出されることさえある。

　意識的にしろ、そうでないにしろ、このように日本人や日本文化を表わすこと、あるいはその是非を問うこと、そしてその背後にある「日本」を議論することは、日本内外の幅広い人々の間で、これまで数限りなく繰り返されてきた。こうした議論は、「日本人論」や「日本文化論」などと呼ばれ、学術的な研究対象ともなり、とりわけ 1990 年代に活発に論じられた。その過程で指弾されたのは、日本文化論に含まれる本質主義的な主張、すなわち日本人や日本文化に原初的・固定的特質の存在を前提とする思想である。この批判を下支えしたのは、生物学や歴史学の観点からの、「日本人」というカテゴリーそのものの問い直しである。たとえば、かつて自然科学上の人類の

分類と考えられてきた人種に、生物学的な根拠がないことが明示された。また国民という概念が今日的な意味を持つようになったのは、近代以降であることも学術界では広く受け入れられるようになった。さらに、そのなかで露わになったのは、国民や国民文化に、国家やマジョリティによって創られた側面があること、その影で同化されたり、片隅に追いやられたりした多様な文化やマイノリティが存在したことである。これらの議論の結果、「日本人」や「日本文化」のような国民を実体視あるいは自明視する枠組みへの批判が高まった。したがって、学問の世界では、「日本人の共通性とは何か」、あるいは「日本文化の特質とは何か」といった素朴な問いは、もはや持ち出さないことが主流となり、日本人論や日本文化論への批判も突き詰められた感がある。

　ただ忘れてはならないのは、「日本人」や「日本文化」を問うことは、日本自身の視線だけでなく、日本や日本人に向けられた外からの視線と常に絡み合ってきたことである。この他者として重要なのは、幕末明治維新以降日本と対峙してきた西洋である。明治政府は西欧諸国に文明国と認知されるべく、欧米からいわゆる「御雇外国人」を受け入れる一方、日本の国力を印象づけるために万国博覧会などを利用した。この流れから西欧でジャポニスムが生み出された。また、御雇外国人をはじめとする来日経験のある、あるいは日本人と接点を持った研究者やジャーナリストの日本に関する見解は、ルース・ベネディクトの『菊と刀』に代表されるように、日本人自身の日本人論に大きな影響を与えた。このように欧米は、日本人が「日本」を規定する上で大きな存在であった。これは今日の日本にとっても変わらないところがあり、ハリウッド映画に登場する「日本人」の描かれ方がしばしば話題になるように、欧米の日本人像に依然として多くの日本人が注意を払っている。こうした欧米からの視線についても学術的な分析が行われ、そこに多々見られる西欧と非西欧の二分法（優れた・進んだ西欧と劣った・遅れた日本）を批判するにあたって、オリエンタリズム（欧米−非欧米）、コロニアリズムやポストコロニアリズム（宗主国−植民地、先進国−発展途上国）、あるいは人種概念（白人−非白人）のようなグローバルな枠組みが、しばしば用いられてきた。

これまで述べてきたように、膨大な数の日本人論や日本文化論が生み出され、そのなかで定型的に用いられる「日本人は自我が弱く、集団主義的」といったステレオタイプへの批判、そしてそのような固定的な日本観を生み出す回路についての分析もなされてきた。しかし、こうした議論がさんざん行われた後でも、先に述べたように、あまりかわり映えのしない日本人論は、今日もこれまでと変わらず、あるいはそれ以上と言って良いほど世間にあふれている。この近年の日本人論や日本文化論には、「日本」や「日本人」を全く躊躇することなく礼賛するものが流行している。例えば、「世界で大人気の日本料理」「外国人観光客が虜になるおもてなしの心」といった具合である。日本礼賛論が急増している背景に、比較対象の変化がある。これまで同種の議論が欧米を明に暗に比較対象とするのが主流であった。しかし、嫌韓・嫌中論が同時に流布されていることでもわかるように、アジア諸国を比較対象としたものが相対的に多いことが今日の特徴である。その理由として想定されることが多いのが、GDP 世界第三位への転落に象徴される、アジアにおいても顕著になった日本の地盤沈下である。しかし、そこで取り上げられている日本人と日本文化は、旧来の議論と重なるところが少なくない。この現状は、「日本人」や「日本文化」を論じること自体の意義が、喪失したわけではないことを示している。

　そこで本書では、これまでの日本人論を巡る議論を念頭に置き、しかし理論やマクロな視点からではなく、具体的事例を使って、そこに表れる「日本」や「日本文化」を分析したい。この目的のために注目するのは、日本から、あるいは日本へ移動する人の存在である。こうした国境を越えた移動を、物理的にあるいは文化的に行う人々を、ここでは広い意味で「移民」と呼びたい。移民に着目するのは、彼らが国家や国民をしばしば意識し、意識させるからである。たとえば、明治以降アメリカに向かった初期移民たちには、「日本出身」というアイデンティティはもともと希薄で、道府県あるいは市町村に、主要な帰属意識をおいていた。しかし現地で「日本人」としての経験を重ねるなかで「日本出身」としてまとまり、「日本人」や「日系」としてのアイデンティティが形成されていった。一方、日本に赴く人々も、あるいは日本出身者を受け入れる人々も、出会う人や出来事に、自国とは異なる「日

本」を見いだしていくことが珍しくない。そのときには、身の回りの限られた経験であるはずなのに、それが過度に一般化され、日本にある地域や社会階層などによる差異は、等閑に付されてしまう。しかし、こうした日本体験は文章や画像・映像にされ、SNSが普及した今日は言うまでもなく、これまでも広く流布され、対日イメージの構築に寄与してきた。

　このように、国を基準にした自他の区分を強く意識し、意識させるのが移民たちである以上、彼らに関するさまざまな分析から、「日本」や「日本文化」に関して、有益な知見を見いだすことができるのではないだろうか。本書では、移民によって、あるいは移民受け入れ側によって構築される対日イメージを捉え、その背後にある「日本」の意味を説き明かすことを試みる。この試みを進めるにあたって、移民に関して、「日本」や「日本人」を描写した、あるいは日本との関係を築いてきた具体的なモノ、場、文章を取り上げる。このことが定型的な議論に陥ることを避け、日本人論において新たな知見を提起する上で肝要と考えるからである。というのは、一見類似しているように見えるモノや行事も、存在する地域や担い手はさまざまで、また時期によって中身も変化してゆくからである。この変化や多様性に目を向け、その背景を理解することは、画一的な日本解釈を乗り越えるための一歩となろう。

　こうした視点を保持することによって、「日本人」や「日本文化」を自明視することなく、いつ、誰が、どこで、いかなる立場から、どのような「日本」をみているのかを検討し、そこに構築された日本像や日本との関係を解きほぐすことを、本書では意図している。

＊

　本書では、考察する地域と時代から全体を３つに分けている。すなわち、「Ⅰ　アメリカでの日本文化—第二次世界大戦前夜—」「Ⅱ　アメリカでの日本文化—第二次世界大戦夜明け—」「Ⅲ　アジアでの日本文化」である。

　先にも述べたように、「日本」を考察するにあたって、西洋の視線を無視することはできない。ただ、移民を研究対象の主軸においたとき、人的交流がもっとも盛んであったアメリカ合衆国が議論の中心になる。加えて、日本

人移民が多かったカナダとブラジルに関する議論を取り上げる。まず、「Ⅰ　アメリカでの日本文化―第二次世界大戦前夜―」では、第二次世界大戦前の関連する論考を集めた。以下、収録論文の内容を概観したい。

　水野真理子「ラフカディオ・ハーンはアメリカでどう読まれたか―『日本―一つの解明』を中心に」は、ラフカディオ・ハーンの日本関連著作への書評記事を通して、20世紀初頭のアメリカの読者たちが抱いた日本観を明らかにしている。ハーンが日本精神について、近代的・合理的な説明を試みたにも関わらず、神秘的な国日本のイメージが、おもに国家や国際関係に興味を抱く読者層を通じて、引き継がれたと分析する。こうした日本観がその後どう継承、または変容していくのか、現代に至る日本観を理解するうえで、ハーンのもたらした日本観は重要な鍵になるだろう。

　デイ多佳子「ブラウンマン（brown man）―アメリカの包括的視座から見た日本人の膚の色」では、白人対黒人という二極化した人種観を軸に成立するアメリカ社会では、日本人は、黄色ではなくブラウンマンと呼ばれた時代があったことに注目する。このなかで、米語の「黄色」には混血黒人の意味があったことや、ブラウンマンが、白人と黒人のあいだに位置するすべての有色人種を包含することを示し、20世紀初頭からの日本人に対するブラウンマンの呼称が実にアメリカ的表現であり、かつ現代的意義を有することを明らかにする。

　半澤典子「ブラジル移民知識人香山六郎の言動―移民俳句と日本語新聞を通して」は、ブラジル初期日本人移民による短詩系文芸の一つ、俳句を事例に、彼らが創作活動を起こす契機となった精神的支柱、創作活動の後方支援策とは何であったのかを日本語新聞に着目して考察する。ブラジルの公用語であるポルトガル語を理解できない移民にとって、日本語で日本への帰属意識や望郷の念、さらにブラジル生活の喜怒哀楽を表現できる文芸活動がもたらす安堵感と充実感は、日本人としてのアイデンティティの表象そのものであった。

　次の「Ⅱ　アメリカでの日本文化―第二次世界大戦夜明け―」においては、現代のアメリカ・カナダにおいて、さまざまな形で表れる「日本」を取り上げている。

河原典史「新渡戸庭園の造園とバンクーバー日本人社会の諸相―日本人ガーディナーの活躍」は、1960年に完成した新渡戸庭園を事例に、当時の日本人社会とそれを取りまく人々の移民史からカナダの日本庭園史を考察する。本格的な日本庭園の造園にあたって、千葉大学園芸学部教授の森勘之助が渡加した。その森を援助したのは、鳥取県西伯郡出身の角知道である。彼は1926年にカナダへ渡り、製材会社に勤めた後、同郷者が活路を求めていた庭園業に着手した。新渡戸庭園完成後、管理を任されたのは角であり、その任は熊本県出身の小山兄弟へと引き継がれた。

志賀恭子「ボストンにおけるアメリカ市民の日本観―日本文化への関心から異文化の架け橋へ」は、日米交流が積み重ねられてきたボストン在住のアメリカ市民に焦点を当て、彼らの日本文化との接触要因を明らかにし、その接触が彼らにどのような影響を与えているのかを考察する。質的調査の結果、彼らの日本文化の接触要因は、日本人のルーツ、幼少期の経験、娯楽による影響といった3つに分類することができた。このような相違はあるが、全ての対象者の日本観には、日本文化を学ぶことを通して、丁寧に異文化と接することを学び、異文化の架け橋になろうとする意志が窺えた。

和泉真澄「アメリカにおける盆踊りとジャパニーズネス―ロサンゼルス洗心寺に見るエスニック・マーカーの多層性」は、ロサンゼルスの日系仏教寺院である洗心寺の盆踊りを事例として、アメリカにおける「日本・日系（ジャパニーズ）」のエスニック・マーカーに内包される多重な意味について考察する。洗心寺は新作盆踊りに日系アメリカ人の歴史的体験を盛り込むほか、ラティノやアフリカ系など、他の民族の音楽的伝統と併せた盆踊りを企画するなど、独特の伝統を創造してきた。そこには多様性の容認や差別のない社会への要求といった、「アジア系アメリカ人運動（イエローパワー）」が目指した哲学が反映されている。

高橋侑里「ドキュメンタリー映画『ミリキタニの猫』から問う日系アメリカ人の戦争の記憶」は、ニューヨークの路上で猫の絵を描き続けていた日系アメリカ人画家ジミー・ミリキタニと映画監督リンダ・ハッテンドーフとの出会いから始まった映画『ミリキタニの猫』を手がかりに、日系人の戦争記憶を考察した。そのなかで、国家から日系コミュニティにおよぶポリティクスに注目し、日系人とは一体誰のことなのかを問うた。また、戦争の暴力

に幾度も晒されてきたミリキタニによる創作活動から新たな社会性を切り開く可能性について注目した。

青木香代子「サンフランシスコ・ベイエリアの在日コリアングループ」（コラム）は、アメリカ合衆国・カリフォルニア州サンフランシスコ・ベイエリアを拠点として活動する在日コリアンのグループ Eclipse Rising（ER）を取り上げた。ER の立ち上げに至る経緯や、活動の目的・内容、ER の活動の中心となっているメンバー、他のエスニック・グループ団体との連帯等から、Zainichi Korean としての活動や ER がメンバーにとってどのような場になっているのかを考察する。

最後の「Ⅲ　アジアでの日本文化」では、人の移動の観点から、日本との関係が深い近隣の国々における日本観、あるいは日本文化と自国文化との関係を論じている。先にも述べたように、今日の日本人論や日本文化論を考察するにあたって、アジアとの関係は無視できない。

小林善帆「日本と韓国の文化交流―いけ花とコッコジの相関を通して」は、植物を主な素材とする韓国の芸術「コッコジ」の草創期（1956-76 年）に焦点を当て、女性雑誌に掲載されたコッコジ紙上講座を分析する。この文化を牽引した中心的人物の履歴を見ると、コッコジは、日本のいけ花を習得したことのある韓国（朝鮮）人女性により始められたことがわかる。それゆえ少なくとも当初のコッコジはいけ花であったが、そこから独自の発展を遂げたのである。一連のコッコジ講座は、いけ花を通した日本と韓国の文化交流の一環として捉えられる。

李裕淑「現代の在日コリアン社会におけるチェサの変容」（コラム）は、朝鮮半島で行われてきた祖霊を祀る儀式であるチェサが、在日コリアン社会のなかで、どのように変化しているのかを、女性へのインタビューをもとに明らかにしている。日本社会での定住が自明なこととなり、三世・四世以降は朝鮮民族と一体化するアイデンティティを持つのが事実上難しい。在日コリアン女性はそのような時代の流れをみてチェサが時代に合わなくなっているのを感じている。

木下昭「フィリピンにおける日本語学習者の対日イメージ―日系学生・非日系学生と日本のコンタクト・ゾーン」は、ダバオにあるミンダナオ国際大

学を事例に、高等教育機関において日本語を専攻している学生たちの日本観を論じている。彼らの保持する日本像の形成には、大学の授業、日本を表象する地元の祭り、そして学生自身や家族の日本滞在といった、日本とフィリピンとの間の国境を越えた交流が作り出すコンタクト・ゾーンが大きな意味を持っていた。さらに、そこには戦前から今日までの日比間の力関係が複雑に絡み合っていることを明らかにした。

　佐藤量「大連をめぐる歴史記憶と観光開発」（コラム）は、大連における歴史建築の保存と解体をめぐって、大連の歴史の何が記憶され、何が忘却されているのか考える。2000年代以降中国・大連市の都市再開発では、日本統治期建築の「歴史保存」と「観光開発」、さらには旧日本人住宅の再開発が急速に進んでいる。大連の生活空間が大きく様変わりするなかで、大連に残る「日本」の記憶がどのように表象されているか考察する。

＊

　国民国家の枠組みは、グローバリゼーションがさらに進もうとも、あるいは進むがゆえに当面保持されると想定される以上、今後も「日本」に関わる言説とわれわれは、切り離されることはないであろう。実際のところ、「日本」という枠組みが、国家レベルの事象に留まらず、様々な場での表現やイメージなどに分かちがたく存在している。人やモノが国境を越えると、自他の区分の要として「日本」が立ち上がることが多いことは、このわかりやすい証左であろう。とすれば、本書における「日本」についての知見が、様々な分野で貢献しうる余地は少なからずあると考える。

移民が紡ぐ日本―交錯する文化のはざまで―
目次

はじめに（木下　昭）　3

I　アメリカでの日本文化―第二次世界大戦前夜―

第1章　ラフカディオ・ハーンはアメリカでどう読まれたか
『日本――一つの解明』を中心に（水野真理子）………………………… 16

　　I　はじめに　16

　　II　ハーンの略歴―新聞記者から日本文化紹介の文学者へ　17

　　III　書評に表れるハーン評価と日本観　19

　　IV　ハーンの読者層　28

　　V　おわりに―ハーンを通した日本観の行方　31

第2章　ブラウンマン（brown man）
アメリカの包摂的視座から見た日本人の膚の色（デイ多佳子）……………… 37

　　I　はじめに　37

　　II　「ブラウンマン」と「ブラウンシスター」　38

　　III　「イエローマン」と黄禍論（Yellow Peril）　44

　　IV　おわりに―「ブラウンマン」は生き続ける　51

第3章　ブラジル移民知識人香山六郎の言動
移民俳句と日本語新聞を通して（半澤典子）……………………………… 55

　　I　はじめに　55

　　II　初期移民俳句と移民知識人　56

　　III　新聞俳句と新聞俳壇　59

　　IV　ブラジル俳句界の繁栄と分裂　66

　　V　ヴァルガス政権下での日系社会と俳句　72

　　VI　おわりに　73

II　アメリカでの日本文化―第二次世界大戦夜明け―

第4章　新渡戸庭園の造園とバンクーバー日本人社会の諸相
日本人ガーディナーの活躍（河原典史）・・・・・・・・・・・・・・・・・・・・・・・・・・・・・・・・ 80

　Ⅰ　はじめに―海を渡った日本庭園　80

　Ⅱ　模索された日本庭園　81

　Ⅲ　幻の新渡戸庭園　84

　Ⅳ　新渡戸庭園の「再建」　86

　Ⅴ　日本人ガーディナーの活躍　92

　Ⅵ　日本文化をつなぐこと―おわりにかえて　98

第5章　ボストンにおけるアメリカ市民の日本観
日本文化への関心から異文化の架け橋へ（志賀恭子）・・・・・・・・・・・・・・・・・・・・・ 103

　Ⅰ　はじめに　103

　Ⅱ　研究方法　104

　Ⅲ　日本文化を広めたボストニアン　108

　Ⅳ　日本人のルーツ　110

　Ⅴ　幼少期の経験　114

　Ⅵ　娯楽による影響　121

　Ⅶ　むすびにかえて　126

第6章　アメリカにおける盆踊りとジャパニーズネス
ロサンゼルス洗心寺に見るエスニック・マーカーの多層性（和泉真澄）‥ 130

　Ⅰ　はじめに　130

　Ⅱ　洗心寺の歴史　132

　Ⅲ　洗心仏教会の仏教儀式の改革　136

　Ⅳ　洗心寺における新たな日系アメリカ盆踊りの創作　139

　Ⅴ　他のマイノリティ文化と融合した盆踊り　142

Ⅵ　おわりに―洗心寺の盆踊りから考えるエスニック・マーカーと

　　　ジャパニーズネス　144

第7章　ドキュメンタリー映画『ミリキタニの猫』から問う

日系アメリカ人の戦争の記憶（高橋侑里）⋯⋯⋯⋯⋯⋯⋯⋯⋯ 153

Ⅰ　はじめに　153

Ⅱ　忠誠登録審査経験を問い直す　157

Ⅲ　ミリキタニにとっての絵を描く行為　163

Ⅳ　おわりに―可能性としての行為主体性　167

コラム　サンフランシスコ・ベイエリアの在日コリアングループ

（青木香代子）⋯⋯⋯⋯⋯⋯⋯⋯⋯⋯⋯⋯⋯⋯⋯⋯⋯⋯⋯⋯ 172

アメリカにおいて「在日コリアン」であるということ　172

Eclipse Rising の立ち上げ　173

ER の活動と他組織との連帯　175

「在日」から "Zainichi" へ　177

Ⅲ　アジアでの日本文化

第8章　日本と韓国の文化交流

いけ花とコッコジの相関を通して（小林善帆）⋯⋯⋯⋯⋯⋯⋯⋯ 182

Ⅰ　はじめに　182

Ⅱ　女性雑誌にみるコッコジの様相　183

Ⅲ　『女苑』の朝鮮人講座担当者と講座内容　192

Ⅳ　『女苑』の日本人講座担当者・嶋元恵美子と講座内容　198

Ⅴ　おわりに　201

コラム　現代の在日コリアン社会におけるチェサの変容（李裕淑）⋯⋯ 209

チェサと在日コリアンのアイデンティティ　209

女性の語りに表れる日本化　211

さまざまなチェサのありかた　214

第9章　フィリピンにおける日本語学習者の対日イメージ
日系学生・非日系学生と日本のコンタクト・ゾーン（木下　昭）………… 217

Ⅰ　はじめに　217

Ⅱ　フィリピンにおける日本語教育の歩み　219

Ⅲ　日本語学習の契機　222

Ⅳ　重層化する「日本像」　226

Ⅴ　コロニアリズムと日本　233

Ⅵ　おわりに　236

コラム　大連をめぐる歴史記憶と観光開発（佐藤　量）……………………… 240

移民の町・大連　240

日式建築物の保存と観光　241

解体される日式建築物と「生活空間」　244

移民研究の進展をめざして─おわりにかえて─（河原典史）　249

著者紹介　252

I

アメリカでの日本文化

―第二次世界大戦前夜―

第1章

ラフカディオ・ハーンはアメリカでどう読まれたか

『日本――一つの解明』を中心に

水野真理子

I　はじめに

　日本が1854年、約200年に及ぶ鎖国政策に終止符を打ち、アメリカを含む西洋列強諸国にその門戸を開いてから、諸外国の知識人、軍人、教育者、宣教師、学者などによる日本についての書籍が数多く出版された。そのなかでアメリカにおける日本観の変遷については、多くの書籍が論じ、その研究蓄積は厚い[1]。そして、これらの先行研究においては、ラフカディオ・ハーン（Lafcadio Hearn, 1850-1903）は、必ず取り上げられ、外国人の日本理解に重要な役割を担った文学者として認識されている。

　さらにハーンと日本観に関する先行研究も多いが、そこでは彼の日本理解とその描写について、全12作品に及ぶ日本関連書籍、ならびに書簡資料をもとに、深く考察されてきた[2]。今後もまだ再解釈を試みる余地が残っているが、しかし先行研究においては、ハーンの日本観を解明することに重きが置かれ、受容の側面、すなわち彼の日本観が、アメリ

ラフカディオ・ハーン
（富山大学附属図書館　ヘルン文庫展示パネル）

カおよび他の外国人の日本観にどう引き継がれ、いかなる影響を与えたかについて、いくつかの先行研究をのぞいては十分な検討がなされていない[3]。

日本では、ハーンは『怪談』の著者「小泉八雲」として、また日本を愛し、その文化を積極的に海外に紹介した偉大な文学者として認知され、彼の作品の研究者や愛読者は多く存在する。しかしこの状況に比べて、1980年代から現在に至るアメリカでは、ハーンは異国趣味に陥り、日本に帰化した風変りな作家という印象が強く、彼の文学的評価は決して高くない。そして限られたアメリカの日本研究者たち以外、一般社会においてハーンの読者層が厚いとは言い難い[4]。しかし、彼が活躍した19世紀末から20世紀初頭において、ハーンの日本関連著作は、アメリカの文学界で話題となり、書評も数多く著され、東洋を理解する窓口として、かなりの読者に影響を与えた。それら書評（ハーン評も含む）の書誌情報が、最初に整理され出版されたのが、ジョージ・M・グールド（George Milbry Gould, 1848-1912）の伝記『ラフカディオ・ハーンについて』（*Concerning Lafcadio Hearn*）（1908）である[5]。ここにおける書誌情報をてがかりにすれば、同時代の読者たちの反応を探ることができよう。しかし、こうした有益な情報を生かしたハーンの評価・受容の本格的な研究は、筆者の知る限りまだなされていない。それはおそらく、この伝記が、医学的見地からハーンや彼の作品を独断的に解釈していると低評価を与えられてきたためと考えられる[6]。

そこで本章では、これまで十分に活用されたとは言い難い、上述の書誌情報を再整理し、入手可能な書評記事を読解して、19世紀末から20世紀初頭にかけてのハーン評価の特徴を分析したい。そしてそこに表れる、ハーンを通して得られたと考えられる同時代の人々の日本観をまとめてみたい。さらに雑誌の傾向に着目して読者層を推測し、これまで未踏査であったハーン作品の受容の側面に一考を投じたいと思う。

II　ハーンの略歴——新聞記者から日本文化紹介の文学者へ

書評を考察する前に、まずハーンの略歴を記しておこう。ハーンは1850年6月27日、現ギリシャのレフカダ島にアイルランド出身の父とギリシャ人の

母との間に生まれた[7]。両親の離婚、父母との別れ、養母となった父方の大叔母の教育方針などから、アイルランド、フランス、イギリスと居を移す幼少期であった。不幸にも大叔母が破産し、イギリスのカレッジを中退、居場所を失ったハーンは、遠戚をたよって1869年19歳のとき、移民船に乗りアメリカ、シンシナティへ渡った。数か月の援助を遠戚から得たものの、住居は定まらず、日雇い仕事をしながら貧困と放浪の生活を送った。そのようななか、印刷屋のヘンリー・ワトキンと出会い、職と寝床を提供してもらう。そのおかげで僅かながら安定した暮らしを手に入れ、図書館に通って書物に読みふけり、物語を書くようになる。1874年、日刊新聞『シンシナティ・インクワイアラー』社の正社員となり、「皮なめし場殺人事件」で事件記者として名を上げる。その後、いくつかの新聞社へと職場を変えながら、彼の文名は高まっていった。1885年以降には、クレオール文化やニューオーリンズの歴史に関する書籍を出版、また仏領西インド諸島で過ごした経験をもとに小説も出版し、小説家への道も模索していた。そうしたなか、『ハーパーズ・マンスリー』誌の美術主任ウィリアム・パットンと出会い、日本美術や文学の話で意気投合し、ハーンは日本取材の企画を持ち込む。パットンもその実現に力を貸し、1890年4月、ハーンは横浜港に到着した。

日本到着後、友人の女性作家エリザベス・ビスランドやパットンからの紹介状を手に、日本滞在中のアメリカ人の人脈をたどる。その一人が東京帝国大学教授のB・H・チェンバレンで、彼には就職口の斡旋を依頼する手紙を送った。そして、島根県松江市の尋常中学

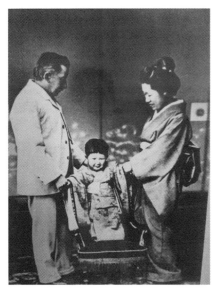

1896年、一雄の七五三の祝いに、神戸の市田写真館で記念撮影。ハーン（左）、妻セツ（右）、一雄（中央）。
（富山大学附属図書館　ヘルン文庫展示パネル）

校および師範学校の英語教師、熊本の第五高等中学校の英語教員となって生計を立てる。熊本時代には、女中としてハーンの世話をしていた小泉セツと結婚、長男一雄も誕生し、これまで家族愛に飢え、天涯孤独な人生を歩んできたハーンに、唯一無二の家族ができた。1896年2月には一雄誕生以来、悩んできた帰化申請が完了し、ついに日本国籍を取得、「小泉八雲」と名乗るのである。

　ハーンは妻セツや日本人の友人の助けも借りながら、1894年9月の『知られぬ日本の面影』（*Glimpses of Unfamiliar Japan*）を皮切りに、精力的に日本関連著作を発表していく。1896年から1903年まで、東京帝国大学英語教師として、そして1904年からは早稲田大学文学科講師として、日本の学生たちに英文学を講義した。亡くなる二日前まで教壇に立ち、執筆も続けていたが、同年9月26日、心臓発作のため早逝する。そして『日本――一つの解明』（*Japan: An Attempt at Interpretation*）、翌年10月『天の河縁起その他』（*The Romance of the Milky Way and Other Studies and Stories*）が遺作として出版された。また、ハーン没後は友人・知人によるハーンの伝記や書簡集が著わされ、ハーン評価が世に問われていく。

Ⅲ　書評に表れるハーン評価と日本観

1.「ハーンに関する記事と批評」のリスト

　それでは書評を通して、ハーンや作品がどう評価され、そこにどのような日本観が表れているのかみていこう。まず、グールド『ラフカディオ・ハーンについて』「9章　ハーンに関する記事と批評」（"IX Articles and Critical Reviews about Hearn"）に収録の英米での出版記事を、掲載誌の種類、出版地、書評の数と内容について整理し、その全体像を把握しよう。長い書名は略記で示し、日本を訪れる1894年以前の書評は括弧で記した。また以下、本文中でも略記を使用する（第1表）。

　この表からわかるように、書評対象となったのは、ほとんどが日本関連書籍である。ちなみに「10章　ハーンに関する外国の記事と批評」（"X Foreign Articles and Critical Reviews upon Hearn"）には、オランダの雑誌1点、フラン

第1表 ハーンに関する記事と批評

掲載誌	種類	出版地	日本関連書籍の書評・ハーン評数およ び内訳（1894-1908）
1. The Academy	雑誌	イギリス	6	『仏』『日本』『天の河』、ハーン評、 『手紙』、作品リスト
2. The American Journal of Sociology	雑誌	アメリカ	1	『日本』
3. The American Monthly Review of Reviews	雑誌	アメリカ	1	ハーン評
4. The Athenaeum	雑誌	イギリス	10 (1)	『面影』『東』『心』『異国』『影』『雑 記』『骨董』『怪談』『天の河』『手紙』 （『ユーマ』1890）
5. The Atlantic Monthly	雑誌	アメリカ	7	『面影』『東』『霊』ハーン評（3）、『怪 談』
6. The Author	雑誌	アメリカ	(1)	（ハーン評1890）
7. The Bookbuyer	雑誌	アメリカ	4	ハーン評（2）『心』『骨董』
8. The Bookman	雑誌	アメリカ	3	『影』『怪談』ハーン評
9. The Chautauquan	雑誌	アメリカ	1	『怪談』からの抜粋
10. The Chicago Evening Post	新聞	アメリカ	1	ハーン評
11. The Critic	雑誌	アメリカ	6	『仏』『影』『日本』ハーン評（3）
12. Current Literature	雑誌	アメリカ	4	『心』ハーン評（3）
13. The Dayton, Ohio, Journal	雑誌	アメリカ	2	ハーン評（2）
14. The Dial	雑誌	アメリカ	5	『異国』『影』『日本』『天の河』ハー ン評
15. The Evening Sun, NY	新聞	アメリカ	1	ハーン評
16. The Evening Post, NY	新聞	アメリカ	1	『手紙』
17. The Evening Transcript, Boston	新聞	アメリカ	(1)	（『チタ』1889）
18. The Fortnightly Review	雑誌	イギリス	1	ハーン評
19. The Harper's Monthly	雑誌	アメリカ	(1)	（ハーン評1887）
20. The Independent	雑誌	アメリカ	3	『仏』『日本』『天の河』
21. The International Studio	雑誌	アメリカ	1	作品評（*Stories and Sketches*）
22. The Literary World	雑誌	アメリカ	5	『面影』『東』『心』『仏』『雑記』
23. The Living Age	雑誌	アメリカ	1	ハーン評
24. The Messenger	雑誌	アメリカ	1	ハーン評
25. The Nation	雑誌	アメリカ	10 (3)	『心』『仏』『影』『雑記』『骨董』『日 本』*Stories and Sketches*、『天の河』 『手紙』ハーン評 （『ゴンボ・ゼーブ』1885、『中国 霊異談』1890、『ユーマ』1891）
26. The Nineteenth Century and After	雑誌	アメリカ/ イギリス	1	ハーン評
27. The North American Review	雑誌	アメリカ	1	『手紙』
28. The Outlook	雑誌	アメリカ	2	『仏』『天の河』
29. Poet-Lore	雑誌	アメリカ	1	ハーン評
30. Public Opinion	雑誌	アメリカ	3	『仏』『影』『日本』
31. Putnam's Monthly	雑誌	アメリカ	1	ハーン評
32. The Spectator	雑誌	イギリス	5	『面影』『東』『心』『仏』『日本』
33. The Times-Democrat, New Orleans	雑誌	アメリカ	4	ハーン評・作品評（3）
34. The Times, New York	新聞	アメリカ	1	『手紙』
35. The New York Tribune	新聞	アメリカ	2	『手紙』ハーン評

［略記］：『知られぬ日本の面影』（1894）：『面影』、『東の国から』（1895）：『東』、『仏の畑の落穂』（1897）：『仏』、『霊の日本』（1899）：『霊』、『異国情趣と回顧』（1898）：『異国』、『日本雑記』（1900）：『雑記』、『日本――つの解明』（1904）：『日本』、『天の河縁起そのほか』（1905）：『天の河』、エリザベス・ビスランド『ラフカディオ・ハーンの生涯と手紙』：『手紙』

ス4点、ドイツ4点、スウェーデン1点の書評情報が記載されている。それらも1899年から1906年までに発表された記事で、日本滞在期のハーンを扱っている。これらからも、ハーンといえば、日本文化を研究、紹介する文学者という印象が強かったことが窺える。また平均的にすべての作品が取り扱われているが、精神面に焦点を移行した『心』や、友人の雨森信成の協力を得て仏教精神について思索した『仏』、またハーンの日本論の集大成である『日本』の書評数が多くなっている。

2. ハーンの評価——日本精神の優れた理解者

次に各書評について詳しくみてみよう。グールド自身が「全体としてハーンの作品についての批評は、称賛的である」[8]と述べたように、ハーンの著作は、英米の文学界において高い評価を得て、彼は日本の精神についての素晴らしい理解者・解釈者（interpreter）だと称賛されている。その評価は、最初の著作からなされていた。例えば『面影』の書評では、「天文学者の写真のように（中略）、ハーンはわれわれに日本人の魂の素晴らしい像を見せてくれる」（『リテラリーワールド』1894年10月20日）と表現され[9]、また『心』の書評では、「ハーンは自分自身を唯一の偉大な（日本の）理解者とし、主に倫理や宗教的要素といった最も重要な点の多くを解明したのだ」（『ネイション』1896年7月9日、括弧内の補足は筆者）[10]と述べられている。

加えて、ハーンが日本の倫理、宗教、内面など精神的側面の真の理解者となれたのは、彼の文学的特徴と、彼が日本で家庭を持ち、日本人に帰化したという境遇が生み出した結果との評価も数多くなされている。まず文体の面では、抑制のきいた文体、洗練された文章、それが日本の芸術、美を表現するのに功を奏したとの賛辞が多くみられる。例えば「彼の物語とその描写は、東洋の生活のより繊細で説明しにくい性質を、デリケートなもしくは豪華な言葉の表現で描いたものだ」（『アメリカン・マンスリーレビュー・オブレビュー』1904年11月）[11]と評されている。また境遇については、『影』の書評で「ハーンの作品は、他の著述家たちと比べて日本を実に真剣に扱った作品である。彼は、異国の文明に十分に同化し、東洋の生活を東洋の視点から眺め、アングロサクソン民族と異なっているということが、必ずしも劣っていることを

示すのではないと率直に認める、稀有な才能を持っている」(『ブックマン』1901 年 2 月) [12]と述べられている。

　さらに多くの書評は、ハーンを他の日本研究家と比較して論じている。ハーン以前に、日本の精神的側面や宗教について書いた著述家たちは多くいた。『極東の魂』(The Soul of the Far East) (1888) を著したパーシヴァル・ローウェル (Percival Rowell, 1855-1916) もその一人である [13]。ローウェルの著作は、ハーンに多大な影響を与え、彼を日本に向かわせる契機ともなった [14]。『ネイション』(1896 年 7 月 9 日) 掲載の『心』の書評は、『極東の魂』が、日本人の精神面という深いテーマを扱ったはじめての試みとして称賛に値するが、全体的には成功しておらず、またローウェルには、日本の文学や歴史を独自に観察し、親しむという日本研究を行ううえで不可欠な要素が欠けていたとしている。1889 年から 1893 年の間、5 回来日し、通算約 3 年間の滞在という、ハーンと比較すれば短い滞在期間だったことや、西洋的価値観から日本の文化的事象を解釈し、日本文明は将来的に衰退する運命にあると断言したことが、このような評価を生んだのかもしれない [15]。そうしたローウェルの作品と異なり、ハーンの著作は、民族学的、心理学的な興味深い分析を日本について行い、西洋的な見方とは異なる日本人の心情 (例えば礼儀正しさや妥協の精神) をうまく描いたとしている [16]。

　また、ハーンと同様に日本研究者として知られたウィリアム・グリフィス (William Elliott Griffis, 1843-1928) [17]による書評 (『ダイアル』1904 年 12 月 1 日) では、ハーンの『日本』とアルフレッド・ステッド編『日本人による日本—権威者たちによる調査』(Japan by the Japanese: A Survey by Its Authorities) (1904) との比較がなされている [18]。ステッドの著書には、伊藤博文、新渡戸稲造、渋沢栄一、大隈重信らの著名人らによる日本論が掲載されているが、それらを含むその著書は日本の現状を示そうとする詳細な記述というより、日本人がどう西欧諸国に認知されたいかという、意図的な宣伝やイメージ付与の側面のある著作だと捉えられている。そして「年鑑としては有益であるが、辞書としては半分の価値ぐらいしかない」と、記述内容には低評価が与えられている。それに比べてハーンの『日本』は、読者が求めている知識、男女、人間に関しての質問に、十分に答えてくれる優れた書籍だと述べられている [19]。

このように、ハーンは同時代の著述家たちの業績を超えて、信頼に足る日本関連著作を著わしたと評価されていた。

3. ハーンを通した日本観——『日本——一つの解明』をめぐって
(1) 神道、祖先崇拝の国としての日本

次にハーンの提示した日本観が書評でどう評価されたのかを、『日本』を中心にみてみよう。この作品は、アメリカの大学で予定されていた講演が中止となったために、準備していた草稿をもとに、日本論として書き改めたものである。この大著を書き上げるうえでは、頼るべき英文資料が少ないことや、日本精神という壮大なテーマを扱っているために、並々ならぬ苦労が伴ったようで、妻セツに「此書物は私を殺します」と苦しさを吐露している[20]。

この『日本』の書評で、アメリカの雑誌に掲載されたものは6種類ある。①1904年10月27日発行の『インディペンデント』②1904年10月27日『パブリック・オピニオン』③1904年12月1日『ダイアル』④1904年12月8日『ネイション』⑤1905年1月『アメリカン・ジャーナル・オブ・ソシオロジー』⑥1905年2月『クリティック』にそれぞれ掲載されたものだ。このうち、③、⑥は先述のグリフィス、①④は無署名、⑤はシカゴ大学の社会学教授、エドモンド・バックリーによる（②は今回入手できなかった）。

これらいずれの書評でも、『日本』にみられる「祖先崇拝」の概念に焦点が当てられ、日本は祖先崇拝の国というイメージを評者たちが抱いたと推察できる。確かにハーンは『日本』の「一章　難解なこと」「二章　珍しさと魅力」で、日本理解についての難しさや日本に滞在し始めた初期の、日本の事物、風物に対する外

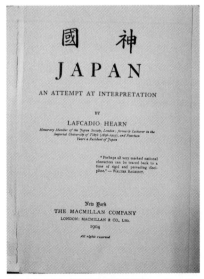

『日本』の扉。「神国」の文字が入っている。
（富山大学附属図書館所蔵）

面的な珍しさに興奮した感覚から論を始めて、その不思議さ、美しさという魅力の根源を宗教に探ろうとした。ハーンが言うには、日本国民の特質を「民族の信仰の歴史のなかに、また宗教から生まれ出て、宗教によって発展させられた社会制度の歴史のなかに」見出すことが、『日本』の主眼であった[21]。そして、日本の全国民にさまざまな形で信仰され、文化的社会の土台である宗教とは、祖先崇拝であり、それは神道における祭祀で実践されているとする。そこには、家庭すなわち家族の祖先崇拝、地域社会すなわち氏族・部族の祖先崇拝、そして国家すなわち皇室の祖先崇拝という三つの祭祀の形があると説明する。

　加えてハーンは、イギリスの哲学者ハーバート・スペンサー（Herbert Spencer, 1820-1903）の理論を日本論展開に援用した[22]。ハーンによれば、日本での祖先崇拝の発達過程は、スペンサーの社会進化論における宗教発達の法則を証明するものだという。スペンサーは、大著『総合哲学体系』（*System of Synthetic Philosophy*）（1862-1892）のうちの『社会学原理』（*The Principles of Sociology*）第3巻で、最古の祖先崇拝は霊（ゴースト）への祭礼に始まること、また神道の祖先崇拝は埋葬の儀式から発達したことなどを説明している。ハーンがスペンサーの説を援用したのは、彼の哲学に感銘を受けていたことと、祖先崇拝を科学的な方法で説明することで、欧米諸国の読者の理解を促すためだと考えられる。現にハーンは『日本』の第一章で、日本の内外両面の特徴を、歴史的、社会的、心理学的、倫理的に掘り下げて解明した学者は稀有であり、日本人でさえも、いまだに科学的な知識をもって自らの歴史を説明できていないと指摘し、だからこそ自分が日本の難解さの解明に挑みたいと述べている[23]。

　そしてハーンは、日本社会全体に根付くこの祖先崇拝と、日本国民の穏やかさ、親切さ、礼儀正しさ、清潔さといった美徳を関連づける。例えば、神社、神棚での礼拝、また浄めの儀式の習慣が、個々人の周囲に存在する神々を尊ぶ精神を育くみ、百姓は土地の神や食物の神、案山子の神を敬い、そして針仕事に勤しむ女性は、針を敬い針供養の祭りを行う。そして自分たちの仕事場をつねに清潔に保ち、道具も丁寧に扱うという。さらには、こうした祖先崇拝にもとづき発展した日本の地域社会や、封建制における厳しい統治

が、日本の美徳を作り上げてきたとする。

　この祖先崇拝と神道についてのハーンの見解を、社会学者バックリーは⑤の書評で、ウィリアム・グリフィス『皇国』(*Mikado's Empire*)(1876) と比較しながら、正しい理解と述べている。バックリーによれば、1876 年頃はグリフィスをはじめ多くの学者が、「神道は正確な意味では宗教ではない。最も下等の形式においては、それは政府や宗教的独裁者に対する盲目の服従である」という、現在では受け入れがたい概念を提唱していたという。この認識の背景には、当時の日本研究の学者たちには、宗教研究に対して歴史的な視点が欠けており、また日本は布教の進むキリスト教の力を面前にして、自分たちを卑下し、日本文化の価値を否定する傾向があったことを説明する。しかし、やがて反動が起こり、日本の素晴らしい芸術は世界を席巻し、その軍隊はロシアの軍隊を圧倒するほどの力を発揮しているという。こうした変化に乗じて、神道もその信条や祭式、倫理などが正しく描写され、ハーンも神道の祖先崇拝、政治や道徳へのその影響力について、「より完全で、親密な記述」を成しえたと説いている[24]。

　③『ダイアル』のグリフィスによる書評では、『日本』は前作までの心情的な側面を強調する特徴と異なり、科学的な手法で描写されていること、そして日本は死者によって支配され、その社会制度は祖先崇拝のうえに成り立つ国だと要約する[25]。④『ネイション』の書評では、『日本』でハーンは、すべての宗教の源を祖先崇拝に求めており、その点は誤解を生む記述だと批判しながらも、神道は日本の民族的宗教であり、この著作は宗教や社会学を学ぶ学生に有益な書であると評価している[26]。

　なお、①『インディペンデント』の書評は、『日本』でハーンが、神道と仏教がまさに日本の国民の心情面を解き明かす宗教であることを、スペンサーの理論を用いて確実に描写したと高評価を与えている[27]。この書評のみが、神道と同等に仏教の要素も強調しているが、概してすべての書評に、神道と祖先崇拝の国日本という印象が貫かれている。評者と読者は必ずしも同じ思潮を共有すると断定はできないが、評者の主張が読者に何らかの形で受容されたことは確かと思われる。したがって評者と読者たちにもその日本イメージが印象づけられたと推測される。

(2) 神秘、霊、不可思議な国としての日本

　ハーンの日本に関する記述は、スペンサーの理論を援用し、近代科学的な目線から理解しがたい日本の精神的側面に合理的な説明を付すものだった。しかし、その一方、神秘的で不可解な国日本というイメージは再生産され続けたようだ。それは初期作品の書評から表れている。例えば『影』の書評では、「日本が確実に世界の覇権の位置を占めるとき、『ジャパネスク』という言葉はいまだに鮮やかに奇妙で首尾一貫しないものを示している」(『ブックマン』1901年2月)との文章ではじまり、日本が近代国家の一員だという認識が表される一方、依然として不可解な国との印象が示されている[28]。さらに最後の作品『天の河』の書評には、日本は「天の河のもとに横たわるファンシーを咲かせた豊かな土地」「日本の土地は酸素に乏しくゴブリンたちがひしめき合っている」と説明され、また「竹と桜の国の農夫や詩人たちの奇妙な想像力を理解することにおいて、ハーンを超えられる作家はいなかった」(『インディペンデント』1905年12月21日)[29]との記述がみられ、おとぎ話を連想させるイメージや、竹や桜といった日本表象の典型的モチーフが表れている[30]。

　実はこの日本像は、『日本』でハーンが描いたイメージでもあった。第一章で彼は、来日当初の印象を次のように語っている。

　　日本の事物の外見上の物珍しさ(outward strangeness)は、はじめて接触すると名状し難い、何か奇妙な、ぞくぞくするような気持ち(a queer thrill impossible to describe)を起こさせる。(中略)途方もない形(extraordinary shapes)の着物や下駄を着用した変な小さな人間がごたごたしている(full of odd small people)変な小さな往来(queer small streets)を、われわれは通っていくわけだが、一見だけでは男女の区別さえつけられない。(中略)そして店頭に並べられてあるたくさんの品々は、何のために使うのか全く見当もつかないのには驚かされる。どう作ったのか想像できない食料品(food-stuffs of unimaginable derivation)、謎めいたかたちの器具(utensils of enigmatic forms)、神秘的な信仰(mysterious belief)を示す理解不能な(incomprehensible)表象、神々や魔ものの物語を記念す

第1章　ラフカディオ・ハーンはアメリカでどう読まれたか　　27

る風変りなお面や玩具、怪物のような耳（monstrous ears）に笑い顔を見せた神々の奇妙な像（odd figures）。こうしたものがそこらをぶらつけば否応なしに目に入ってくる（括弧内の英語の補足はハーンの原著より筆者が加筆）[31]。

　科学的な説明を日本精神について施した一方で、日本の事物の描写には、奇妙さ、不可思議さを表わす数々の語彙が散りばめられていた。この点も、日本の神秘的印象を色濃く残すことにつながったと思われる。

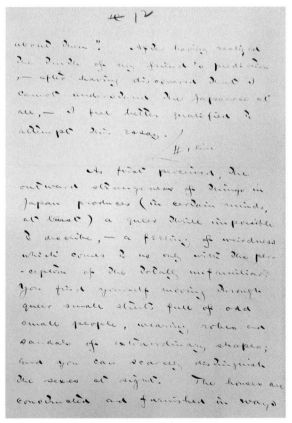

『日本』の手書き原稿（引用箇所）
（富山大学附属図書館）

Ⅳ　ハーンの読者層

1.　書評掲載の雑誌の傾向

　以上見てきたように、ハーンの著作を通じて評者および読者は、科学的な理論も借りて日本の神道や祖先崇拝を理解し、その一方、日本の神秘的イメージも継承したと考えられる。それではその読者たちはどのような人々だろうか。

　中川智視は、『アトランティック・マンスリー』を取り上げ、日本時代初期のハーンとアメリカの世相および読者との関係を探り、ハーンの著作が、彼が寄稿していた時期の同誌の編集方針や編集長の価値基準に適うものだったと結論づけている。それは、大衆文化や資本主義に対抗し、公共精神や道徳的義務、品格を重んじる教養人こそが、大衆社会を先導していくべきというものだった[32]。また橋本順光は黄禍論に言及したハーンの時事批評、「柔術」(1895)「中国と西洋世界」(1896) に着目し、その英語圏での受容について詳細に論じた。その前提として、ジャーナリスト金子喜一の批評記事を引いて、ハーンの著作全体が、特派員によるルポルタージュとして、近代化、帝国化した日本への好奇心から読まれたと述べ、ハーンの著作の読者が政治や社会問題に関心のある人たちだと指摘している[33]。

　中川と橋本の見解は的を得ていると思われる。ここではさらに、『アトランティック・マンスリー』以外の雑誌や、書評内容の特徴を探り、読者層の傾向を探ってみよう。ハーンの書評記事が多く掲載された雑誌を概観すると、それらは後述する大衆的娯楽雑誌とは異なり、有名寄稿家を多く擁した、政治・文学への関心の高い、硬派なオピニオン雑誌であると気づく。『ネイション』(10)『クリティック』(6)『ダイアル』(5)『リテラリー・ワールド』(5)『ブックバイアー』(4)『カレント・リテラチュア』(4)『ブックマン』(3)　（数字は書評数) がそれらである[34]。例えば『ネイション』は、1865年7月、マンハッタンでジョセフ・リチャードが創刊、ロンドンの『デイリー・ニュース』『ニューヨーク・タイムズ』紙の通信員だったエドウィン・L・ゴジキンが編集者であった。有力な書き手を多く抱え、政治と文学の両面に重きを置

第1章　ラフカディオ・ハーンはアメリカでどう読まれたか　　29

き、リベラルな政治的傾向を持つ著名な雑誌である[35]。『クリティック』は
1881 年 1 月に隔週刊の雑誌として創刊し、アメリカの詩人ウォルト・ホイッ
トマンも主要な寄稿家であった。演劇、美術などの批評の他、書評にも力を
入れていた[36]。また『ダイアル』は、1840 年に創刊、重厚な文学批評を掲
載し、保守的で威厳のある雑誌との定評を持っていた。ラルフ・エマソンら、
超越主義者と呼ばれるニューイングランドの作家たちを高く評価する文学傾
向を持ち、政治と文学両面を強調した雑誌であった[37]。南北戦争後から世紀
末にかけて、紙の値段や郵送料の低下により、大衆雑誌が盛況を博したが[38]、
そのなかで、これらの雑誌は、政治や文学に特化し、専門的な情報や知識を
発信していた。

　また、書評のなかには、政治的な関心が窺える箇所が数多くある。ハーン
は最終章「反省」で、近代化を成し遂げ、西洋列強の仲間入りを目指す日本
の将来と西洋諸国との関係について述べた。また、特にロシアとの戦争にお
いて、驚くべき攻撃力を発揮するその根本には、長期間の鍛錬によって培わ
れた精神があると言及している[39]。こうしたハーン自身の関心は、読者た
ちの国際関係への関心とも合致していたと思われる。『ネイション』掲載の
書評では、「『日本』において故ハーン氏が、まさにこころみたのは、日本の
政治的、道徳的な現実実態を宗教、すなわち祖先崇拝にさかのぼることであ
る」との書き出しではじめ、日本の政治や道徳の実態を知るための宗教への
着目というハーンの意図を、評者も理解している[40]。また、グリフィスは
「日本はいまだホメーロス時代以前の進化の過程にある。彼らは戦争に勝利
するだろう、しかし、現代の経済的競争力の猛攻撃という状況下で失速する
であろう」と、国際関係のなかでの日本の将来に関心を向ける[41]。1905 年
2 月『クリティック』掲載の書評では、日本は、外側は軍事、科学、貿易、
外交、政府、規範、帝国議会によって、しかし内側はゴーストに支配され、
戦争に向けての国家体制を敷いていると述べ、軍事面を強調する[42]。した
がって、ハーンの著作を読む評者や読者たちは、日本の国のありかたや政治、
列強諸国らをめぐる国際関係に強い関心を抱き、日本の政治的行動の根幹に
ある神秘性や精神的側面をハーンの書物から、正確に知りたいと思ったので
はないか。

さらに、書評には読者層について言及した興味深い指摘もある。1895 年 6月『アトランティック・マンスリー』掲載、『面影』の書評では、「文学的芸術作品として、知的な読者はラフカディオ・ハーン氏の最近の著作を読み、理解するのである」と述べ[43]、また 1904 年 9 月 30 日の『デイトン・オハイオ』では、「ハーンの書籍は大勢の人々にほとんど知られていない。しかし、影響力のある階級の人々の間では世界でなじみあるものになっている」[44]と、リーダー的、エリート的な読者層を示唆している。このように書評記事が掲載された雑誌の傾向や、書評内容を考慮すると、ハーンの読者層としては、教養が高く、社会問題への関心の強い知識人たちが想定されるのである。

またこうしたハーンの読者層のなかに女性読者の存在も否定できない。上述の雑誌の編集者に着目すると、『クリティック』の編集者は女性ジャーナリストの草分け的存在と考えられるジャネット・レオナルド・ギルダーであった[45]。さらに、ハーンの友人で、ハーン没後、最初の書簡集を編集したエリザベス・ビスランドは、ハーンの記事を読んでジャーナリストになることを志したという[46]。したがって、ハーンの著作を愛読する女性ジャーナリストたちが想定されるのだ。また、ハーン自身も女性読者を意識して、作品を書いていたふしもある。平川祐弘は、『影』におさめられた再話物語「和解」に描かれる男女の心理が、英米女性の結婚・離婚観や倫理観に沿うように書き換えられたと指摘している[47]。また太田雄三も同様に、『怪談』所収の「お貞の話」における書き換えが、白人女性たちが抱く、一夫一婦制やキリスト教的価値観に合わせるためだったと説明している[48]。

2. ジャポニズム小説の読者と比較して

こうしたハーンの読者層との違いを対照的に表すのが、ジャポニズム小説である。ジャポニズム小説は、1880 年代から 1920 年頃のアメリカにおいて流行した小説群で、ジョン・ルーサー・ロング（John Luther Long: 1861-1927）の短編小説「蝶々夫人」（"Madam Butterfly"）（1898）、オノト・ワタンナ（Onoto Watanna: 1875-1954）の『日本の鶯』（*A Japanese Nightingale*）（1901）などがある。これらの小説には、日本人の生活習慣、風物、また江戸時代から明治にかけての日本の史実も織り交ぜられるが、そこには間違いも多い[49]。描かれる

第1章　ラフカディオ・ハーンはアメリカでどう読まれたか　　　31

日本人娘も、外見は日本人だが、その行動様式には、アメリカ人女性を思わ
せる積極性が見られ、不自然な描写がなされる。

　しかし、そうした日本描写の信憑性とは関係なく、ロマンス小説として、
これらの作品は女性たちの間で人気があった。そこには彼女たちが小説に求
めたニーズが関係しているようだ。19世紀前半のアメリカでは、人口が増
加、都市化がすすみ、生活水準および教育による識字率も向上し、印刷技術・
輸送手段も飛躍的に発展して、女性を含む幅広い読者層が生まれた。またア
メリカの女性は自立心が強く、自分で結婚相手を選ぶ傾向があり、その指針
をロマンス小説に求めたという。しかし結婚後は良妻賢母という女性の役割
が課せられ、そのジレンマのはけ口をますます読書に求めた[50]。そのよう
な状況と、ヨーロッパからもたらされたジャポニズムの波も手伝って、女性
読者たちはジャポニズム小説に高い関心を寄せたという。登場人物たちに感
情移入し、「『不思議の国ニッポン』の風俗、習慣、景色、生活様式、大和魂
を追体験できる」というエキゾチックな側面に惹きつけられた[51]。こうし
た理由から、日本描写の正確さはあまり問題でなく、登場人物がアメリカ的
価値観に沿っているという点が重要だった。

　実際に、ジャポニズム小説が発表されたアメリカの雑誌を挙げてみると、
ワタンナの作品を例にとれば、『レイディース・ホームジャーナル』『サタデー・
イヴニング・ポスト』『メトロポリタン』『コスモポリタン』であり、これら
はまさに女性向け家庭雑誌である[52]。アメリカでのジャポニズム小説の流
行とハーンの著作出版が、ほぼ同時期である点を考慮すると、この両者の読
者層の違いは明確だと言えよう。

V　おわりに──ハーンを通した日本観の行方

　以上のように、ハーンの書評をてがかりに、ハーンを通してアメリカの読
者が抱いたと思われる日本観について言及してきた。それは、ハーンが著作
で試みたように、スペンサー哲学によって科学的に説明された神道、祖先崇
拝の国であると同時に、依然として神秘的な国のイメージを伴うものだっ
た。そして、その日本観を得た人々は、国家のあり方や国際関係に興味を抱

く、政治的関心の高い、知識人読者層であり、彼らにみられる知識欲、すなわち日本国の精神的支柱を知りたいという欲求が引き金となり、ハーンの著作が興味深く読まれたと考えられる。

こうした日本観はその後、どのように受け継がれ、その影響はどう表れていくのだろうか。例えば第二次世界大戦中、日本兵の心理に関する調査研究をもとに上梓されたルース・ベネディクト（Ruth Benedict, 1887-1948）の『菊と刀』(*The Chrysanthemum and Sword*）(1946) にも、ハーンの『日本』からの引用があり、その影響は指摘されてきた通りである[53]。また、アメリカの情報将校、ボナー・フェラーズ（Bonner Fellers, 1896-1973）についての興味深い事例もある。フェラーズは、日本の敗戦直後に連合国軍総司令部マッカーサー元帥とともに、彼の副官として来日し、天皇制の維持や昭和天皇の戦犯不訴追に重要な役割を果たした。彼はハーンの愛読者であり、その日本理解にハーンの著作がかなりの影響を与えたという。軍内では多数の日本についての論文、報告書を書き、その一つ「日本兵の心理」("Psychology of the Japanese Soldier")(1936) は、マッカーサーが読み、多くのアメリカ兵が対日戦でテキストにしたと言われている[54]。実際の報告書を概観してみると、巻末に 62 冊の参考文献が挙げられ、そのなかに『東』『心』『仏』『日本』が含まれている。そして特に、2 章「日本軍のモラルと古い侍精神、腹切りの心理」で、『日本』から多く引用し、日本人の信仰心、祖先崇拝によって結ばれる家族、氏族の絆、忠誠心や武士の精神の源泉を説明している[55]。

ベネディクトやフェラーズのように、ハーンの描いた日本の精神的真髄やモチーフは、その後の日本研究者たちに多くの影響を与えただろう。その糸をたどることで、ハーンから引き継がれる日本像が浮かび上がると考えられる。それはハーンが強調した日本の宗教や精神的美徳であり、一方ではいまだに西洋的伝統において理解に苦しむ価値観かもしれない。さらに、そこには時代を超えても拭い去れない、各国家に横たわる執拗なイメージや固定観念、幻想の類が表れているかもしれない。このように、ハーンを通して描かれた日本観は、現代にも引き継がれる日本イメージを深く理解するうえで重要な鍵を握っており、ハーン作品の受容の側面は今後もいっそう検討されるべきテーマだと考えられる。

注

1）岩生成一他編『外国人の見た日本』（全5巻）（筑摩書房、1961-1962年）；川西進、瀧田佳子訳、佐伯彰一解説『アメリカ人の日本論』（研究社、1975年）；シーラ・ジョンソン著、鈴木健次訳『アメリカ人の日本観―ゆれ動く大衆感情』（サイマル出版会、1986年）；綾部恒雄『外から見た日本人―日本観の構造』（朝日新聞社、1992年）；富田仁編『事典　外国人の見た日本』（日外アソシエーツ、1992年）などがある。

2）ハーンの日本関連著作を扱うなら彼の日本観に触れざるを得ず、先行研究は膨大な数である。特に日本観に焦点を当てたものは、築島謙三『ラフカディオ・ハーンの日本観―その正しい理解への試み』（勁草書房、1964年）；池野誠「日本研究の姿勢と日本観―松江時代の書簡による」森亮編『現代のエスプリ　小泉八雲』21号（至文堂、1975年）、70-74頁；河野龍成「ハーンの視聴覚描写と日本理解―紀行・怪談から『日本―一つの解明』まで」平川祐弘・牧野陽子編『講座　小泉八雲　ハーンの文学世界』（新曜社、2009年）、328-339頁；池田雅之『ラフカディオ・ハーンの日本』（角川学芸出版、2009年）；平川祐弘『西洋人の神道観』（河出書房新社、2013年）である。

3）以下は受容の側面に言及した研究である。平川祐弘『小泉八雲とカミガミの世界』（文芸春秋、1988年）；太田雄三『ラフカディオ・ハーン―虚像と実像』（岩波書店、1994年）；中川智視「ある『西洋の』保守主義者―ラフカディオ・ハーンと19世紀のアメリカ」『言語社会』2号（2008年3月）：340-353頁；橋本順光「ラフカディオ・ハーンの時事批評と黄禍論」『講座　小泉八雲II　ハーンの文学世界』（新曜社、2009年）、543-559頁。

4）平川祐弘『破られた友情―ハーンとチェンバレンの日本理解』（新潮社、1987年）、30-32頁。

5）Gorge M. Gould, *Concerning Lafcadio Hearn* (Philadelphia: George W. Jacobs and Company, 1908). グールドは眼科医でハーンの友人だったが、性格の不一致などが原因で最終的に二人は決裂してしまった。

6）平川祐弘監修『小泉八雲事典』（恒文社、2000年）、192頁。

7）略歴は平川、『事典』、所収のハーン年譜を参照。またレフカダ島がハーン出生時、「イオニア諸島合衆国」という正式名称を持つ独立国で、通称ギリシャ生まれとされるハーンの出自に再考を迫る研究もある。長岡真吾「ハーンの伝記記述と英国支配下のイオニア諸島」『ヘルン研究』創刊号（2016年）：124-129頁。

8）Gould, *Concerning Lafcadio Hearn*, 194.

9）"*Glimpses of Unfamiliar Japan*," *Literary World*, October 20, 1894, 347.

10）"*Kokoro: Hints and Echoes of Japanese Inner Life*," *Nation*, July 9, 1896, 36.

11）"Lafcadio Hearn, Interpreter of Japan," *American Monthly Review of Reviews*, November 1904, 561.

12）F.T.C, "Lafcadio Hearn's '*Shadowings*'," *Bookman*, February 1901, 582-583.

13）ローウェルはアメリカの著述家、天文学者。ハーバード大学卒業後、実業界に入り、『朝鮮』（1886年）『能登』（1891年）『神秘の日本』（1895年）などの紀行文で東洋旅行家

として知られていたが、1890 年代に火星の運河説に刺激されて天文学の道に進んだ。『ブリタニカ国際大百科事典』(2013 年)。

14) 平川『事典』、686 頁。

15) 川西・瀧田『アメリカ人の日本論』、20-23 頁；平川、『事典』、686 頁；カール・ドーソン（講演）、黒沢一晃（通訳・翻訳）「文化使節—日本におけるラフカディオ・ハーンとパーシヴァル・ローウェル」『研究紀要（*Shoin Review*)』36 号（1995 年）：1-24 頁。

16) "*Kokoro*," *Nation*, 36.

17) グリフィスはフィラデルフィア生まれ、牧師を目指しニューブランズウィック神学校に入学。在学中、福井藩の外国人教師の職を引き受け、1871 年来日、藩校明新館で物理、化学を教える。1875 年、帰国後は『皇国』を著わすなど、日本での体験をもとに講演、著述活動を行い、日本の動向を世界に知らせた。平川、『事典』、187-188 頁。

18) Alfred Stead ed. *Japan by the Japanese: A Survey by Its Authorities*. 2vols, rev. ed. (London: William Heinemann, 1904; Washington D.C.: University Publications of America, 1979). グリフィス自身も本文中の後の例にもあるように、ハーンの比較対象として挙がっている。

19) William Elliot Griffis, "New Books about Japan," *Dial*, December 1, 1904, 368-369.

20) 小泉節子『思ひ出の記』(ヒヨコ舎、2003 年)。初版は 1914 年に出版。また、装丁の扉に、ハーンは漢字で「神国」と入れたことから、長らくこの著作は『神国日本』との邦訳が与えられてきた。ラフカディオ・ハーン、柏倉俊三訳注『神国日本—解明への一試論』(平凡社、1976 年)、i；牧野陽子「ウィリアム・グリフィスからラフカディオ・ハーンへ— "In the Heart of Japan"」『成城大学経済研究』207 号（2015 年）：109 頁。

21) Lafcadio Hearn, *Japan: An Attempt at Interpretation*, rev. ed. (1904; repr., New York: Macmillan, 1924), 23; ハーン、『神国日本』、18 頁。

22) スペンサーは、フランシス・ベーコン以来のイギリス経験論の集大成と目される『総合哲学体系』(全 10 巻) (1862-96 年) を著わした。この大著で彼は、雲の生成から人間社会の道徳的原理の展開までをすべて進化の原理にもとづいて組織的に著述した。当時の自然科学万能の風潮を背景に、ダーウィンの『種の起源』(1859 年) の生物進化論とも結びついて、1870 年代以降にめざましく普及し、多くの学者たちに影響を与えた。『哲学事典』(平凡社、1971 年)；『ブリタニカ国際大百科事典』(2013 年) 参照。ハーンは歴史学者フュステル・ドゥ・クーランジュの『古代都市』(1864 年) も参考にしているが、書評ではスペンサーの影響に言及するものが多いため、スペンサーのみに絞った。

23) Hearn, *Japan*, 3-4.

24) Edmund Buckley, "*Japan: An Attempt at Interpretation*," *American Journal of Sociology* 10 (January 1905): 545.

25) Griffis, *Dial*, 368-369.

26) "*Japan: An Attempt at Interpretation*," *Nation*, December 8, 1904, 465-466.

27) "An Interpreter of the East," *Independent*, October 27, 1904, 976-977.

28) F.T.C, "Lafcadio Hearn's '*Shadowings*'," 582.

第1章　ラフカディオ・ハーンはアメリカでどう読まれたか　　　35

29) "A Few More Books on Japan," *Independent*, December 21, 1905, 1478.

30) 妖精、ゴブリンのイメージにはアイルランド文化の影響も考えられるが、その点に関しては稿を改めたい。

31) Hearn, *Japan*, 10. 和訳は前掲の柏倉訳の『神国日本』、7 頁をもとに、若干変更を加えた。

32) 中川「ある『西洋の』保守主義者」、340-344 頁。

33) 橋本「ハーンの時事批評と黄禍論」、543-544 頁。ただし、橋本は書評記事を扱った具体的な分析などは行っていない。

34) 『ハーパーズ・マンスリー』を発行していたハーパー社からは、ハーンはアメリカ時代にニューオーリンズに関する数々の記事や、『チタ』（1889 年）『仏領西インド諸島の 2 年間』（1890 年）『ユーマ』（1890 年）を出版し、つながりを持っていた。しかし、渡日後、ハーパー社が断りなく原稿に手を入れるため、反発したハーンは関係を絶った。そのせいもあってか、彼の日本関連著作の書評は掲載されておらず、日本時代前のハーン評が寄稿されているのみである。

35) James Playsted Wood, *Magazines in the United States*, 3rd ed. (1949; repr., New York: The Ronald Press Company, 1971), 189-190; Frank Luther Mott, *A History of American Magazines: 1885-1905* (Cambridge: The Belknap Press of Harvard University Press, 1957), 3: 331-356.

36) Mott, *A History of American Magazines* 3, 548-556.

37) Wood, *Magazines in the United States*, 55-57; Mott, *A History of American Magazines*, 3: 539-547. その他の雑誌について示すと、『リテラリー・ワールド』は 1870 年 6 月、ボストンで創刊された文芸批評誌である。最新刊の良書を選んで、その批評を掲載することが目的で、作家の傾向や流派を選ばない中立的な文学批評誌であった。『ブックバイアー』は 1867 年に創刊、海外の文学情報に強い雑誌であった。『カレント・リテラチュア』はニューヨークで 1888 年に創刊され、文学的なゴシップや最近の文学関連のニュース、新刊書のリストを掲載するなど、文学に関する多彩な情報を提供した雑誌であった。そして『ブックマン』は 1895 年、ニューヨークで創刊された月刊文芸雑誌で、アメリカ初のベストセラーリストを作成するなど、文学雑誌として先導的役割を担った。Mott, *A History of American Magazines*, 3: 236, 454-456; Frank Luther Mott, *A History of American Magazines: 1885-1905* (Cambridge: The Belknap Press of Harvard University Press, 1957), 4: 432-441, 506-510 を参照。

38) 亀井俊介編『アメリカ文化史入門―植民地時代から現代まで』（昭和堂、2006 年）、196-218 頁。

39) Hearn, *Japan*, 501-524.

40) "*Japan*," *Nation*, 465-466.

41) Griffis, *Dial*, 368.

42) William Elliot Griffis, "Two Books on the New Japan," *Critic and Literary World: An Il-*

lustrated Monthly Review of Literature, Art and Life, February, 1905, 185-186.

43) "Recent Books on Japan," *Atlantic Monthly*, June, 1895, 830.

44) "Editorial on Lafcadio Hearn," *Dayton, Ohio, Journal* (September 1904).

45) Mott, *A History of American Magazines*, 3: 548.

46) 平川『事典』、507 頁。

47) 平川『小泉八雲とカミガミの世界』、136-153 頁。

48) 太田『ラフカディオ・ハーン』、171-177 頁。

49) 羽田美也子『ジャポニズム小説の世界』(彩流社、2005 年)、49-62 頁。

50) 同上、64、67-70 頁。

51) 同上、251-258 頁。

52) 同上、110 頁 ; Mott, *A History of American Magazine*, 4: 46-47, 480-505, 536-555, 671-716.

53) 築島『ハーンの日本観』、356-383 頁。

54) 岡本嗣郎『陛下をお救いなさいまし―河合道とボナー・フェラーズ』(集英社、2002 年)、48-52 頁 ; 加藤哲郎「ハーン・マニアの情報将校ボナー・フェラーズ」平川祐弘・牧野陽子『ハーンの人と周辺』(新曜社、2009 年)、597-607 頁。

55) Bonner F. Fellers, "Psychology of the Japanese Soldier" (individual research papers, Command and General Staff School, 1935), http://cgsc.contentdm.oclc.org/cdm/ref/collection/p4013coll14/id/802, 27-46.

第 2 章

ブラウンマン (brown man)

アメリカの包摂的視座から見た日本人の膚の色

デイ多佳子

I　はじめに

　日本では、戦前の初等教育から、日本人はアジア人種、黄色人種だと教えられてきた。たとえば、1874 年に改正された『小学読本第一』の第一には、「日本人は亜細亜人種の中なり」[1]との記述がある。この一節は「当時小学校に学んだ多くの子供たちによって暗記せられ、口ずさまれた」[2]という。また 1885 年に出た小学中等科読本巻ノ四の第二十一課では、「亜細亜人種。一ニ黄色人種ト名ヅク」との記述がある[3]。

　1781 年に発表されたドイツ人科学者・ブルーメンバッハの人種五分類は江戸時代末期ごろまでに日本に伝えられていた[4]。彼は「コーカシア」「モンゴリア」「エチオピア」「アメリカーナ」「マレー」と自らが提唱した五人種のそれぞれの皮膚の色を「白色」「黄色」「黒色」「銅色」「黄褐色」とした。これが今日の教科書にまで見られる、人種を「色」で分類する認識の基本となり[5]、日本では「モンゴリアつまり日本人は黄色人種」と一般的に合意・理解されてきた。従来から、日本人移民や日系アメリカ人が、アジア系、「黄色」のカテゴリーに入れられ、論じられてきたのは、明治期以降の近代国民教育の当然の結果といえるだろう。

　しかし、日本人移民を受け入れたアメリカにおいては、常に日本人は黄色（人種）と理解されていたわけでは決してなかった。日本人の膚の色は、「黄

色（イエロー）」よりはむしろ「茶色（ブラウン）」とされる時代があったのである。しかし、この点について日本では、「フィリピン系に対して 20 世紀はじめから"茶色"の"人種"という人種分類が定着していた」[6]からか、「ブラウンマン」とはフィリピン人を意味するという理解が支配的で、ましてや日本人が「茶色」のカテゴリーにいれられうるとの認識はほとんどみられてこなかったのである。

　本章ではまず、アメリカ中西部イリノイ州の主要日刊紙シカゴトリビューン紙から、日本人を「ブラウンマン」と呼ぶ記事を紹介する。同紙は 1847 年に創刊され、今日まで、東海岸のニューヨークタイムス紙やワシントンポスト紙と並ぶ、中西部では権威ある日刊紙である。南北戦争時はリンカーンを支援し、長年にわたって共和党支持の保守的傾向で知られた新聞である。

　シカゴの人口は 1890 年までに 100 万人を超え、しかも人口のほぼ半分が外国生まれ、つまり移民だった。20 世紀初頭には移民主体の全米第二位の大商業都市[7]に成長したシカゴだが、アメリカ西海岸と比べて日本人の数が少なく、集住地区が形成されなかったためか、シカゴにおける日本人移民史は、従来から研究の対象とされることはほとんどなかったのである。

　そこで本章では、「ブラウンマン」の呼称が、日本人居住者が少ないゆえの、シカゴという特定の地域や時代に限定される特殊なものだったのかという問いを端緒にして、日本人移民に対する多民族社会アメリカの包摂的視座を浮き彫りにしようとするものである。これらの検証を通して本章がめざすのは、日本人の膚の色をめぐる表現から、日本人・日系アメリカ人の位置を捉えなおす新しい視座の可能性の獲得である。

Ⅱ　「ブラウンマン」と「ブラウンシスター」

1. シカゴトリビューン紙の「ブラウンマン」

　シカゴトリビューン紙にはじめて日本関連記事が掲載されたのは、管見の限り、1852 年 12 月 1 日だった。それは、ペリー提督率いる、いわゆる「黒船」艦隊の内訳を紹介するものである。以後、日本を経験したアメリカ人旅行者やビジネスマン、宣教師の話や、シカゴを訪れた日本人の様子などが紙上で

紹介されるようになった。

　その際、紙上で日本人に与えられてき
た呼称は、国名である Japan/Nippon か
ら派生した Japanese/Nipponese、そこ
からさらに派生した、今日の日本人に対
する蔑称とされる Jap や Nip であったり、
もしくは Oriental、Mongolian、Asiatics
といった学術用語としても使用可能な集
合的アイデンティティであった。19 世
紀のシカゴトリビューン紙上では、日本
人を「イエロー」と表象する事例は、管
見の限り、なきに等しい。ところが、20
世紀に入って日本人を「ブラウンマン」
と呼ぶ事例が現れたのである。

JAPS PHOTOGRAPH FILIPINO FORTS

Two Brown Men Arrested Taking Pictures at Corregidor Island.

NO PENALTY FOR OFFENSE

All That Can Be Done Is to Expel the Culprits from the American Colony.

MANILA, March 28.—Two Japanese engaged in an effort to secure plans of the fortifications at Corregidor, Cavite, have been arrested by the military authorities, and are being held subject to instructions from the secretary of war, Jacob M. Dickinson.

日本人に「ブラウンマン」を用いた
記事（第1表　No.5）

　日本人に対する「ブラウンマン」の呼称が紙上に最初に登場したのは、管
見の限り、日露戦争中の 1904 年 11 月であった。以後、シカゴトリビューン

第1表　シカゴトリビューン紙上の「ブラウンマン」の例（一部）

No.	発行年月日	記事の概要	該当箇所	暗示された意味
1	1904・11・20	写真花嫁の抵抗	Protest to Nevada **Brown Man** to Whom She Was Plighted by Parents	ネバダ在住日本人男性のこと
2	1905・5・26	米中・日関係	The **little brown men** are not all our fancy painted	中国人と日本人のこと
3	1906・11・30	SFの学童隔離問題	the San Francisco board of education against the **little brown men**	入学を希望する日本人のこと
4	1907・5・31	黒木為槙大将のシカゴ訪問	the **little brown man** rose to his feet and gave his toast President Roosevelt	立ち上がった黒木大将のこと
5	1910・3・29	マニラで逮捕された日本人	Two **Brown Men** Arrested Taking Pictures at Corregidor Island	写真撮影が疑われた日本人のこと
6	1913・7・7	移民問題	**Brown Men** Anxious to be placed on same footing with whites	白人と同等に扱われたがる日本人のこと
7	1915・7・4	日本人女性は世界一	What is the reason for the physical superiority of our **little brown sisters**? They never overeat	日本人女性のこと
8	1920・9・16	ベルサイユ講和会議	BUSY **LITTLE BROWN MEN** - The question of racial equality for the Japanese	人種平等案を提出した日本人のこと

（筆者作成）

紙上で、日本人を「ブラウンマン」、そして日本人女性を「ブラウンシスター」
と呼ぶ記事は、全部で18本である。記事が現れた時代は、日露戦争中の
1904年から1921年までである。ひとつの記事の中で、日本人が常に「ブラ
ウンマン」と呼ばれていたわけではない。ジャパニーズ、ジャップ、オリエ
ンタル、モンゴルなどと共存する事例も多い。以下、発行年順に簡単に紹介
する（第1表）。

　「ブラウンマン」は記事の見出しや本文、投稿原稿と思われる記事の中で
も使われていた。見出し作成は新聞社の編集者が担当したであろうことや、
他紙からの転載記事ではなく、地元記者や地元出身の人間が書いた—編集者
の手が入ったとしても—記事に「ブラウンマン」「ブラウンシスター」が登
場しているのはシカゴとその周辺地域において日本人が「ブラウン」である
ことに一定の共通理解があったからと言えるだろう。

　その一方、1904年に「ブラウンマン」が登場するまで、シカゴトリビュー
ン紙上で日本人の膚の色に言及されることがなかったわけではない。第2表
にみられるように、「ブラウン」に類似する表現が使われた（第2表）。

　銅色、赤褐色、黄褐色、嗅ぎ煙草や鞍と表現は異なり、色の濃淡の違いは
指摘できるが、これらの表現が「ブラウン」を意味していることに疑問の余
地はない。それらはすべて身体的特徴の単純表現である。

　以上の事例から、日本人の渡米が始まり、アメリカ人が実際に自らの眼で

第2表　シカゴトリビューン紙における「ブラウン」の類似表現

No.	発行年月日	記事の概要	該当部分	意味
1	1860・6・29	万延元年遣米使節団	are disgusted with anything of a **copper color** and barbarian smell.	日本人は「銅色、赤褐色」の野蛮人の臭いがする
2	1872・2・8	岩倉使節団	intelligence, notwithstanding the almond eyes and **snuff-colored** complexions.	日本人少女たちの膚は「嗅ぎ煙草」色
3	1876・7・13	フィラデルフィア博覧会	the **tawny Mongols** who own the place are driving a large business.	日本バザーの経営者は「黄褐色のモンゴル人」
4	1876・11・25	日本の近代化	we hear something interesting of our active, jovial, **copper-colored** brethren across the Pacific.	日本人は「銅色、赤褐色」の仲間
5	1901・7・21	日本の近代化	the awful fate of any **saddle-colored** native which gets into too big a hurry	日本人の膚は「鞍」の色

（筆者作成）

第2章　ブラウンマン（brown man）　　　41

日本人を確認しはじめた江戸時代末期ごろから、シカゴでは、日本人の膚の
色は基本的に「ブラウン」と考えられていたと言っていいだろう。

2.　ニューヨークタイムス紙（NY Times）とロサンゼルスタイムス紙（LA Times）の「ブラウンマン」

　それでは、アメリカの他地域ではどうだったのだろうか。東海岸の有力紙
ニューヨークタイムス紙と西海岸のロサンゼルスタイムス紙を調べてみる
と、シカゴトリビューン紙にあらわれたのと同時期に、日本人を「ブラウン
マン」と呼ぶ記事は多数あった。とりわけ、ロサンゼルスタイムス紙では、
居住する日本人の多さからか、記事の頻度はシカゴやニューヨークに比べて

第3表　ニューヨークタイムス紙（NY Times）とロサンゼルスタイムス紙（LA Times）
上の「ブラウンマン」の例（一部）

No.	新聞	発行年月日	記事の概要	該当箇所	暗示された意味
1	LA	1897・4・9	日清戦争後の日本	Since then the **little brown man** has been walking around with a chip on his shoulder.	自信をつけた日本人
2	LA	1903・1・15	ロサンゼルスの日本人数	JAP COMES, CHINK GOES. Unprecedented Influx of the **Little Brown Men**	中国人が減った一方で増える日本人
3	NY	1904・4・17	日本の宗教と社会	THREE THOUSAND GODS FOR THE **LITTLE BROWN MEN**	日本人のこと
4	NY	1907・9・11	バンクーバーでの対立	a white proletariat spoiling for a chance to curb the insolence of the **brown men**	白人と摩擦が生じた日本人
5	LA	1909・11・25	カリフォルニア州労働統計局の調査	Fresno County Business Men and Fruit Growers Express Feeling Against the **Brown Men**	土地を所有する日本人
6	LA	1914・11・15	日禍論	Californian Says **Little Brown Men** Could Seize Country	アメリカを攻める日本人
7	NY	1916・4・2	連邦下院議員の言葉	**"Little Brown Brothers"** Designs on China will Make Trouble Unless We Show strength.	中国をめぐって強硬策に出る日本人
8	LA	1916・12・17	日本人の車購買欲	**Little Brown Man** also Plays Important Part in the Automobile Game	車・トラックの購買欲が強い日本人
9	NY	1921・12・25	ニューヨークの皇太子裕仁	showed a slim, **brown-faced** young man in English golfing clothes drive off his golf ball gracefully	映画にゴルファー姿で登場する皇太子
10	LA	1922・4・28	日露の漁船衝突	**Brown Man** wins: Japanese Fisherman need not Pay Russian for Boat Damages	無実となり勝訴した日本人
11	LA	1932・7・16	オリンピック	Nine Men Qualify for United States' Aquatic Team as **Little Brown Men** Make Notes	米人水泳選手を調査する日本人

（筆者作成）

圧倒的に多かった。そこでは、「ブラウンマン」の呼称は19世紀末からはじまって、1930年代にも使用されていた。第3表は、その一部をまとめたものである。

これらの事例から、日本人に対する「ブラウンマン」の呼称は、中西部シカゴに限定された特殊なものではなく、東西海岸地域でも使用されていたことが判明した。

日本人を「ブラウンマン」と呼ぶ記事
(第3表　No.8)

さらに、新聞以外でも、事例は少なくない。たとえば、明治期における日本の女性運動と関係が深かった社会改革運動家のフランシス・ウィラードも、日本女性を dainty little brown women と呼ぶ文章を残している[8]。1923年にモンタナ州ホワイトフィッシュで生まれたヤマモト・フミなる人物の誕生証明書には、日本人両親の人種が「ブラウン」と記載されていた[9]。

このように、19世紀末から1930年代ごろまでのアメリカでは、全米レベルで、日本人の膚の色は「ブラウン」と認識され、「ブラウンマン」という呼称の使用は自然なものと考えられていたようである。

3.「ブラウン」の意味

それでは「ブラウン」とは何を意味するのだろうか。それを理解するために、アメリカで発行された数種の辞書を使用して、日本人の自己認識である「イエロー」と「ブラウン」の意味やその変遷、そして「イエロー」がアジア系、とりわけ中国や日本など東アジアの人間を意味する確証のようにしてとりあげられる思想である黄禍論との関連を探ることにした。辞書の選択にあたっては、出版年と一般人の使用を意図した編集であることを主眼においた。19世紀末から出版年を約10年ごとに選び、本章で使用した辞書は以下の通りである（第4表）。

第2章　ブラウンマン (brown man)　　　43

第4表　使用した辞書

No.	発行年	編者	タイトル
1	1892	Daniel Lyons	The American Dictionary of the English language
2	1894	Robert Hunter	The American Encyclopedic Dictionary
3	1903	Noah Porter	Webster's International Dictionary of the English Language
4	1905	John S Farmer & W.E.Henley	A Dictionary of Slang and Colloquial English
5	1914	William Dwight Whitney	The Century Dictionary: an encyclopedic lexicon of the English language
6	1922	Frank H Vizetelly	College Standard Dictionary of the English Language
7	1938	William A Craigie	A Dictionary of American English on Historical Principles
8	1960	Harold Wentworth	Dictionary of American Slang
9	1980	William Morris	The American Heritage Dictionary of the English Language

（筆者作成）

　9つの辞書のうち、「ブラウン」の意味として人間の皮膚の色を言及したのは、1938年発行の⑦ A Dictionary of American English on Historical Principles のみである。同書によると、「ブラウン」の意味の一つは mulatto である[10]。ムラトーとは、白色人と黒色人のあいだの混血第一世代のことである。

　残り8つの辞書では、形容詞としての「ブラウン」は、基本的に、茶色という色のみを意味していた。④ A Dictionary of Slang and Coloquial English や⑧ Dictionary of American Slang では、ブラウンはとりあげられていない。

　つまりブラウンとは、スラングとしての特別な意味はもたず、「ブラウンマン」とは単純に、見た目から、茶色の膚をした人間を意味すると考えられる。上記の辞書で、茶色に特定の人種の意味を与えているものはひとつもなかった。

　では、アメリカで、茶色の膚をした人間とは誰を意味するのだろうか。茶色－ブラウンを有色人種の膚の色として捉えることには疑問の余地はなかろう。ここで、大前提として理解されねばならないのは、アメリカの「主流集団であるヨーロッパ系アメリカ人の視点では"他者"の境界は皮膚の色が基準」[11]で、しかも「基本的な人種・エスニック集団関係は、白人対黒人という二極構造で象徴される」[12]ことである。「白色」と「黒色」が明白な対立関係におかれる人種意識構造において、「茶色」が意味するのは白と黒の両極のあいだに属する中間色ということである。

「ブラウン」が、dark color inclining to red or yellow, resulting from the mixture of red and black, or of red, black & yellow[13]と、赤や黄色、黒色を混合させた暗色を意味するとき、「ブラウンマン」とは、他者の眼から見て明らかに白人とも黒人とも呼べない、有色人種一般を包括的に捉える「最適」な表現とさえ言えよう。それは、白人が明らかに膚の色のみに焦点をあわせ、膚が「ブラウン」である理由が人種の違いか、それとも「白人のあいだで通用する」[14]個人的な特異性—生来的に '色黒' なのか、それとも日焼けや化粧などの人為的結果なのか—にかかわらず、膚の色が茶色の人間を他者化する集合的アイデンティティの表象となっている。他者化は、学問的な人種概念に従ったものではなく、あくまでも見た目という生身の人間の視覚的判断によるものである。

日本人は、白人でも黒人でもない有色人種である。よって日本人は、アメリカ社会の文脈では「ブラウンマン」と呼びうるのである。「支那人と日本人は東洋に於てこそ敵同志の様にいがみ合っても、米人から見れば一様にいやな東洋人であり亜細亜人」[15]とは、支那人も日本人も同じ「ブラウンマン」ということであり、第1表の事例2でも見られるとおりである。

Ⅲ 「イエローマン」と黄禍論 (Yellow Peril)

1. アメリカ英語の「イエロー」

一方で、日本人は「イエロー」ともみなされてきたのは衆知の事実である。そこで次に、シカゴトリビューン紙上で、日本人を「イエロー」と名指しする事例を紹介する。事例の数は、管見の限り、「ブラウンマン」と比べて、かなり少ない。ただし、それらは「ブラウンマン」の登場と同時期に現れていた (第5表)。

元来、アメリカでは「ブラウン」とされていた日本人の膚の色が「イエロー」とも呼ばれた経緯には、19世紀末にアメリカに伝えられたヨーロッパ発祥の黄禍論が影響しているだろうことは容易に想像できよう。シカゴトリビューン紙でも、19世紀末には、SEE 'YELLOW PERIL' NEAR-Ex Attache Points Out Menace in Japan-China Alliance (1899年8月20日付) といった

第2章　ブラウンマン (brown man)

第5表　シカゴトリビューン紙上の「イエローマン」（一部）

No.	発行年月日	記事の概要	該当箇所	暗示された意味
1	1904・4・17	日本人サーバント	smoothness of the relations between housekeepers and their **little yellow** employees	いい働き手だと需要の高い日本人
2	1907・9・17	黄色人種の重荷	THE **YELLOW MAN**'S BURDEN-Japan has assumed its share	台湾、朝鮮、満州と植民地を増やす日本
3	1912・12・30	反日感情	Russo-Japanese war has demonstrated to the mass of the thinking of **yellow men**… The ignorant **yellow man** knows	日露戦争に勝利した無知な日本人
4	1913・8・10	カリフォルニアの土地規制法	U.S. Stands Pat on California's Barrier to **Yellow Men**.	土地所有を規制された日本人

（筆者作成）

記事が、日本と中国の連帯という黄禍の脅威を報じていた。

　以後、シカゴトリビューン紙上では、中国や日本の国力増強、日本が主張した「アジア人のためのアジア」という汎オリエンタリズムの思想、汎オリエンタリズムの拡大解釈から、日本人移民を媒介にした環太平洋をめぐる非白人の連帯への危機意識まで、さまざまな文脈で黄禍の脅威が強調され、喧伝された。その過程において、当然「日本人はイエロー」という意識が徐々に社会に浸透し、受容されていったことだろう。

　しかし、ここでまず考えねばならないのは、なぜアメリカでは、日本人は当初から「イエロー」とみなされなかったのか、という疑問である。前述の9種の辞書に現れた「イエロー」の意味とその比較からその疑問を解くべく、以下に辞書の記述を簡単な一覧表にまとめた（第6表）。意味の記述で留意したのは、「イエロー」に人種の意味がいつ、どんな形で現れるか、である。なお、表の空欄部分は記すべき特別な意味がないことを示す。

　まずここで特記すべきことは、19世紀の終わりから1920年代までに出版された6種の辞書のうち、yellow に人種の意味を含めたのは②The American Encyclopedic Dictionary と⑥College Standard Dictionary of the English Language の2つだけであり、しかも前者のみが sometimes applied to と限定したうえで、yellow とモンゴリアンの関係を明示した点である。そして、いわゆる黄禍論は、どの資料にも見出されなかったのである。このことから、20世紀初頭のアメリカでは、黄禍論や yellow race という概念は、それほど一般的に受け入れられていたわけではなかったのではないかと推察できる。と

第6表 「イエロー」の意味

No.	イエローの意味	人（種）の意味の有無
1	bright gold color 明るい金色	無
2	betokening jealousy, envy, melancholy 嫉妬や羨望、メランコリーを表す色	有 Yellow race: - A term sometimes applied to the Chinese, Japanese, Mongols, Lapps, Esquimaux, 時には中国人、日本人、モンゴル人、ラップ人、エスキモーを指す
3	of the color of gold or brass 金や真鍮の色	無
4		有 Yellow boy は mulatto or dark quadroon[2] の意味
5	As originally applied to journalism, indecently sensational, morbid 品の悪いセンセーショナルで病的なジャーナリズムに形容される	無
6		有 Having a sallow complexion; also applied to a race[3] 黄ばんだ土色の膚の色で、人種にも適用される
7	used often with peril, with reference to Chinese or Oriental influence 中国やオリエンタルの影響を黄禍とする意味で使用される mean-spirited, cowardly, of poor quality, characterized by sensationalism 意地悪く、臆病で、貧弱、センセーショナリズム	有 of a person: having a light brown or yellowish skin, of mulatto or quadroon blood 明るい茶、黄ばんだ色の膚を持つ人、黒人の血を2分の1もしくは4分の1持つ混血人
8		有 describing a light complexioned Negro, especially a light skinned Negress, yellow girl: a mulatto girl or woman, a light skinned Negress, especially if sexually attractive 明るい膚の色をした黒人、とりわけ性的な魅力のある黒人女性
9		有 designating a person or people having yellowish skin, especially Oriental 黄ばんだ色の膚を持つ人、とりわけオリエンタルを指す

1 No. は第4表と同じ
2 dark Quadroon とは黒人の血が4分の1で、しかも4分の1にしては膚の黒色が "濃い" 人を指す。
3 アジア系とは指定せず

（筆者作成）

ころが、時代が下ると、明らかに「イエロー」の意味に変化が現れた。辞書の記述に黄禍論が含まれるようになったのである。

　このように、参照した辞書の範囲内で、どのように「イエロー」に人間の膚の色の意味が付与されてきたのかを検討した。その結果、「イエロー」の意味の変遷から、次のような諸点が指摘できよう。まず、「イエロー」にムラ

トーつまり混血黒人の意味を認めた④ Dictionary of Slang and Colloquial English、⑦ A Dictionary of American English on Historical Principles と⑧ Dictionary of American Slang の発行年から判断すると、「イエロー」には 20 世紀全般にわたって混血黒人の意味があり、しかもそれはスラングだった可能性が大きいということである。⑦によると、最初に yellow man が使われたのは 1814 年、1850 年にはメキシコ人が yellow fellows と呼ばれた事例があり、1867 年には yellow niggers との表現もあった[16]。

　第 2 に、⑦は「ブラウン」の意味でも「イエロー」の意味でも mulatto をあげた。 1930 年代にはいっても、混血黒人の膚の色が「イエロー」とも「ブラウン」とも表現されていたことから推察すると、20 世紀初頭に黄禍論がヨーロッパからアメリカに広まり、新聞紙上や辞書で紹介されるようになっても、アメリカ一般大衆の日常生活では、「イエロー」をアジア系の人間の膚の色とし、彼らを「イエロー」と呼ぶ意識は非常に希薄だったのではないかと考えられる。なぜなら「ヨーロッパ生まれの脅威言説に、アメリカの世論がこぞってとりつかれるようなことはなかった」[17]からである。

　現代の⑨ The American Heritage Dictionary of the English Language のように、「イエロー」は「オリエンタル」―東洋という特定の地域の人間―を意味すると明示されるようになる[18]と、混血黒人の意味は消えて、見当たらなくなっている。

　つまり、本来アメリカ英語では、「イエロー」は混血黒人を意味していたのであり、そのことは、イギリスの The Oxford English Dictionary が、「イエロー」をモンゴリアンの意味として初めてとりあげたのが 1834 年[19]だったのとは大きな違いである。つまりは、アメリカ英語とイギリス英語では、「イエロー」の意味と使用に大きな違いがあったのである。

　この差異は、1933 年版の The Oxford English Dictionary でも確認することができる。同書の「イエロー」の意味の一つに、以下のような記述がある。

Having a naturally yellow skin or complexion, as the people of the Mongolian races. (**also applied in US to mulattos or dark quadroons**) In recent use also transf in **yellow peril** and similar phrases, denoting a **sup-**

posed danger of a **destructive invasion of Europe by Asiatic peoples**.

1860 American song-Chew up Sam I loved a dark eyed yellow girl

1892 The yellow agony as the Chinese

1900 yellow peril in its most serious form

1910 mongolian or yellow man prevails over the vast area lying east of a line drawn from Lapland to Siam[20]

　同書では、1892 年の例から「イエロー」と中国人、1900 年には黄禍論、そして 1910 年には「イエロー」とモンゴリアンの関係を明示しているが、注目すべきは、「アメリカでは "イエロー" にはムラトーもしくは dark Quadroon の意味がある」と補足していることである。その例として、1860 年のアメリカの歌の中の dark eyed yellow girl をあげている。

　前掲した辞書でも、唯一② The American Encyclopedic Dictionary だけが yellow race に言及している。しかし、この辞書は、辞書本来の性格として、単語の意味の提示だけではなく、それが使用される事物の説明もある百科事典的性格をもっていた。収録すべき英語 (English) の単語として受け入れたのは、専門用語と英文学 (English Literature) が生まれた 13 世紀以降のものだとしている[21]。アメリカ建国以前の英単語も取り上げたとなると、辞書が yellow race に言及したのは、イギリス英語を収録した可能性も否定できないのである。

　このようなアメリカ英語とイギリス英語の違いから、アメリカには、19 世紀後半すでに世界中に植民地をもっていた大英帝国や、明治期の日本人が人種概念を輸入したドイツとは異なる独自の社会的文脈があったことは明らかである。そして、その独自性を背景に、言葉が使用されていたのである。19 世紀末に黄禍論がアメリカに伝えられるようになるまで、日本人が「イエロー」ではなく「ブラウン」と呼ばれたのはその証左ではなかろうか。

2. ヨーロッパ人の「イエロー」と黄禍論

　それでは、なぜヨーロッパでは、中国人や日本人を「イエロー」と呼んだ

第2章　ブラウンマン (brown man)

のか。Rotem Kowner は、著書『From White to Yellow』の冒頭で、「黄色人種とはヨーロッパ人の創作である。黄色は白と黒の中間に位置し、18 世紀後半にヨーロッパ人の視野に現れた新種の人間観のメタファーである」と述べている[22]。彼によると、13 世紀に極東を探訪したマルコポーロやコロンブスのような大航海時代の地中海出身の冒険家たちは、自分たちの膚の色が夏期にはより暗くなったため、日本人の膚の色をほとんど意識せず、むしろ自分たちと同じと考える傾向があったという[23]。まだまだ「白」が文明と同義語であり、人種観とは関係がなかった時代には、日本人の膚は「白」と考えられていたようである。

　しかし 17 世紀に入り、イギリス人やオランダ人など、中〜北部ヨーロッパ出身の商人や宣教師たちが日本人やアイヌ、琉球民族と接触し、力関係が意識されるようになると、ヨーロッパ人とは異なる人種的特徴が記録に残されるようになった。そして「白」を日本人に使用することは避けられるようになり[24]、ヨーロッパ人にとって自分たちの膚の色より暗い中間色の「黄色」が使用されるようになった。それは、アジアで、ヨーロッパ人男性と現地女性とのあいだに生まれた混血人の膚の色でもあった[25]。

　スウェーデンの植物学者リンネの植物分類法が発表された 1735 年以降、人種分類概念が除々に発展し、日本人に対する「劣等の "黄色" 人種という記述」も顕著になっていった[26]。その後、1853-55 年にフランス人ゴビノーが発表した人種の 3 分類 (White, Black, Yellow) は、モンゴロイドの特徴として黄色い膚を関連づけた代表的なもの[27]だが、この 3 分類によると、ヨーロッパでは、黒人をのぞく有色人種すべてが「イエロー」と表象されえたということになる。

　そのようなヨーロッパの状況で黄禍論が生まれたのは、1880 年代以降の帝国主義の時代である。それは、かつてフン族やハンガリー人、モンゴル人といったアジア系の人間の侵入を歴史的記憶にもつヨーロッパ人が、自らの反ロシア主義に、中国人の海外移住つまり華僑の経済的発展に対する恐れを重ねあわせた[28]観念的スローガンであった。

　しかし、アメリカにとって黄禍とは決して観念的な脅威ではなかった。それは、19 世紀中ごろに太平洋岸州で起きた白人と中国人労働者との日常的

な接触と摩擦に端を発した、アメリカ社会へのアジア系移民の流入という具体的・現実的な脅威として始まった[29]。

　ゴルヴィツアーは、アメリカにおける黄禍論を二つの段階に分け、第一段階を中国人排斥キャンペーン、第二段階を日本人排斥運動とした。そして、後者が反中キャンペーンと異なる点として、反日運動がやがてアメリカの世界政策のなかに入り込んだことをあげている[30]。つまりアメリカは、自国領土に迫った黄禍を、1882年の中国人移民禁止、1924年の日本人移民禁止といった移民法成立により一応の収束をはかった[31]ものの、対外的には、中国ではなく太平洋をめぐる帝国日本との覇権争いとして継続されたのである。つまりアメリカにとって黄禍の元凶は、中国よりむしろ日本だったのである。

　日本を脅威と位置づける国際的文脈を内包したアメリカ版黄禍論が、アメリカの対外政策の一環として続き、日米戦争の危険性という現実的脅威に一般大衆が煽られていくにつれ、当然、日本人に対する呼称は「ブラウン」から「イエロー」へと移行したのであろう。そして、その過程を決定・権威づけたものの一つとして、1920年に出版されて大きな社会的反響を呼んだLothrop Stoddard の『The Rising Tide of Color Against White-World Supremacy』があげられよう。

　ハーバード大学出身で白人優位主義の歴史学者 Stoddard は、世界の非白人の人口増大が白人文明の脅威となると説き、白人世界への移民規制を主張した。彼が描いた世界人種地図では、非白人は黄色・茶色・黒・赤の4種類に分けられ、「Yellow Man's Land is the Far East」とした[32]。Yellow world の中心は中国で、その周辺では、東は日本と韓国、南はタイ、ベトナムとカンボジア、北はモンゴルと満州までが Yellow Man's Land とされた。ちなみに、Brown Man's Land は中近東で、南インドからアフリカ北部までをカバーしていた。そして、「イエローとブラウンの連帯が白人に対する脅威となる」と彼は説いたのである[33]。

　一方、アメリカの国内状況の変化も見逃せないだろう。1898年の米西戦争に勝利してフィリピンを手にいれた結果、アメリカの政治家たちのあいだでは、フィリピンを州として認めようとする声があがった。しかし、フィリ

第 2 章　ブラウンマン（brown man）　　51

ピン人という膚の色の濃い人間、つまり「ブラウンマン」を市民として認めると、アメリカ社会で新たな人種問題の火種となることは明白だった[34]。アメリカ領土に新たな「ブラウンマン」が登場したとき、フィリピン人とはあきらかに膚の色が異なる日本人に対して「ブラウンマン」の呼称を使う機会は確実に減少していったと考えられる。

　1916 年 1 月 23 日付のシカゴトリビューンは、「Bill will shut door of America to **Asiatic Races**」という見出しで移民法改正法案を報じた。そのなかに、the bill includes a paragraph barring "Hindus and all persons of the **Mongolian or yellow race** and **the Malay or brown race** という表現があり、「モンゴリアンはイエロー、マレーはブラウン」と明示された。第一次大戦後の新たな世界秩序の模索の時代には、yellow and brown menace（「Australia sees Jap menace in her rich acres」1920 年 9 月 7 日付）や、Stoddard の著作と主張に言及しながら、汎ツラニズムやイスラム教徒との摩擦を、yellow or brown warrior（「Science and the rising tide of color」1922 年 10 月 3 日付）と呼ぶなど、アメリカに挑戦する可能性のある外的脅威の表現に「イエロー」と「ブラウン」を混在させる事例も見られるようになった。

　アメリカ社会でアジア系の人間の数と種類が増え[35]、可視的存在となるにつれ、アジア系でも膚の色の濃淡により、東アジア人をはじめとするモンゴリアンを「イエロー」、フィリピン人をはじめとする東南アジア系やインド系を「ブラウン」と色を分化せざるをえなかった可能性は十分に考えられよう。

IV　おわりに——「ブラウンマン」は生き続ける

　本章で明らかになったのは、「異人種と実際に皮膚の色を比較する機会も必要もなく、写実的に（淡褐色とか薄茶色とか—筆者）皮膚を記述するコトバを持っていない日本」[36]社会との相違である。ヨーロッパからの知識をそのままとりいれた戦前日本の初等教育とは異なり、アメリカでは、「日本人は黄色いアジア人」という学問的・等式的コンセプトが当初から全米に存在していたわけではなかった。むしろ、日々常に異人種との差異を身に刻みこみ、見

た目の膚の色から他者を規定しようとする単純明快な自他意識が存在するアメリカ社会では、19世紀末から日本人に与えられた「ブラウンマン」「ブラウンシスター」といった呼称は、現実的かつアメリカ的な表現だったのである。

　今後の課題はまず、本章で取り上げられなかったハワイの新聞を調査することである。ハワイは、日本人がマイノリティだった本土とは違い、日本人が多数派を占めたアメリカ領土である。社会における力関係の違いが日本人に対する呼称にどう表れたのかを確かめてみたい。第2に、「ブラウンマン」の呼称を多民族社会のパースペクティブにおき、アフリカ系や中国系、フィリピンやインド、メキシコ系、アメリカインディアンなど、アジア系コミュニティ内部や他のエスニックコミュニティとの関連を調べ、「イエロー」と「ブラウン」の相互関係やその関係性の変化、現代的意味をさらに考察することである。たとえば、社会主義文学者であるジャック・ロンドンは、黄禍の脅威を、"from millions of yellow men" (Chinese) under the management of "the little brown man" (Japanese) と表現し[37]、「イエロー」と「ブラウン」を使いわけ、中国（人）と日本（人）を区別していた。今日でも、そのような使いわけがなされているのだろうか。

　筆者は、21世紀の現代アメリカでも、非白人を「ブラウンマン」と呼ぶ他者化意識は生き続けていると考えている。というのも、筆者自身が、四半世紀を越えるアメリカ生活で、面と向かってではないにしろ「ブラウンガール」と呼ばれたり、職場で、白人女性のカウンセラーから「あなたはロッキー "ブラウン" チョコレートのアイスクリームよ、同僚はスムーズな "バニラ" アイスクリームが大好きなの」と、「白」との対比を強調されたりした経験をもつ。「日本人はブラウンマン」に何の違和感もないというのが、在米生活30年を超えた筆者の皮膚感覚である。

　これまで、多民族文化国家アメリカの人種関係や移民史研究においては、「日本の研究者は "日本人対白人" という二項対立で見る場合が多く、"多文化" の交渉と葛藤を背景とした移民体験の分析にはほど遠い状況」[38]にあった。日本人に対する「ブラウンマン」という呼称への認識は、アメリカの包摂的文脈に日本人をおくことで、対白人に拘泥しない、より広い、普遍的な人種問題への意識の覚醒を促す可能性をもっている。その意味で、20世紀

初頭に現れた「ブラウンマン」は現代的意義をもっていたと言えるだろう。

注

1) 田中義廉「小学読本第一」海後宗臣編『日本教科書体系近代編第 4 巻　国語 (1)』(講談社、1964 年)、101 頁。

2) 海後宗臣「所収教科書解題」海後宗臣編『日本教科書体系近代編第 4 巻　国語 (1)』(講談社、1964 年)、711 頁。

3) 内田嘉一「小学中等科読本巻ノ四」海後宗臣編『日本教科書体系近代編第 4 巻　国語 (1)』(講談社、1964 年)、426 頁。

4) 竹沢泰子「人種概念の包括的理解に向けて」竹沢泰子編『人種概念の普遍性を問う　西洋的パラダイムを超えて』(人文書院、2005 年)、35-36 頁。

5) 前掲書、54 頁。

6) 竹沢泰子「『白人』と『黒人』の間で—日系アメリカ人の自己と他者」青木保也編『講座文化人類学　第 7 巻—移動の民族誌』(岩波書店、1996 年)、283 頁。

7) 1890 年の国勢調査によると、イリノイ総人口 3,826,352 人のうち、白人は 3,768,472 人 (98.4％)、ニグロは 57,028 人 (1.5％)、その他 852 人で、その内訳は、インディアンが 98 人、中国人が 740 人、日本人は 14 人である。そのうち、シカゴ市の人口は白人 1,084,998 人、ニグロが 14,271 人、中国人 567 人、文明化した（居留地を離れた）インディアン 14 人で、日本人はいなかった。シカゴ市人口総計 1,100,332 人のうち、アメリカ生まれ 649,666 人 (59.04％)、外国生まれ 450,666 人 (40.95％) であった。

8) Frances Willard, "Women's Department of the World Fair", *World Fair: A Pictorial History of the Columbian Exposition* (Chicago, Chicago Publication and Lithograph, 1893) : 461

9) Yamamoto family papers, 1999.008, Box 3 folder 5, Japanese American Service Committee, Chicago

10) William A Craigie, *A Dictionary of American English on Historical Principles*, (Chicago: University of Chicago Press, 1938): 325

11) 竹沢泰子「『白人』と『黒人』の間で—日系アメリカ人の自己と他者」青木保也編『講座文化人類学　第 7 巻—移動の民族誌』(岩波書店、1996 年)、277 頁。

12) 前掲書、265 頁。

13) Noah Porter, *Webster's International Dictionary of the English Language*, (Springfield: G & C Merrian Company, 1903): 185

14) J.A.Simpson, *The Oxford English dictionary 2nd Edition*, (Oxford: Clarendon Press, 1989): 592

15) 大橋忠一「北米排日史」『移民情報』第一巻第 4 号 (1929 年)、5 頁。

16) William A Craigie, *A Dictionary of American English on Historical Principles*, (Chicago: University of Chicago Press, 1938): 2519

17) ハインツ・ゴルヴィッツァー 『黄禍論とは何か』（草思社、1999 年）、72 頁。

18) William Morris, *The American Heritage Dictionary of the English Language*, (Boston, Houghton Mifflin Company, 1981): 1483

19) 真嶋亜有『「肌色」の憂鬱　近代日本の人種体験』（中央公論新社、2014 年）、54 頁。

20) The Oxford Dictionary Volume XII, (Oxford, the Clarendon Press, 1933): 434

21) Robert Hunter, *The American Encyclopedic Dictionary*, (Chicago: Ogilvie Publishing Company, 1894): 13

22) Rotem Kowner, *From White To Yellow: The Japanese in European Racial Thought, 1300-1735*, (Montreal & Kingston: McGill-Queen's University Press, 2014): 3

23) 前掲書：85

24) 前掲書：215

25) 前掲書：276

26) 前掲書：309-10

27) 真嶋亜有『「肌色」の憂鬱　近代日本の人種体験』（中央公論新社、2014 年）、54 頁。

28) ハインツ・ゴルヴィッツァー『黄禍論とは何か』（草思社、1999 年）、35-38 頁。

29) James Truslow Adams, *Dictionary of American History Volume V* (New York, Charles Scribner's sons, 1940): 595

30) ハインツ・ゴルヴィッツァー『黄禍論とは何か』（草思社、1999 年）、71 頁。

31) James Trunslow Adams, *Dictionary of American History Volume V* (New York, Charles Scribner's sons, 1940): 506

32) Lothrop Stoddard, The Rising Tide of Color Against White World Supremacy (Westport, Negro Universities Press, 1920): 17

33) 前掲書：85

34) Richard Drinnon, *Facing West: The Metaphysics of Indian-Hating and Empire -Building* (Minneapolis, University of Minnesota Press, 1980): 346

35) 1910 年の国勢調査では、1900 年の調査で上げられた白人、ニグロ、インディアン、中国人、日本人以外に、「その他」というカテゴリーが追加され、「その他」のなかにフィリピン、韓国、ヒンズー、マオリが含まれるようになった。1920 年の調査では、「その他」にさらに、ハワイアン、マレー、シャム、サモアが追加された。

36) 我妻洋・米山俊直『偏見の構造—日本人の人種観』（NHK ブックス、1967 年）、78-79 頁。

37) Frank H. Wu, *Yellow: Race in America Beyond Black and White*, (New York, Basic Books, 2002): 13

38) 東栄一郎「アメリカ移民史研究の現場から見た日本の移民研究」日本移民学会編『移民研究と多文化共生』（御茶の水書房、2011 年）、328 頁。

第3章

ブラジル移民知識人香山六郎の言動

移民俳句と日本語新聞を通して

半澤典子

I　はじめに

　1908年に開始された日本人のブラジル移民は、第二次世界大戦前18.8万人に達した。1908～1924年の初期移民時代、彼らの多くはコーヒー農園契約労働者としての家族移民であった。彼らは契約労働が終わると耕地請負農や借地農、さらには自作農へと転換していくのが通例であった。この開拓生活のなか彼らは紙と鉛筆一本で短歌や俳句・川柳・詩などの短詩系移民文芸を創作していた。これらの創作活動は現在のブラジル日系人社会にも脈々と受継がれてきている。なぜ彼らは、遠く日本を離れたブラジルにおいても移民文芸を創作したのだろうか。彼らが創作活動を起こす発端となった契機や、文芸活動を支援する何かが存在していたのではないだろうか。

　本章では、第二次世界大戦直後頃までの短詩系移民文芸のなかで、特に親しまれていた移民俳句を事例とし、彼らの文芸活動の精神的支柱と後方支援策を探求することで、初期移民の日本観とはどのようなものであったのかを考察する。考察にあたり、第1回ブラジル行移民船・笠戸丸の自由渡航者であった香山六郎（以後、香山）を主要対象者とした。香山は移民生活体験者でもあり、初期移民知識人として日本語新聞『聖州新報』（以後、『聖報』）を創刊し、ブラジル日本人移民の在り方を論じていた人物であったからである。

　移民知識人について佐々木剛二は、移民としての主体性や情緒的経験を強

く保持しながら、大多数の移民とは異なった客観性や合理性への志向性を持ち、積極的に移民社会とそれをめぐる状況に介入する人々と定義づけ、さらに移民社会内部における農民層と知識層との差異も論じていた[1]。本章では、この移民社会とのかかわりや、その社会に内在する社会的差異の存在を示唆した移民知識人の一人が香山であったと捉える。

では、なぜ香山でなければならないのか。香山について清谷益次は「終生文学青年的信条を持っていた」と評し、「日本語新聞を創案した日本人のなかで、移民たちと共に生活する経験を有したのは唯一香山だけであろう。その言動には泥臭さを感じさせるものがあるが、それは移民の心情的・肉体的労苦を、自らの体感として理解していたからではなかったか」とも述べている[2]。清谷は戦前、香山を社主とする『聖報』の社員であったこと、戦後はサンパウロ新聞社員として『聖報』時代の古機材を利用し新聞編集に携わっていたこと、さらには短歌を通して香山と交わりを持っていたことなどから、香山のよき理解者の一人であった。すなわち、移民知識人としての経験と移民生活者としての体験の双方を兼備した人たちの文芸活動に、初期移民の日本観が表象されるとするならば、この２つのコンセプトを兼備した初期移民知識人は香山以外に存在しないのである。

Ⅱ　初期移民俳句と移民知識人

香山は 1886 年 1 月、熊本県玉名郡高瀬町で父・香山俊之、母・伊喜の次男として誕生した。幼少時に両親を亡くしたため、母方の叔父・土屋員安の後見により、彼は日本大学・大学部商科付属殖民科に籍を置くまでに成長した[3]。香山の青少年期は日清・日露戦争の勝利に沸いていた時期で、多くの少年同様、彼も軍将校になることを夢見ていた。しかし、海軍での身体検査不合格により夢は消え去り、香山は徴兵検査を忌避するための最終手段として日本脱出を試みるに至っていた[4]。

1908 年 4 月、香山はペルーへのゴム採取移民副監督として渡航するはずだったが、出航延期となったため、急きょブラジル行第 1 回移民船・笠戸丸に自由渡航者として乗船した。日本出港時、香山は皇国殖民合資会社の水野

龍との契約により、同船していた同県人で熊本済々黌の同窓生でもあった同
会社サンパウロ代理人上塚周平（以後、上塚）の書記生として働くことになっ
ていた[5]。

　上塚と共にサントス港に着いた香山は、その時の様子を「サントスに笠戸
丸着きぬ星ふる夜」、「吾が骨を埋めよ青山秋の晴れ」と詠んでいる[6]。この
句と同時期に上塚（雅号は瓢骨）の詠んだ「涸れ滝を見上げて着きぬ移民船」
と「ブラジルの初夜なる焚き火祭かな[7]」の句はブラジル俳句界では広く知
られているが、香山の句はほとんど知られていない。これらの句には、50
余日もの航海の末、移民たちを無事にブラジルに到達させた達成感と、この
事業にかかわった人々への上塚と香山両人の感謝の気持ちが表出している。
読者にも安堵感を与えるこれらの佳句は、ブラジルの情景を読み込んだブラ
ジル移民俳句の先駆けと位置づけられる。

　地球儀を見ればわかるように、ブラジル・サンパウロ州は日本の対蹠点に
位置する。そのため、笠戸丸がサントス入港した6月のサンパウロ州は、コー
ヒーの収穫晩期の秋になる。香山の初句には、長い航海の末に秋の夜空に星
がきらめくサントス港に到着した時の安堵感以外に、これで徴兵は回避でき
たという精神的束縛からの解放感や安堵感も表現されているようだ。2句目
には、ブラジル到着時の晴れ晴れとした自分の気持ちと秋晴れが掛け合わせ
て表現され、「吾が骨を埋めよ」の7文字で永住も覚悟の内であったことを
暗示している。事実、香山は90歳で没するまで帰化もせず一度も母国を訪
問せずにブラジルの土と化している。これはブラジル到着直後の句であった
から、彼が本音でブラジルへの永住を考えていたとは断言できないが、自由
渡航者であったことから香山の目的は、いわゆる家族移民の出稼ぎ的渡航と
は基本的に異なっていたと考えるのが妥当であろう。佐々木は香山のような
渡航者を「学術的・批評的」な機能を持った広義の「移民知識人」と定義し、
前述の契約移民・家族移民とは異なった移民層であると記述している[8]。

　香山が自由渡航者意識から移民意識へ転換する契機となったのは、1908
年9月、モジアナ線のズモント耕地からの脱耕9家族27名が配耕された、
ノロエステ線サン・ジョアキン耕地での通訳兼監督の体験にあった[9]。この
9家族と香山こそがノロエステ線最初の日本人入植者、すなわちノロエステ

線日本移民の先駆者なのである。この先駆者としての自負、移民をリードしつつ常に移民と共に生きようとする移民知識人としての姿勢が、その後の香山のブラジル生活の精神的支柱になっていったといえよう。「日の丸旗を柳行李の底に秘む移民」、「神戸出た事などわめきカフェ摘む」、「家族移民のカフェ耕地に郷愁なし」[10]の3句は、香山が移民監督・通訳をしていた時の句で、彼自身というより移民たちの行為を傍観するなかで創作された句である。香山は出稼ぎ目的でブラジルに来た移民たちが、柳行李の底に潜めてきた日章旗を日々意識することで、日本人としてのアイデンティティを確認する行為を温かく受け止め、彼らとの労働のなかに喜びと充実感を表現している。また香山は、神戸出港時の移民たちの不安と希望の混じり合った複雑な心境を、広大な耕地で声張り上げながらコーヒー摘みをしている現在の彼らの姿に重ね合わせて「わめき」と表現し、さらに、彼らの厳しくとも明るく暮らしている様子に安堵し「郷愁なし」と言い切っている。これらの句は、初期移民が直面する生活への不安や希望を表現しているのであるが、それはすなわち香山自身の移民先駆者であり、また移民知識人であるとの移民意識の表出であったともいえよう[11]。

　1912年、移民会社の倒産により失職した香山は、上塚らと共にサンパウロ市内で玩具の製造販売などをしていた[12]。その時、夫を亡くし3人の子供を連れて帰国すべきか迷っていた笠戸丸移民で、ノロエステ移民先駆者の一人であった熊本県出身・橋口重正の未亡人・タニを引き留め、翌年結婚をしている。日本を離れて6年目で香山28歳、徴兵失効まで4年を残していた。

　1914年以降、請負農民となった香山は、ソロカバナ線モンソン植民地でバッタの大群に農作物を食い荒らされる蝗害（コウガイ）により移民生活の辛酸を嘗めていた。「植民地棉のモンソン今パスト」という句は、1910年代のモンソン植民地の栄華を理解するうえで貴重な一句となっている[13]。1918年、香山はモンソン植民地から、上塚の計画によるノロエステ線エイトール・レグール駅（1920年にプロミッソン駅と改名）のイタコロミー植民地内に土地を購入し、初めて自分の家を建て自営農を目指していた。「椰子蔭に鍬おき妻と午餉する」、「サボテンの蔭に野風呂の据へてあり」の2句の季語には、サボテンや椰子樹といったブラジルらしい植物が用いられ、現地の情景が描写されてい

る[14]。ここからは戸主として家族と共にブラジルでの日々の労働の苦しさ・楽しさを味わっている香山の満足した姿が彷彿される。しかし1921年正月、上塚の植民地建設事業幹部から外され、この地を去った香山は、日本人移民に日本語で情報を提供する新聞発行人になる決意を固めていた[15]。

Ⅲ　新聞俳句と新聞俳壇

1. 新聞俳句

　1921年9月、香山はノロエステ鉄道の起点バウルー市の駅に近いビラ・ファルコン地区で、日本語新聞『聖報』を創刊する。その創刊予告文「何者にも媚びず何物にも憧れず恒に同胞の見方となり相談相手となる新聞である」を、サンパウロ市に本社を置く『伯剌西爾時報』社（以後、『時報』、1917年創刊）に掲載した[16]。すでに同年1月にはバウルー領事館が開設されており、

第1図　サンパウロ州鉄道沿線の主要日本人移植民地概図（戦前）

〔出典〕外務省通商局『移民地事情』第1巻（不二出版、1999年）、伊丹金蔵『在伯同胞発展録』（日伯新聞社、1941年）、半澤典子「開拓鉄道沿線図」（個人所蔵、2010年）

（筆者作成）

主要日本人移植民地はサンパウロ市内から 300km 以遠のノロエステ地方に建設され始めており、バウルーは情報収集に好都合の場所であった（第1図）。

　メディアとしての新聞にとって政治・経済面だけでなく、文化面の充実は購読者拡大策として重要であった。この時代には、初期移民が個人的に日本から持参もしくは取り寄せたわずかな書籍などのほか、すでに日本語新聞がマス・メディアとして存在していた。移民たちは、廉価で継続性のある日本語新聞を単に生活情報を得る手段としてだけでなく、文字を用いて自己の文芸表現を可能とした紙上文芸ネットワークとして活用した。一方、日本語新聞は、彼らに文芸表現の場を提供することで、購読者拡大を図るというように、両者は相互補完関係を保っていた。

　細川周平によれば、ブラジルの日本語新聞に俳句が初めて出現したのは、アメリカ合衆国からの再移民・星名謙一郎が 1916 年 1 月創刊した週刊『南米』であったという[17]。ブラジル日本移民史料館に現存する同紙の最古号（1918 年 1 月 12 日第 103 号）には、懸賞応募俳句が数句掲載されている。その代表的なものは「大苦戦臥薪嘗胆御国のため（英雄）」、「虎の尾をふむ斥候や夜の風（英雄）」という句である。それらはブラジルの情景を詠んだわけではなく、日本を回想して対外戦争での兵士たちの士気をたたえるような戦争回想句である。以後の俳句には「味噌汁や塩加減を嫁に説き（一声）」という祖国回想句のようなブラジルに無縁な句も詠まれている。それらは 19 世紀末から 20 世紀初頭のハワイ移民の句と符合するものであったようだと細川は分析して

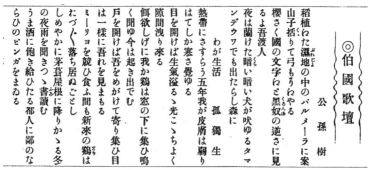

第2図　公孫樹（香山六郎の雅号）の短歌が掲載された「伯国歌壇」

『伯剌西爾時報』1917 年 9 月 28 日第 5 号第 1 面より抜粋。

いる[18]。移民先・移民年代は異なっていても、移民にとって日本への郷愁を表現するには、俳句がもっとも簡便な短詩系文芸であった証といえよう。

　星名の新聞創刊直後の同年8月、『時報』に先立ち新たな日本語新聞『日伯新聞（以後、『日伯』）』がサンパウロ市内に創刊されると、それらは懸賞金付短歌や俳句の応募を行い、購読者拡大策を講じていた。事実、香山はモンソン植民地時代から『時報』の「伯国歌壇」に、「稲植えた湿地（ブレジョ：brejo）の中のパルメーラ（palmeira：椰子の木）に案山子括りて弓もそえやる」という短歌を投稿している（第2図）[19]。この「伯国歌壇」は『時報』最初の短歌掲載紙面であったから、香山はすでに短歌を嗜み、その基本を踏襲しつつ、そのなかにブラジルの自然や人間生活をカタカナ交じり文体で意図的に表現していたといえよう。そうすることで日本への郷愁だけでなく、ブラジルで生きてゆく意志を自己暗示させていたともいえる。このような意図は俳句でも同様であった。

　1924年、『時報』の「伯国歌壇」に対抗するかのように、『日伯』が「日伯詩壇」を起ち上げた。その時同紙は選者無しの『日伯俳壇』も立ち上げ、トランスヴァル俳句会が初めてまとまった俳句を掲載した（第3図）。トランスヴァル俳句会とは、モジアナ線セラナ駅にあったトランスヴァル耕地の通訳・監督を務めていた斉藤幸（雅号：信山、長野県生まれ、1895年～1976年。1918年渡航）が、耕地住民を集めて開いた句会のことである。新聞紙上への俳句掲載を通して耕地住民の親睦と結束、作句者の創作意欲の向上、句会の発展をねらったのであろう。1924年10月10日付『日伯俳壇』には、兼題に

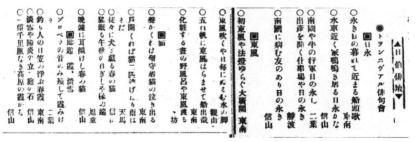

第3図　トランスヴァル俳句会の登場した「日伯俳壇」
『日伯新聞』1924年10月10日第392号第4面より抜粋。

「日永」・「東風」・「猫」、即題（席題）に「霞」・「淡雪」を掲げ、8人程の作句者による俳句が18句ほど掲載されている。句題はすべて日本の季語であるが、「南国や牛の行軍日の永し（二葉）」や「一望千里風なき高原の霞かな（信山）」など、ブラジルの生活風景を描写した句もみられた。これらは素人俳句かもしれないが、ブラジル生活を素直に読んでいたから、俳句を愛する新聞購読者には創作意欲をかき立てる刺激になり、新聞社側からすれば素人俳句の掲載は、購読者人口増大策として成功であった。この活動の中にすでに移民の文芸活動の精神的支柱となった新聞俳句の萌芽と、その活動の後方支援をするメディアとしての新聞の存在が読み取れる。このように『時報』の短歌に対して『日伯』は詩や小説への特化、さらには新聞俳句の掲載により、互いに投稿者の区別化と購読者拡大をもくろむという戦略に出ていた[20]。

　『日伯』や『時報』に遅れて創刊した『聖報』は、中央2紙への対応策として地方都市での創刊である優位性を生かそうと、1925年の手書き新聞から活字新聞への移行を機に文芸欄充実を目指した「移植民文芸宣言」を発し、独特の「文芸欄」を掲載した。この欄には俳句だけでなく短歌、詩、川柳、童謡など、その時の投稿内容に即した文芸作品が選択・掲載された。『時報』の「伯国歌壇」や『日伯』の「日伯詩壇」とは構成の異なった、一見あいまいそうに見える『聖報』の企画は、投稿者にいつでも自由に投稿しやすい環境を設定していたといえよう（第1表）[21]。例えば文芸欄のネーミングは、1925・26年の2年間だけでも「聖州詩園」（1925.5.22）、「聖州詩壇」（同.6.19）、「聖州歌園」（同.7.31）、「聖州歌壇」（同.12.11）、「聖州文芸」（1926.1.29）、および「聖州詩壇」（同.4.2）、そして「聖州歌壇」（同.4.9）というように目まぐるしく変化し、この傾向は1927・28年にかけても同様だった[22]。これは読者から集まる文芸作品が詩や短歌・俳句というように不定であったためで、読者の意識を文芸欄にとどめようとする香山ら編集人の苦労の跡とみることができる。

2. 新聞俳壇

　日本の俳人を選者に立て、日本の俳句形式による投句に選者の添削・選評を加えて成立した本格的な新聞俳壇は、1929年の『日伯』が木村圭石を選者とした「日伯俳壇」が最初であった（第1表）[23]。単なる自由参加の「俳句欄」

第1表　日本語新聞と移民文芸（1910-30年代）

新聞名	発行期間	創刊者	移民文芸（俳句）年	移民文芸（俳句）	移民文芸（短歌他）年	移民文芸（短歌他）
週刊・南米	1916-18年	星名謙一郎 鹿野久一郎	1918年	俳句（戦争句、懸賞付き俳句）、「大吉戦臥薪嘗胆御国のために」（英雄）		
日伯新聞	1916-39年	金子保三郎 輪湖俊午郎	1924年	トランスヴァール俳句会「南国や牛の行軍日の水し」（二葉）	1924年以前	詩や移民小説中心、「日伯詩壇」創設・継続
			1928年	アリアンサ陸穂会句集「三日月やマモナの露の垂り落つる」（掬二）	1924年	「詩」都会小曼陀羅帳　珈琲店」（若男）、移民小説等の「創作」欄設置継続、「日伯歌壇」開設・継続
			1929年7月	圭石「我等の俳句」を3回に亘って掲載		
			1929年8月	「日伯俳壇」（選者：圭石）「草は皆枯れしくしたるカンポ哉」（瑞水）		
伯剌西爾時報	1917-41年 1946-52年	黒岩清作	1935年以前	「文芸欄・学芸欄」あり、随筆・雑誌・詩の掲載、探偵小説	1917年	「伯国歌壇」「稲植えて湿地の中のバルメーラ」香山子「拓ら」てうもぞええやる」（公孫樹）「あゝあかと月は昇りぬ故郷の浜辺思はする広野のはてに」（如星）
					1918年	「元旦の和かさらん花もがなと向日葵の花の太さを切りぬし」（香山）
					1938年以降	「文芸」欄に短歌コーナー
聖州新報	1921-41年	香山六郎	1923年	「文芸欄・山彦」「大空に雲の影飛ぶ野原」（MS生）	1925年	移植民文芸宣言「日本移植民文芸を興せ第1回」（K生）「百頭の牛引きて行くバイアノは水をぶいも唄へり恋かい」（公孫樹）
			1933-35年	「聖報文芸壇」欄に念腹の「伯句繁則」および「写生俳句問答」（鳳骨）「聖報俳壇」「冬越せし茄子花咲きぬ春の雨」（鳳骨）	1931-33年	「聖報文芸壇」聖報歌壇　鈴木南樹「帰郷雑詠」芭蕉南守丸は鎌倉丸は白き服着し服着一」（南樹）
			1937年	「文芸」欄に「聖報俳壇」「復活し「三木会掲載」（素骨）「レンソすすすカンナの花に敵せけり」（素骨）「バイネイラの花散るタ流れ星」（素骨）「墓石をしかと踏まえし蟾蜍哉」（素骨）	1937年	最初の移民歌集「移り来て」発刊
			1937年末	季題分類実施（植物分類例の不足）		

[用語解説] マモナ (mamona)：とうごま、カンポ (campo)：草原、レンソ (lenço)：ハンカチーフ、バイネーラ (paineira)：トックリ木綿、バルメーラ (palmeira)：椰子、バイアノ (baiano)：バイーア州の人、黒人

[参考資料] 稲野桂山「俳諧小史」「ブラジル日系コロニア文芸　上巻」（サンパウロ人文科学研究所、2006年）、池上岑夫・金七紀男他「現代ポルトガル語辞典」（白水社、1996年）、「日伯新聞」、「伯剌西爾時報」・「聖州新報」各紙

（筆者作成）

ではなく、日本の俳句形式による撰者の添削・選評を伴う「俳壇」であったため、投句者は150名に及ぶほどその反響は大きかったようだ。1931年当時、文芸欄に決め手を欠いていた香山の『聖報』にも俳句愛好者の一人・橋浦昌雄が、佐藤念腹という人物の指導の良さを「佐藤健次郎(雅号：念腹)君は、俳句界ホトトギス派の俊英である。[…]同氏の俳壇を聞き53歳初めて作句を志す。[…]拙句に就て同君の添削を受くるに頗る得るところあり、[…]同好の士幸ひに諒とせられよ」(『聖報』1931年6月5日No579「文芸」)と評した投稿記事が掲載されている[24]。

佐藤念腹(本名：謙二郎、1898年～1979年、以後、念腹)は、新潟県北蒲原郡笹神村の生まれ。高浜虚子の俳句結社ホトトギスに所属し、1921年ホトトギス初入選する。1927年、念腹はホトトギス派俳句普及の目的をもってサンパウロ州第2アリアンサに国策移民(家族移民)として入植した。しかし、サントス港から入植目的地のアリアンサへ向かう途中、ソロカバナ線の列車正面衝突事故に遭遇した。その時、念腹の弟が即死し本人も家族も負傷するというハプニングに見舞われた[25]。農業の担い手となるはずであった弟を亡くした状態での入植であったことから、彼は虚子の餞の句「畑打って俳諧国を拓くべし」を生涯の使命として、農牧畜業の傍らブラジル各地にホトトギス派の俳句を浸透させる俳句普及活動に徹したのであった。

この念腹の名声を『聖報』も取り込んで文芸欄を充実させようとしたのであろう。香山は1933年に念腹を選者とす

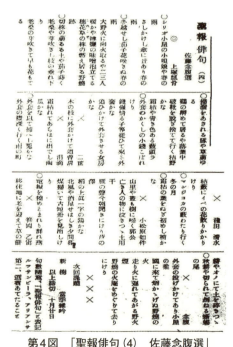

第4図 「聖報俳句(4) 佐藤念腹選」

『聖州新報』1933年9月22日第795号第4面より抜粋。

る「聖報文芸壇　聖報俳句」を新設している（第4図）。同年9月1日付同紙には、念腹が投稿者の質問に答えたり俳句の添削指導をしたりしている一文がある。

　　私共は客観写生を高唱して居ります。季題を詠ずる文学としての俳句は［…］客観写生でなければなりません。主観の句は［…］低級になるか旧套に堕するのが常であります。これは400年の俳句の歴史が最も雄弁に語って居ります（聖報文芸壇）[26]。

しかし、念腹の指導欄はわずか2年足らずで廃止となった。その原因は、香山と念腹とのブラジルの俳句に対する考え方の相違に起因するものであった。その後『時報』も1935年に初めて「時報俳壇」を創設し、念腹を選者として40名の投句者からなる第1回全伯紙上俳句大会を行っている（第5図）。1930年代初頭には、全ブラジルの俳句会は40以上、俳句人口は400人ほどであったとされている[27]。

第5図　「時報俳壇　念腹選」・「時報俳信（3）念腹」
『伯剌西爾時報』1935年7月24日第1102号第4面より抜粋

Ⅳ ブラジル俳句界の繁栄と分裂

1. 俳句界の繁栄

　俳句を好む移民たちは同志を募り、その表現と鍛錬の場として句会を作るのが一般的である。初期移民による移民俳句は、開拓途上の困難に打ち負けた挫折感、それを克服した時の歓喜と達成感、生活のなかに自然に溶け込んでくるブラジル風物の発見と喜び、時に恐怖といったさまざまな感覚を受容しながら、日本の俳句の基本を踏襲しつつ創作されていた。上塚と香山が自由に作句し新聞紙上に掲載していた 1920 年代初頭においては、ブラジルの日本人移民社会に通ずる表現であれば、その俳句の意図するものは読者に理解されていた。そのようななかから仲間意識による俳句会が生まれ、1924 年 10 月に結成されたトランスヴァル俳句会がその嚆矢とされる[28]。移民開始以来 15 年間、彼ら初期移民たちには俳句の達人など存在せず、自由に俳句を楽しんでいたといえよう。

　移民俳句が隆盛を極めるようになった背景には、日本の俳句結社で鍛錬を受け、国策移民としてブラジルに渡ってきた俳人たちの活躍があったことは否めない[29]。1926 年、家族で第一アリアンサに入植した木村貫一郎（雅号：圭石）、翌年の念腹がそうであった。上塚や香山らより 20 年遅れての国策移民であった念腹は、俳句もホトトギス派俳句に徹底させようと厳しく規制したのである。すでに初期移民たちは自己の農業基盤を確立しようとしていた時期であったため、彼らは一方で日本俳句を歓迎しつつも、念腹の俳句に対する厳しい規制には疑問を持つようになっていた。その疑問はある意味で、念腹という国策移民がホトトギス派俳句を正統派と自称し、初期移民の楽しんでいた従来のブラジルの俳句を邪道として徹底的に排除しようとした行為に対する、初期移民知識人たちによる反発であったと受け止められる。

　念腹は俳句活動を展開するにあたって、ホトトギス派の花鳥風詠と五・七・五の定型句の鉄則を守る客観的俳句であるべきと強く指導した。その結果、俳句愛好者は自作句が選者の添削指導でより良い俳句へと変化することに喜びと満足感を感じ、さらに俳句活動に力を入れるようになっていた。前

述した 1931 年 6 月 5 日の橋浦の『聖報』への投稿記事などは、その好例といえよう。

　1929 年以降、圭石も念腹も初期移民たちから俳句指導者として尊敬されて俳句会を結成し、新聞俳壇でもその選者として優遇された。特に念腹は、日本の俳句をブラジルに定着させる原動力になった人物として「念腹先生」と称されるようになった。

2. 俳句界の分裂と香山の俳句観

　『聖報』は、移民たちからは尊敬され始めていた念腹の指導を、1933 年に受け入れて「聖報俳壇」を新設したにもかかわらず、2 年足らずでそれを中止した。なぜ中止になったのか、その理由として、第 1 に、念腹によって移入された日本のホトトギス派俳句の厳格さ。第 2 に、日本の俳句界の分裂構図がブラジル俳句界にも反映。第 3 に、初期移民知識人・香山の国策移民・念腹への潜在的区別意識など、香山と念腹の俳句観の相違などがあげられる。

　第 1 について、香山は、ブラジル俳句において花鳥諷詠と客観写生は当然であるが、明確な四季のないブラジルで、日本の季語を強調するのはブラジルの風土にそぐわないと疑問を呈した。日本の国土面積の 23 倍もあるブラジルでは地域による自然環境は異なり、日本とほぼ同面積のサンパウロ州内でも日本の四季と同じような気候の見られる地域は限られている。現に香山らの活動の中心地であったバウルーは、サンパウロ市から北西へ 300km も離れた内陸部に位置し、サンパウロ市周辺とは異なる亜熱帯性の気候地域になる。このような地域で、日本の季語に類似する自然の様相を詠ませようとするのは無謀であると、香山は念腹に反発したのだ。香山は、ブラジルの自然に適応した生活から新たなブラジル季語を見出すことに、ブラジル俳句の特性と意義を求めたといえよう。そのためには、ブラジル俳句はカナ交じりや字余り、時には無季でも致し方ないと理解したといえる。さらに香山は、ホトトギス派俳句会に厳然として存在した句会の主宰と弟子といった縦のつながり・すなわち師弟関係も断ち切り、自由に作句することを移民たちに望んだ。そこには他からの強制を嫌い、自由な作句を好んだ香山の個性が表出していた。結果、香山は念腹の指導を拒否し、念腹は香山の俳句を田舎の新

聞記者、田舎者（いなかもん）の泥臭い月並俳句でしかないとして無視した。実際、念腹を選者とした時期の「聖報俳壇」に香山の俳句は全く見られず、圭石を選者とする1937年1月の三水会吟行では「日本の蓮移して花の咲かぬなり」を詠み、「聖報俳壇・三水会便り」の中にも「ハンモック片足垂れてふるる土（素骨）」が登場する。素骨は当時の香山の雅号であった。以後、毎回のように『聖報』の「三水会便り」には素骨の句が掲載されていることからも、香山や圭石の俳句観と念腹の俳句観の相違が認識される[30]。

　第2について、香山と念腹の俳句観の相違は、日本の俳壇が正岡子規（1867-1902年）の死後、虚子を中心とする「ホトトギス定型律派」と水原秋櫻子を中心とする「新興俳句運動派」に分裂したことに由来する。1931年、虚子の客観的写生俳句に対し、秋櫻子は自由律や無季俳句も尊重する主観的写生俳句の新興派俳句運動を展開し、ホトトギス派は分裂した。この分裂の系図がブラジル俳句界にも影響を及ぼしたのである。圭石は秋櫻子派に属し、ブラジルの俳句普及のためには「誰でもどのような俳句でもよい」とする主観的写生俳句論を主張し、念腹の客観的写生俳句と子弟関係に基づく作句に異論を唱えたのであった[31]。結果、1933年に圭石と念腹は決別した。この分裂問題で香山は、圭石の俳句思想へと俳句観を変化させたといえる。

　第3について、香山には上塚と共に第1回移民船乗船者として、日本の俳句をブラジルに導入した最初の移民知識人の一人であるとする潜在的プライドが存在していたと考えられる。20年後の農業移民・念腹が、日本定型句を強要する姿勢を許容できない香山の心理的葛藤、たとえ田舎臭くともブラジルの俳句を立ちあげてきたのは初期移民知識人であるといった心理が働いていたといえる。

3. 季題収集

　1934年10月、サンパウロに『聖報』社を移転していた香山は、1937年にサンパウロ総領事市毛孝三（雅号：暁雪）が主導し、圭石を選者とした俳句会「三水会」に入会している。三水会とは、毎月第3水曜日に句会を開催しようではないかとの市毛総領事の提案から名づけられた句会名で、誰でも自由に参加できることをその信条としていた[32]。その活動のなかで、サンパウ

ロ市内に存在した句会の「三水会」と「落穂会」の選者がどちらも圭石であったことから、香山は2つの句会の合同を提案し圭石と市毛総領事両者の合意を取り付けていた。市毛総領事は「2つの句会の会員が一席でやれば賑やかでもあり、張合いも出るのでそうしよう」と推奨した[33]。結果、2つの句会は合同し、サンパウロ市内の日本クラブで定例句会を開くようになった。香山は、市毛総領事はサンパウロ市のブラジル文芸界に「日本俳句は世界の最短詩である」と紹介した最初の外交官であった、と評している[34]。

その会の俳句集『南十字星』第2号（1938年3月10日発行）に、香山の6句が掲載されている。おもな句は「覇王樹の蔭に野風呂の据えてあり」、「綿の芽は殻をかつげり花曇り」、「酒倉や裏にはマモン熟れてあり」などである[35]。これらの句は、香山の戦前の俳句を知るうえで貴重な資料となっている。1句目の覇王樹とはサボテンのことであるが、サボテンと野風呂の取り合わせには、日本俳句では発想できない野趣味豊かな大胆さがある。2句目は、殻となってしまった親豆、すなわち母国日本を栄養源として、今ブラジルの大地に育つ綿の芽、すなわち日本人移民がおり、その将来を不安視する移民の心境を花曇りでまとめ上げた比喩を交えた佳作であった。3句目の酒倉とは、ブラジルのサトウキビを原料としたアルコール飲料のピンガ（pinga）の貯蔵庫を指し、マモン（mamão：パパイヤの果実）を柿に置き換えれば、酒倉の裏に柿の実が熟れている日本の情景そのものになる。酒倉とマモンを通して日本への強い郷愁を詠い上げたと受け止められる。これらの句を通して香山は、母国日本を懐かしみ尊重する気持ちに変わりはないが、自分たちはブラジルの自然を愛しブラジルに根付く日本人として生きていくのだといった前向きの姿勢を表象していた。それは初期移民知識人として、またブラジルを愛する日本人移民としての香山の素直な言動の表象であった。

三水会は、サンパウロ市郊外でたびたび吟行を行っていた。吟行をするたびに、香山は日本とブラジルの自然の花鳥風物の違いを認識するようになり、「俳句も日本の伝統的季題ばかり尊重していては、ブラジル本来の生活俳句は生まれない」と考えるようになっていった[36]。この考えを理解した市毛総領事は1937年末、ブラジル自然俳句の季題分類を研究しようと総領事官邸に香山素骨、海外興業社員・中野陽水、総領事館領事の加藤芭川と同

領事館農業技師の北村豊次等 4 人を集め、日本と同程度の面積のあるサンパウロ州に限定した季題収集の研究を始めている。その季題分類表にはブラジル季題の一部として 61 種類が収集されていた（第 2 表）[37]。

第2表　ブラジル季題分類（1937 年当時）

月	動物	植物	行事・生活	天文・時候
1月	マンジューバ、蚊、マラリア蚊、でで虫	蓮の花、マンガ、アバテ、合歓の花、マモーナ、ジャンブ、キアボの花	お年玉、独楽回し、ブラジル雑煮、**除草**、ハンモック、蚊帳、瓜なます、ソルベッチ	元日、初日、薫風、短夜、極月
2月	タラグィーラ	カーナの花、コッケイロ、パイネイラ、病葉、花糸瓜、吊り蘭	**カーナバル、珈琲熟る**、汗、行水	夕立、木下闇、秋近し
3月	蟹、蟷螂、油虫、ウルブー	朝顔、鶏頭、アバカテ、胡瓜	**カーナバル、珈琲熟る、山視**、視察、鰯焼く	秋めく、夕焼け
4月	鰯	アーリョ、珈琲の実、今年米、ミーリョ、棉、草の花	**猟始（15日）、天長節（29日）、山立て、棉摘み、豚追ひ**、豚追ひ出す、パモーニャ	
5月	ツカーノ、アンタ	コウベ、苔、蜜柑、椰子の葉、木の実、熟柿、種アボ、棉の花、珈琲の花	**入植、移民、移民列車、棉摘み、豚追ひ出す、山立て、稲刈り**、夜学	正秋、秋空、秋の雹、霧
6月	タツー（あるまじろ）、猪、山豚、クツナ（山猫）、ピラーニャ、パクー、ドウラード、梟、鰻	蜜柑、草の実、熟柿	**サン・ジョアン、サン・ペードロ（29日）、移民列車、山伐り、カーナ刈り、マンジョカ掘る、珈琲採集**、モコト汁	秋の水、夜長の灯
7月	ドウラード、アンタ、山猫、ツカーノ		**瓢骨忌（6日）、山伐り、マンジョカ掘る、珈琲採集**、おでん	冬野原、風邪、冬夜、冬の蝶、寒月、霜の朝
8月	鰻	イペー	**終猟、山焼、珈琲採集、牛渡し、牛追ひ、冬休み、耕地替え、カフェ摘み**、外套、春の風邪、毛布	冬木立、冬木空
9月	鰻、ウルブー	茄子の花、青芝、花珈琲	**山焼、山崩し、珈琲植え、ムダンサ（転耕）、配耕**、ぶらんこ	春の雨、春泥、春寒
10月	ランバリー、蛇、蜥蜴、草虱、サビア	むかご、シュシュ、パラナ松、ピニョン、珈琲の花（花珈琲）、青蜜柑	**珈琲植え、ムダンサ（転耕）、配耕、棉撒、茶摘**	
11月	**仔牛、仔馬、仔山羊、タマンズーア、蛍、蛙、怠者（プレギッサ）**、ランバリー、砂蚤、アララ	蘭、椰子の花、白百合、ジャボチカバ、マラクジャ	**慰霊祭（1日）、簾女忌（21日）、棉撒、茶摘、除草**、汗、昼寝、夏休み、ふらここ	夏木立、青野原、若葉径、春名残、開け易し、涼し
12月	**鯣の子、仔蛇**、蛍、蟻、蝸牛	棉の花、ねむの花、コスモス、仙人掌、西瓜（メランシア）	**クリスマス（25日）、除草**、年の暮、棉の間引き	初夏、青嵐、師走

＊複数月に表記されている用語はその時期に卓越した季語。太字表記は季題研究掲載季語。

〔出典〕香山六郎『移民 40 年史』（私家本、1949 年）、331 頁、香山六郎『聖州新報』（聖州新報社、1937‑1938 年版）

（筆者作成）

第3章　ブラジル移民知識人香山六郎の言動　　　71

第3表　カタカナ表記ブラジル季題の日本名（1937年当時、三水会俳句より）

マンジューバ：manjuba：カタクチ鰯	ジャンブ：jambu：キク科の植物
タラグィーラ：taraguira：（動）カラードスイフト	キアボ：quiabo：オクラ
ウルブー：urubu：黒禿鷹	カーナ：cana：サトウキビ
ツカーノ：tucano：（鳥）オオハシ	コッケイロ：coqueiro：椰子
アンタ：anta：（動）獏	パイネイラ：paineira：トックリ木綿
ピラーニャ：piranha：（魚）ピラニア	アーリョ：alho：にんにく
パクー：pacu：淡水魚の名前	ミーリョ：milho：とうもろこし
ドウラード：dourado：（魚）ドラード	コウベ：cobe flor：カリフラワー
ランバリー：lambari：（魚）ヒメハヤ	イペー：ipê：ブラジルの国樹・花
アララ：arara：コンゴウインコ	シュシュ：shushu：糸瓜
ビッショ：bicho：砂虱	ピニョン：pinhão：松の実
プレギッサ：preguiça：（動）ナマケモノ	ジャボチカバ：jaboticaba：木ぶどうの実
タツー：tatu：（動）アルマジロ	マラクジャ：maracujá：パッションフルーツ
マンガ：manga：マンゴー	ソルベッチ：sorvete：アイスクリーム
アバカテ：abacate：アボガド	パモーニャ：pamonya：トウモロコシの粉の
マモーナ：mamona：トウゴマ	練菓子

参考資料：池上岑夫・金七紀男他『現代ポルトガル語辞典』（白水社、1996年）、香山六郎『聖州新
　　　　　報』（聖州新報社、1937-38年版）

（筆者作成）

　なお、参考資料として第2表中のカタカナ表記のブラジル季題を日本名に
訳し、一覧表とした（第3表）。季題の動物欄には、日本には馴染みのない動
物名が見られ、それらは食料となるもの・人間に害を与えるもの・観賞用な
どに区分できる。例えば、マンジューバはカタクチ鰯を指し、ドウラードや
ランバリー等の魚とともに貴重な蛋白源となっていた。また、マラリア蚊や
草虱・砂蚤などは農作業中に被害にあうため、移民たちから恐れられていた。
プレギッサやアララなどは、癒し系の動物であった。

　植物欄の季題には、表現は違っても日本でも見られたり栽培されたりして
いる花や実が多く、移民たちが生活の糧として日本から持参したり取り寄せ
たりした種を大切に育て、食用や観賞用に栽培していた様子がわかる。

　行事・生活欄の季題には、日本の生活習慣に沿った天長節などとともにカ
タカナ表記の季題である「カーナバル」・「サン・ジョアン」・「サン・ペード
ロ」などが散見され、カトリックの国らしい宗教的祝祭が日本人移民の生活
にも何らかの影響を及ぼしていたといえる。二世の誕生・成長と共にブラジ
ルの生活習慣は自ずと個々の生活領域にも反映されるようになり、その重要
性を増してきた。コーヒーの収穫時期に合わせるようにコーヒー農園に配耕
されていった彼らのブラジル生活スタート時点の活動は、特に印象深いもの

であったから、移民列車・入植のように季題として尊重されていたといえよう。さらに、移民たちがコーヒー園労働者から借地農や自営農となる前後の苦しみや喜びは、コーヒー採集やカフェ摘み・ムダンサ（転耕）・山伐り・山焼き・山崩し・コーヒー植え・除草など多数の季題によって表現されていた。これらの季題からは、移民後 30 年も経過するなかで移民たちが日本の生活様式や生活文化を維持・変容させながら、次第にブラジルの生活様式や生活習慣に順応していかざるを得なかったその覚悟も読めてくる。

　戦前にブラジルの季題を収集し分類したこの表は、ブラジル日本人移民が作成した最初の分類表であった。このことから、日本語を用いたブラジル生活俳句を創作・推進するための、市毛総領事を中心とした香山たち移民知識人の業績は、戦後の 1950 年代まで貴重な資料となっていた。季題収集作業においても香山はパイオニアの一人だったのである。

V　ヴァルガス政権下での日系社会と俳句

　1930 年、ブラジル南部から進出してきたジェツリオ・ヴァルガスは、統一国家の建設を目指し革命を起こした。いわゆるヴァルガス革命である。1934 年 7 月、ヴァルガスは連邦政府の州政府に対する優位性を示した新憲法を制定し、ブラジル人による国民国家建設を掲げた。この法律に連動してブラジル政府は、外国からの移民数を過去 50 年間における入国者数の 2% の限度を超えてはならないと規定した、いわゆる「外国移民 2% 割当法」を成立させた[38]。在ブラジル日本人たちは、これを「排日法」と受け止めた。この法律を熟慮した香山は、1934 年 10 月末、サンパウロへの移転決意を表明し実践している[39]。50 歳を迎えようとしていた香山は、14 年住み慣れたバウルーを後にしてサンパウロへ進出するその意気込みを「歳五十我に天下の春が待つ（素骨）」と俳句にしたためていた[40]。この句には、香山のサンパウロ進出にあたっての気持ちが凝縮されていた[41]。すなわち「我に天下の春が待つ」の心境に意味がある。従来は田舎の新聞人でしかなかった自分にも、既存の中央紙である『日伯』や『時報』と対等に経営競争することで、中央の在ブラジル日本人知識人の仲間入りが果たせるという香山の内なる野

望が垣間見られるからである。三水会への参加もその一つだったといえよう。

　しかし、1937年11月のヴァルガス独裁政権による新国家体制（Estado Novo）下での外国語新聞・雑誌発行取締規制公布により、『聖報』紙上から聖報俳壇・三水会俳句の華やかな一面は陰を潜めるようになってしまった。その後1941年の外字新聞発行禁止令[42]によって、日本人移民の文芸活動は完全に停止させられ、香山も『聖報』の廃刊を、また黒石の『時報』も停刊を余儀なくさせられた[43]。1941年12月8日の日米開戦以後、サンパウロ州保安局（Policia Politica Social）は1942年に敵性国民取締り令を公布し、日本語で記されたものの頒布、3人以上の集会の禁止や通行許可証なしの外出禁止・転居の禁止などの制限を加えたため、俳句会は開催不能となり俳句会誌も発行停止となった。この取締令とほぼ同時にブラジルは、日本を含む枢軸国との国交を断絶、在外公館は閉鎖された。結果、1942年7月に日本政府代表は帰国し、日本移民を棄民とまで思わせる危機感を在ブラジル日本人に抱かせた。1945年6月のブラジルの対日参戦、さらには同年8月15日の日本の敗戦などを香山は、在ブラジル日本人の一人として否応なく受け入れざるを得なかったのである。

VI　おわりに

　現在ブラジル俳句の集大成者は、佐藤念腹であったといわれるが、本章では、念腹以前にすでに初期移民たちによって、俳句や短歌などの短詩系文芸が創作されていたことを明らかにし、彼らの日本観の考察を試みた。1908年のブラジル到着当初から香山は、日本への郷愁（saudade: サウダーデ）や敬意の念（respeito：ヘスペイト）を終生変わらず持ち続けていた。彼の俳句全般の底流には、常にこれらの観念が存在していたことから、香山の日本人精神（大和魂）が晩年まで少しも揺らいでいなかったといえよう。しかし、当初香山にとって心地よい刺激であったはずの俳句は、1927年以降、念腹主導のホトトギス派俳句が日本から流入されてからは、念腹の強硬な指導姿勢と相まって、念腹は香山および三水会を中心とした仲間たちの反目の対象ともなっていた。従来の香山たちの俳句を念腹に月並みな土臭い俳句と断じら

れた時、日本俳句のルールをそのままブラジルに導入しようとした念腹に対し、香山たちは真っ向から対立していた。それは初期移民知識人としてのプライドを持ち、日本語新聞というメディアを発信していた香山にとって、ブラジルに根付かせた日本俳句の源泉を保守しようとする抵抗であった。ホトトギス派俳句会の厳格な規制は、香山やその仲間にとって受け入れがたいものであったのである。

　ブラジルに生きる日本人として香山は、祖国愛の精神を失わず、日本俳句の基本を理解しつつもブラジルの風土に合致したブラジル俳句を創作して、日本俳句を越えたブラジル俳句の完成を願った日本人であった。1937年に市毛総領事のもとで、「ブラジル季題」を収集・提示していた行為に、その姿勢が読み取れる。すなわち、香山の日本観とは、ブラジル俳句の原点は日本にあるが、ブラジル俳句はその地に生きる者の生活句であって、日本語は、俳句創作上の最良の表現手段であったとし、さらに、日本では敬遠されるカタカナ混じりや字余りなど自由な作風も、本格的に俳句を学んでいない多くの移民たちには許容しやすかったことを知らしめたかった点にある。なぜなら、ブラジル・ポルトガル語を十分に理解できない移民たちにとって、唯一自己表現が可能な言語は日本語しかなかったからである。

　本章では初期移民たちの日本観を、ブラジル行第1回移民船笠戸丸の乗船者で自由渡航者であった香山六郎の言動をとおして解明しようとした。その解明のために、短詩系移民文芸で特に親しまれていた移民俳句を事例とした。移民俳句と日本語新聞とのかかわりをとおして、第二次世界大戦までの初期移民の文芸活動の精神的支柱と後方支援策の探求を試みてきた。

　初期移民たちは、俳句を創作し新聞紙上に投稿する行為により、自己の存在をアピールし、日本人としての仲間意識の確認と安堵間の認識、自己表現力の鍛錬と向上を望んでいたのだった。これらがブラジルに生きる日本人移民としての精神的支柱の一つになっていたのである。さらに、新聞俳句や新聞俳壇・俳句会などへの投稿と自由参加は、ブラジル俳句創作の後方支援策となっていたのであった。これらは相互補完関係を保ち、日本語を介在してブラジルに生きる初期移民たちの日本人としてのアイデンティティの確認を表象していた。

第3章　ブラジル移民知識人香山六郎の言動　　　　75

　香山の俳句は、次女のジェニー脇坂の手によって纏められてきた。これが
ジェニー脇坂『香山毒露俳句集』である[44]。終戦直後、香山自身の手によっ
て『聖報』が焼却されてしまったため、俳人香山素骨の実態は今までほとん
ど知られていなかった。今回の研究をとおして、筆者は 1937-1938 年の『聖
報』紙上の聖報俳壇や三水会便り他の中に、36 句もの香山素骨の句を確認
することができた。ジェニー脇坂自身まだ発掘・整理・分析が進んでいない
香山の文芸資料の収集と早期分析への協力が、今後の課題となる。

付記

　2016 年は香山六郎生誕 130 年、没後 40 年に当たる。また、香山の次女ジェニー
脇坂（旧姓：香山秋子、91 歳）が 2016 年 4 月、日本政府から栄えある春の叙勲に
おいて瑞宝双光章を授与された。この節目の年に香山の日本観論を展開できたこ
とを望外の喜びとする。

注

1 ）佐々木剛二「統合と再帰性―ブラジル日系社会の形成と移民知識人」『移民研究年報』
　　17 号（日本移民学会、2011 年）、23-24 頁。
2 ）清谷益次「新聞は移民にとっての何であったか」『人文研』No2（サンパウロ人文科学
　　研究所、1998 年）、7-8 頁。
3 ）半澤典子「香山六郎と聖州新報（一）」『京都女子大学大学院文学研究科研究紀要史学
　　編』13 号（京都女子大学、2014 年）、12-22 頁。
4 ）ジェニー脇坂「海外雄飛」『清書原稿 A』（私家本、1976 年）、430 頁。
5 ）上塚周平（1876-1935）は熊本県下益城郡出身。東京帝国大学法科卒業。1908 年皇国
　　殖民合資会社の現地代理人。1918 年にイタコロミー植民地、続いてリンスに第二上塚
　　植民地を建設。生涯妻帯せず質素に暮らし移民の生活を見守ったことから「移民の父」
　　と称される。なお、熊本県立済々黌高等学校同窓会（一般財団法人多士会館）によれば、
　　上塚は 1896 年 3 月（第 6 回）、香山は 1906 年 3 月（第 16 回）の卒業生であった。上塚
　　の在校時代の校名は熊本県尋常中学校、香山の時代は熊本県立中学済々黌と称してい
　　た。
6 ）ジェニー脇坂『香山毒露俳句集』（私家本、2008 年）、1 頁。
7 ）栢野桂山「俳諧小史」『ブラジル日系コロニア文芸』上巻（サンパウロ人文科学研究所、
　　2006 年）、155 頁。
8 ）佐々木剛二、前掲書 1)、25-26 頁。
9 ）香山六郎『在伯日本殖民 25 周年記念鑑』（聖州新報社、1934 年）、32-33 頁。
10）ジェニー脇坂、前掲書 6)、1-2 頁。

11) 渡部南仙子「香山毒露翁」間嶋稲花水『ブラジル俳句百年』（ブラジル俳文学会、2008年）、53頁。

12) ジェニー脇坂「病床」『清書原稿A』（私家本、1976年）、752-753頁。

13) ジェニー脇坂、前掲書6)、50頁。パスト（pasto）は放牧地や荒地の意味。

14) ジェニー脇坂、前掲書6)、1-2頁。

15) ジェニー脇坂「訣別」・「決意」『清書原稿A』（私家本、1976年）、546、553頁。

16) 『時報』、1921年4月29日No.186。

17) 細川周平『日系移民文学Ⅰ—日本の長い旅［歴史］』（みすず書房、2012年）、297、299頁。

18) 細川周平　前掲書17)、299頁。

19) 「伯国歌壇」『時報』、1917年9月28日No.5。

20) 「日伯詩壇」『日伯』、1924年2月22日No.361。

21) 『聖報』1928年10月26日No445に文芸欄「歌と詩」に「椰子による」5句を見る。

22) 1928年11月10日以降、詩歌壇名は消えていく。それまでの投稿者名もペンナ、ビリグイ、プロミッソン、福寿といった地域にほぼ固定化されていた感がある。

23) 木村圭石（本名：貫一郎）は1867年愛知県生れ。1896年東京帝大工学部卒。工業技師として新潟水力電気会社に赴任していた際、佐藤念腹を知り彼の結婚媒酌人を勤める。1926年家族で第一アリアンサに入植し、翌年には1924年に移民してきていたアララギ派の歌人岩波菊治（雅号：掬二）宅で第1回俳句会を開き、「おかぼ会」を結成し、短歌俳句総合誌「おかぼ」を発刊。1932年チエテ移住地にチエテ俳句会を結成し、コロニアの俳句王国建設に貢献。1937年サンパウロで「三水会」を結成し俳誌『南十字星』を発刊したが、同誌は1938年6月、圭石の死により3号で休刊となった。栢野桂山「俳諧小史」『ブラジル日系コロニア文芸』上巻（サンパウロ人文科学研究所、2006年）、34、160頁。

24) 佐藤念腹（本名：謙二郎）：特に戦後の活躍が目覚ましい。1954年、バウルー市に移転し、1979年、同市で死没。俳誌「木陰」を主宰し、『木陰雑詠選集』、『念腹句集』他、多くの俳句関連著書がある。パウリスタ新聞編『日本・ブラジル交流人名事典』（五月書房、1996年）、113-114頁。

25) 外務省「アリアンサ農園行移民列車衝突事件」『本邦移民関係雑件伯国ノ部』、J.1.2.0.J2-1（外交史料館、1927年）。『聖報』1927年5月27日No.282「アリアンサ行殖民の特別列車正面衝突の大悲惨事。死者5名、負傷者26名。在伯邦人未曽有の椿事」。

26) 『聖報』1933年9月1日No.789「聖報文芸壇　俳句繁閑(8) 念腹選」。

27) ブラジル日本移民70年史編纂委員会『ブラジル日本移民70年史』（ブラジル日本文化協会、1980年）、253頁。

28) 細川周平『日系ブラジル移民文学Ⅰ：日本語の長い旅』（みすず書房、2012年）、300頁。

29) 1924年以降の日本国政府の移民政策により、渡航費補助を受けてブラジルに渡航した農業移民。それ以前の初期移民に対比させた呼称。

第3章　ブラジル移民知識人香山六郎の言動　　　77

30)「三水会便り」『聖報』1937 年 1 月 26 日、No.1192、4 頁。

31)「我等の俳句」『日伯』1929 年 7 月 18 日、No.633：8 月 8 日、No.636。

32)　三水会の理念が誰でも自由に参加できることをその信条としたため、発会当初参加を予定していた念腹は入会しなかった。三水会は戦前には『南十字星』、戦後は『花筏』などの句誌を発行していた。

33)　ジェニー脇坂「聖市の俳句会」『清書原稿 A』(私家本、1976 年)、1017 頁。

34)　ジェニー脇坂、前掲書 33)、1019 頁。

35)　3 句とも前掲書 6)、37-38 頁。

36)　ジェニー脇坂、前掲書 33)、1023 頁。なお『聖報』1937 年版によると、吟行はサンパウロ市郊外の森や・植物園・公園などで行われ、参加者は 10 名前後であった。

37)　香山六郎『移民 40 年史』(私家本、1949 年)、331 頁。

38)　亜米利加局第二課「第 67 回帝国議会説明参考資料」議 AM-4、A.5.2.0.1-3 (外務省、1934 年)、368-369 頁。この法律を日本政府は「外国移民二分制限法」と称している。

39)「バウルー市から聖市へ本社移転に就いて」『聖報』1934 年 10 月 23 日 No.1。なお、聖市とはサンパウロ市の略記。

40)　間嶋稲花水『ブラジル俳句百年』(ブラジル俳文学会、2008 年)、53 頁。素骨は香山の俳号。

41)「バウル市から聖市へ本社移転に就て」および「社告」『聖報』1934 年 10 月 23 日、No.1。

42)　外務省「各国に於ける新聞・雑誌取締関係雑件伯国の部」(外交史料館、1941 年)、A.3.5.0.6-16。

43)「廃刊の辞」『聖報』1941 年 7 月 3 日、No.2236。『時報』は同年 8 月末をもって停刊したが、1946 年 12 月に復刊した。『日伯』は、社主三浦鑿のブラジル国外追放により、1939 年に廃刊となっている。

44)　間嶋稲花水『ブラジル俳句百年』(ブラジル俳文学会、2008 年)に 157-221 頁に収録されている香山六郎の戦前戦後に亘った俳句・随筆掲載集。なお、香山毒露の雅号は、戦後に見られる。

II

アメリカでの日本文化

—第二次世界大戦夜明け—

第4章

新渡戸庭園の造園と
バンクーバー日本人社会の諸相

日本人ガーディナーの活躍

河原典史

I　はじめに——海を渡った日本庭園

　世界各地において、いくつもの日本庭園が造園されてきた。海外への日本庭園の展開には、博覧会の影響がある。伝統技術や最新技術の展示会としての最初の国際博覧会は、1851（嘉永3）年に開催されたロンドン万国博覧会である。1862（文久2）年のロンドン万国博覧会には、日本の遣欧使節団が視察した。1867（慶応3）年のパリ万国博覧会には幕府と薩摩・鍋島藩が参加し、日本からの初出品があった。日本政府としての公式参加は、1873（明治6）年のウィーン万国博覧会からである。そして、1876（明治9）年のフィラデルフィア万国博覧会において、日本庭園が初めて出展された。さらに、1893（明治16）年のシカゴ万国博覧会では、アメリカ東海岸に日本庭園が知られる契機となった。1894（明治17）年のカリフォルニア博覧会では、日本人移民の増加とともにアメリカ西海岸に広く日本庭園が知られた。20世紀を迎えると、アメリカ西海岸では親日家に日本庭園が人気を博した。その代表的なものとして、1903（明治26）年に建築されたハンティントン図書館とその周辺施設があげられる。このように、ヨーロッパからアメリカ東海岸、さらに西海岸へと博覧会での展示パビリオンとしての日本庭園が認知されたのである[1]。

　しかしながら、欧米の日本庭園史におけるカナダでの史実については、ブリティッシュ・コロンビア大学（University of British Columbia　以下、UBC）に

現存する新渡戸稲造庭園[2]を除けば、ほとんどふれられてこなかった。その
なかにあって、筆者は第二次世界大戦以前における日本庭園の模索[3]や、看
過されてきた旧・新渡戸庭園の存在[4]について報告を重ねてきた。本章では
それらをふまえ、現在の新渡戸庭園に継承されてきた、あるいはされなかっ
た日本観について考察する。

　本章では、先に第二次世界大戦以前のブリティッシュ・コロンビア州（以
下、BC州）における日本庭園史を概説する。そして、1959年に造園が始まり、
翌年に完成した新渡戸庭園の造園について検討する。そのとき、バンクー
バー日系ガーディナーズ協会（Vancouver Japanese Gardeners' Association　以
下、VJGA）やUBCに所蔵された日英両語の資料から検討を重ね、日本人移
民社会からカナダの日本庭園史を考察する[5]。

II　模索された日本庭園

1．ビクトリアの日本庭園

　1843年、BC州都・ビクトリア西方の水路沿いに、ハドソン湾会社はゴー
ジ公園（Gorge Park）を開園した（第1図）。1906年には公園内にBC電気鉄道
会社がいくつかの娯楽施設を設けた。そこへは市街地からトローリーバスが
運行され、水路ではボートや水泳が楽しまれ、陸上には園内電車やメリー
ゴーランドなどの遊戯施設が設置された[6]。広島県安芸郡仁保島村向灘（現
在の広島市南区）出身[7]の高田隼人と神奈川県横浜市北方町（現在の横浜市中
区）出身の岸田芳次郎は、資本金5,000ドルで1.5エーカー（約6,070㎡）を10
年契約で借地した。公園の一部に日本庭園の造園を企画した岸田は、大工経
験のあった実父・伊三郎（1842（天保13）年生）を呼び寄せた。1907年2月の
着工後、4月に到着した伊三郎の指示のもと、7月に日本庭園が完成したの
である[8]。

　日本庭園には2棟の喫茶室（Tea House）、石灯籠、長椅子や3カ所の小池、
築山や簾の迷路のほか、"Japanese ball game"と称された球戯場も併設され
た[9]。ただし、TeaHouseで供されるのはコーヒーや紅茶であり、日本庭園
は現地の白人を顧客とする施設であった。伊三郎の日本庭園は評判となり、

II アメリカでの日本文化―第二次世界大戦夜明け―

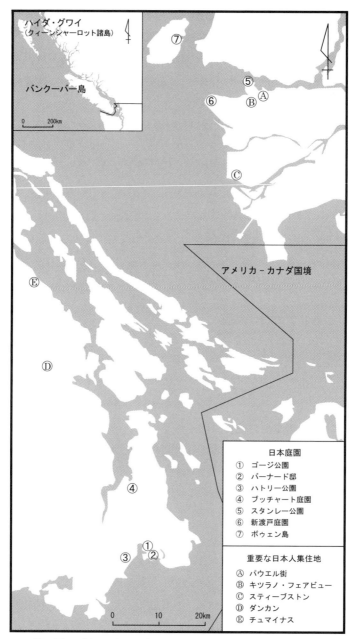

第1図　ビクトリア・バンクーバー周辺の日本庭園　（筆者作成）

彼は 1908 年に BC 州副知事婦人のバーナード (Barnard) 邸、1910 年にダンスミュアー (Dunsmuir) 邸に置かれたハトリー公園 (Hatley Park) [10]、そして、1904 年に石灰岩採掘跡に開園していたブッチャート庭園 (Butchart Gardens) に 1910 年に日本庭園を造園したのである (第 1 図)。伊三郎は出身地で活躍していた横浜植木会社から、石灯籠や鶴などのモニュメントを取り寄せた。また、後に KISHIDA Design と呼ばれる段差のある水路を造った彼は、その底に小石を施し、水泡と水音を楽しむ工夫を試みたのである [11]。

伊三郎の他、ゴージ公園では 1908 年に三段の太鼓橋と水上茶室 (Floating Teahouse) も設置された。これを設計・建造したのは、広島県出身の西本善吉である。大工であった西本は、日本庭園の閉鎖後にフレーザー川河口のイーバンにあるサケ缶詰工場へ移っている。これは当時、漁船の動力化が進展していたため、彼の造船技術が請われたのであろう。彼は屋形船 (Japanese pleasure boat: YAKATA) も造り、白人に人気を博していた [12]。なお当時、伊三郎のゴージ公園の日本庭園に対して「和洋混合 (折衷にあらず)」と酷評したカナダ滞在中の山本宣治は、西本の太鼓橋を評価している。ただし、帰国後に生物学者・政治家となる山本も、バンクーバーで計画されていた日本庭園にトマト温室や達磨落としという遊戯場を企画していた [13]。このように、20 世紀初頭のカナダでは、アメリカ合衆国を経た一種の日本庭園ブームが訪れていた。排日運動があったものの、日本文化の理解を求めようとする模索が続けられていたのである。

2. 伝統を受け継ぐガーディナー

1912 年、72 歳を迎えた伊三郎は帰国を決意した。彼に代わって、1878 (明治 11) 年に広島県深安郡加茂村粟根 (現在の福山市) で生まれた野田忠一がビクトリア各地の日本庭園の管理を引継いだ。彼の先妻・テル (1890 年生) が岸田伊三郎・芳次郎親子と同郷の横浜市元町出身であり、前述した横浜植木商会も近接していた地縁によると思われる。1920 年に芳次郎も帰国し、1925 年 8 月 13 日にゴージ公園が焼失したため、盟友の高田は日本庭園の経営から撤退した。野田もまた、ビクトリアの日本庭園群の管理を離任した [14]。

一方、バンクーバー沖のボウェン島 (Bowen Island) でも日本庭園が造園さ

れたが、それを知る人は少ない（第1図）。1912年、海運会社・ターミナル社がレクリエーション施設の建造を始めた。同島東岸のフェリー発着場周辺には、6カ所のピクニック場を中心にテニスコートや屋外ボーリング場などの娯楽施設とともに、Tea room が設けられた。ビクトリアと同様、それは白人を顧客とした「喫茶室」にちがいない。この「喫茶室」をはじめ、いくつかの施設を造ったのが古賀大吉である[15]。1878（明治11）年、彼は熊吉・シモ夫妻の長男として佐賀県三養基郡北茂安村大字白壁（現・佐賀県三養基郡みやき町）に生まれた。1906（明治39）年に彼はカナダへ渡航し、多くの日本人と同様にサケ缶詰産業や製材業に就いた。日本人を顧客とする宿泊施設の経営を経て、1912年から彼はボウェン島のレクリエーション施設の建造に携わったのである。

　彼の最大の業績は、「喫茶室」以外に求められる。ディープ湾（Deep Bay）に連なる潟湖に注ぐ小川に沿って、"Bridal Path（花嫁の小径）" と呼ばれた遊歩道、その小川を跨ぐ "Bridal Falls（花嫁の滝）" が設けられた。古賀は発電のために堰止められた小川を活用し、その川面に3重の太鼓橋を架けた。つまり、堰止められた穏やかな水面に弧状の太鼓橋が映る工夫がなされていたのである。これは、ゴージ公園における西本の太鼓橋にも通じる。このように自然を活かした幻想的な情景を創出する日本庭園の意匠に、カナダ人は喝采したようである。造園の責任者であった古賀は、多くの従業員を雇っていた。出身地から推察すれば、彼らは帝国殖民合資会社と東京合資移民会社の契約移民として渡加したと考えられよう[16]。当時の同島では金・鉄鉱石の採掘が進められ、漁業ライセンス（漁業権）を所得しないままサケ漁業に携わった日本人は、この島に収容された[17]。彼らが、古賀の元で造園に関わったと考えられる。

Ⅲ　幻の新渡戸庭園

　1933年10月15日にビクトリアで客死した新渡戸稲造[18]を悼み、12月15日にバンクーバー日本領事館でカナダ日本人会によって新渡戸記念事業委員会（以下、委員会）が組織された。顧問には領事の石井康、委員長に松山豊蔵、

会計に児玉源一と則武貞吾、幹事に竹内藤吉、そして百瀬清春をはじめとする 15 名の委員が名前を連ねた。委員会には金融・貿易関係者が多く、日加貿易に深く関わる日本人社会の重鎮が連なっていた。そのなかにあって、医師の鹿児島県揖宿郡指宿村（現在の指宿市）出身の下高原幸蔵と、滋賀県犬上郡青柳村開出今（現在の彦根市）出身の宮崎政次郎も名を連ねている。新渡戸の最期に関わった日本人医師も、縁故ある有志として委員に選出されていたのである[19]。

委員会は、バンクーバー随一の公園であるスタンレー公園（Stanley Park）に日本庭園を造り、そこへ新渡戸を紀念する石灯籠の設置を計画した（第 1 図）。石灯籠は、大阪市此花区西九条浜 50 番地にある合名会社・一栄商会で製造された。1929（昭和 4）年に創業された同社は急成長を遂げ、朝鮮や中華民国・青島などの外地へも展開を目ざす石材会社であった[20]。前述したように、横浜市出身の岸田伊三郎によってビクトリアに造園された日本庭園には、横浜植木会社から植木や置物などが送られた。それに対し、旧・新渡戸庭園の石灯籠の場合では、大阪市の石材業者が選ばれている。その理由は、神戸市出身である会計の児玉が帰国時に視察したことから、同地で活躍する一栄商会が選ばれたと考えられよう。

ところが、委員会はスタンレー公園への石灯籠の建立を辞退した。要約すると、新渡戸を紀念する石灯籠の建立を公園当局は許可したものの、銘文を刻まないという条件について委員会は譲れなかったのである。つまり、石灯籠の「設置」が反対されたのではなく、それへの「銘文」が反対されたこと、それによって「日本庭園」の造園計画を委員会自身が「取り消した」と解せる。委員会は新しい設置場所の模索を始め、前述したビクトリアのゴージ公園への設置も模索された。1934 年当時には焼失していたが、かつて日本庭園が設置された事実から、この公園での日本庭園の再建を試みていたのかもしれない。

最終的には、スタンレー公園では禁じられた石灯籠への銘刻も許された UBC 構内での日本庭園の造園が決まった。ただし、周囲との調和を計り、純日本庭園ではなく、日本の樹木を植樹した「和洋折衷」の「小庭園」が設置されることに落ち着いた。設置場所はキャンパスの西端で、後述する現・

新渡戸庭園の約 300 m 南方にあたる[21]。

このような日本・カナダ両国の諸準備を経て、1935 年 8 月 29 日に UBC で石灯籠の受納式が行われた。『大陸日報』[22]をはじめとする当時の新聞には、クリンク総長から短期間に日本庭園を完成させた日本人ガーディナーへの称賛も報じられている。通称 "BC Directory" と呼ばれる BC 州住所氏名録と日本語の同類書とを精査すると、当時のバンクーバーでは約 30 名の日本人ガーディナーが確認できる[23]。彼らの出身地をみると、最も多いのは 8 名を数える滋賀県で、鳥取県 (6 名)、福島県 (4 名) と福岡・熊本県 (各 3 名) が続く。彼らの居住地はフェアビュー地区で、ここは三番街とも呼ばれていた日本人集住地区である。日本人ガーディナーは、日本人最大の居住区であるパウエル地区や日本人漁業者が集住したスティーブストンではなく、フレーザー・クリーク南岸の当地区に居を構えたのである (第 1 図)。南接するショーネシー地区をはじめ、この後背地には顧客となる上流のカナダ人住宅が展開していたからである[24]。

IV　新渡戸庭園の「再建」

1.　森勘之助教授の渡加

戦前に造園された旧・新渡戸庭園は、石灯籠を除いて取り壊されていた。それは、戦時中に敵性外国人であった日本人への排斥を示していよう。国交回復後の 1959 年初頭、UBC に新渡戸庭園の「拡張」の計画が立ち上がった。それについて、外務省の資料[25]から検討してみよう。

【資料 1】
当地 BC 大学の日本庭園計画と右設計家選任方要請越の件
　昭和 34 年 1 月 30 日
　在ヴァンクーヴァー領事田辺宗夫
　当地 BC 大学が日本庭園拡張改造の意図を有し、わが方より何らの協力方希望ありたるを持って、当地日系市民協会会長及び日系庭園業者長老 (最短二十年、最長五十年の経験を有す) を持って協力委員会を結

第4章　新渡戸庭園の造園とバンクーバー日本人社会の諸相　　　87

成せること。（中略）先方としては総長以下真の日本庭園を希望しおり、米国及至カナダ臭のあるものをは好まずとし（後略）。

　史料によれば、まず協力者の組織化がはかられた。しかし、後述するような本格的な日本庭園の造園にあたって、戦前から活躍する1世の「長老」は、日本から専門の造園家の招聘を提案したのである。それは、次の資料[26]に表れている。

【資料2】
本年度カナダとの文化交流に関する件
　昭和34年4月22日
　BC大学の日本庭園計画
　かねてBC大学は構内の日本庭園の拡張・改造を希望していたが、本年1月同大学より右高次の具体的計画を申し越し、身後高次のため日本人専門家の選任斡旋援助方依頼があったので、建園技師一名を斡旋し、現在同大学において設計を進めている。

　この建園技師こそが、千葉大学園芸学部教授の森勘之助である。現在の佐賀県唐津市に生まれた森は、1914（大正3）年に千葉県立園芸専門学校（現・千葉大学園芸学部）を卒業後、大阪府で造園家の道を歩み始めた（第1表）。1922（昭和11）年、母校の教員に任用された彼は、アメリカやドイツなどの海外で研鑽を重ねた。戦中に外地でも勤務した森は、戦後には再び母校で研究・教育に従事した。日本庭園の造園・研究の第一人者となった森は、国内外における日本庭園の研究・造園に尽力した。そして、1959（昭和34）年に新渡戸庭園の造園にあたって彼は、UBCの客員教授として任命されたのである。

2. バンクーバー日系市民協会からの依頼
　森の招聘の他、様々な造園準備が進められた。1959年10月24日、バンクーバー日系市民協会（Japanese Canadian Citizens Association、以下、JCCA）はバン

II　アメリカでの日本文化—第二次世界大戦夜明け—

第1表　森勘之助教授と角知道の略歴

年		森　勘之助	角　知道
1884	明治27	現・佐賀県唐津市にて生誕	
1890	33		父・角利顕が渡加
1907	40		利顕の呼び寄せにて、祖父・虎松が渡加
1918	41		島根県西伯郡和田村（現・米子市）にて生誕
1914	大正3	千葉県立園芸専門学校卒業	
1918	7	大阪府住吉公園改良工事監督吏員	
1920	9	大阪府園芸吏員	
1921	10	大阪府技手	大阪市の製薬会社に就職
1922	11	千葉県立高等園芸学校助教授	大阪市の百貨店に就職
1926	15		渡加、製材会社に勤務
1928	昭和3		庭園業に着手
1929	4	文部省在外研究員として渡米	
1931	6		一時帰国 大阪府池田町（現・池田市）の造園会社で研修
1932	7	マサチューセッツ州立大学造園学部にて造園学を研究	
1933	8	ドイツ・ベルリン在留 国立園芸研究所にて造園学を研修	
1934	9	千葉高等園芸学校教授	
1935	10		再渡加 ウエスト・バンクーバーで植木輸入業
1941	16		ノース・バンクーバーに居住
1942	17		タシメ、ローズメリーとニューデンバーへ強制移動
1944	19	南洋興発株式会社、東京都下烏山在農場に勤務後、ジャカルタに赴任	
1946	21	名古屋港に帰国	モントリオールにて建築・造園業を再開
1947	22	日本復興建設社園芸部長、東京農業大学緑地土木科講師を経て、千葉農業専門学校講師	
1949	24	山形大学農学部講師	
1950	25	千葉大学園芸学部造園学科講師	
1954	29		バンクーバーにて造園業を再開
1958	33	インドで庭園・公園を設計	
1959	34	新渡戸記念庭園を設計・施行のため渡加、UBC客員教授	領事より日系ガーディナーに組合結成の依頼、日系ガーデン倶楽部の初代会長
1960	35	6月、新渡戸庭園完成後に帰国 10月、長崎県諫早市県農林センター設計指導の帰途、伊丹空港にて急逝（享年66歳）	6月、庭園管理責任者
1987	62		勲六等瑞宝章受賞
1997	平成9		死去（享年88歳）

注2)-②・③、注33)-①・②より作成

クーバー市内の12団体、ならびにスティーブストンやニュー・ウェストンミンスターなど5地域の日系コミュニティへ造園費の援助に関する代表者会の開催案内を送付した。「学校」と記されたバンクーバー日本語学校[27]や、バンクーバー市内における団体の多くは、仏教会をはじめとする旧来の宗教団体だけでなく、天理教や金光教などの新興団体によって占められていた。その他の依頼先として、第二次大戦以前から日本人が活躍していた水産業界に関わる団体として、戦後に活躍を始めた筋子（スジコ）組合があった（第2表）。

　同じように、戦前から活動していたガーディナー（庭園業）の団体で、後のVJGAの前進にあたる「ガーディナークラブ」にも通知が送られた。その代表者が、VJGA初代会長・角知通である。一連の資料で「晩香坡ガーデン倶楽部」、「ガーディナークラブ」や「庭園クラブ」などと記されたこの団体は、後にVJGAとなる結成準備委員会にあたる。新渡戸庭園の造園にあたり、JCCAからガーディナーの組織化が依頼されていたのである。

　前述した "BC Directory" を精査すると、VJGA創立の1959年当時、バンクーバーには72名の日本人ガーディナーが確認できる。そのうち、戦前の日本人住所氏名録から出身地がわかるのは36名で、その半数については当時の職業も判明する[28]。初代会長の角をはじめ、戦前における日本人ガーディナーの中心であった鳥取県出身者は、戦後もガーディナーを選択した。それに対し、ほぼ同数を占めていた滋賀県出身者は戦後には同業を選ばなかった。そして、戦前に水産業で活躍した和歌山県出身者は、漁業ライセンスが剥奪されていた戦後当初では漁業関係業への復帰は難しく、ガーディナーを選択す

第2表　新渡戸庭園の造園への寄付団体

バンクーバー市内		バンクーバー市外
宗教団体	その他	地区
仏教会	JCCA	スティーブストン
合同教会	学校	ニュー・ウエストミンスター
聖公会	大学クラブ	
天理教	ワイ・モー	
金光教	筋子組合	
生長の家	ガーディナークラブ	

Nikkei National Museum & Cultural Center 所蔵資料より作成

ることが多かった。このように、おもに製材業や商業で活躍した滋賀県出身者や、サケ缶詰産業の一翼を担った和歌山県出身者と異なり、鳥取県西部出身の日本人ガーディナーが独自の庭園史を築いてきたことは重要な史実である。ただし、1959年当時の居住地をみると、ほとんどの日本人ガーディナーはコマーシャル通以東の郊外へ移動している。つまり、バンクーバー大都市圏の拡大によって造園・庭園業の最前線と、そこで活躍する日本人ガーディナーの居住地は東へ移動したのである。

日本人の居住地の東進は、戦前から日本人漁業者の集住地であったフレーザー川河口のスティーブストンだけでなく、その上流部のニュー・ウエストミンスターなどの日系コミュニティへの寄付活動からも読みとれる（第2表）。

これらの諸団体に送付された書簡の一部は、以下の通りである。

【資料3】

来る10月30日（金曜日）午後7時半より、領事公邸で（3351 The Crescent）日系団体代表者会を開き、日本庭園築造費援助の件について御相談いたしとうございます。ついては左記御含みのうえ、<u>貴会よりも代表者数名を御送り下さるよう</u>御願い申上げます。

　　1959年10月24日　　　　　　　　　　バンクーバー日系市民協会

<u>皆様御承知のように</u>、ビーシー大学構内に日本庭園を設けることになり、千葉大学園芸部講師・森勧之助先生設計指導のもとに築造を開始し、<u>すでに相当の進捗</u>を見ております。申すまでもなく、この計画は<u>日本庭園文化のカナダ進出</u>を意味し、史上に特筆さるべき記念事業でもございます。これは、もちろんビーシー大学の企画によるものではありますが、日本政府も<u>相当力こぶを入れて</u>後援する由でもございます。この際、私共日系人もこの有意義な事業を幾なりとも援助すべきではないかと考え、かくは代表者会を開催する次第でございます。どうぞ御協力の程、御願い申上げます。

「相当に力こぶを入れて」という実直な表現に、日系社会が一致団結して事

業に取り組む様子がうかがえる。森が3月にカナダへ訪れてから半年以上も経過しているので、「皆様御承知のように」「すでに相当の進捗」という言葉がみられる。最も興味深いのは、「日本庭園文化のカナダ進出」という記述である。当時の新渡戸庭園こそが、カナダ最初の日本庭園と理解されていたようである。つまり、1907年から1910年にかけて岸田伊三郎がビクトリアで造園した4カ所の日本庭園や、1920年頃の古賀大吉によるボウェン島の日本庭園は、当時の日本領事館やJCCAにも認知されていなかったのかもしれない。さらに、外務省が関わっていた旧・新渡戸庭園については把握していただろうが、カナダで最初の「本格的な」日本庭園として、今回の新渡戸庭園の完成が期待されていたのであろう。

　10月30日に領事公邸で開催された日系団体代表者会では、ビーシー大学日本庭園建設委員会日系人部委員が選定され、BC州内で3,500ドル、バンクーバー市内でその半数を集金することが目標とされた。当会の記録[29]は、以下の通りである。

【資料4】
　目的　ビーシー大学内日本庭園築造につき寄付募集について
　　1.　岩田氏の挨拶
　　2.　石原氏の経過報告
　　3.　領事　基金募集援助を乞う旨の報告
　　　　ビーシー大学　　35,000弗
　　　　同胞より百万円位（425万円の中、商社が300万円余）
　　4.　協議
　　　　ビーシー州内で3,500弗を集めること
　　　　各地方は直接領事より依頼する
　　　　晩香坡はその一団体として募集する　金1,750弗位
　　5.　ビーシー大学日本庭園建設委員会日本人部
　　6.　委員の選定

　つまり、当時のバンクーバー大都市圏に居住する日系人はもちろん、現地

の日系企業への積極的な寄付活動が行われたのである。募金にあたって実行委員長を務めた数田喜代蔵は、貿易商・Nikka Oversea の経営者・支配人であった。広島県安芸郡戸坂村 (現在の広島県) 出身の彼は、戦前には English Bay Production という貿易商を営んでいた。また、集会の冒頭に挨拶をした岩田氏は、Iwata K. Travel Service の経営者であった。大阪府出身の彼は、戦前にはバンクーバーのパウエル街東方で製服・ボタン製造業を営み、戦後に最も早く旅行社を立ち上げた。石原氏とあるのは、JCCA 会長で歯科医の石原 G. 暁である。彼の父・明之助は京都府立医科大学を卒業後、1901 年に渡加した眼科医であった[30]。彼については、カナダ最初のメソジスト教会宣教師の鏑木吾郎・薫子夫婦、そして薫子の遠戚にあたる山本宣治の渡航にまで関わっている。前述したように、鏑木と山本はノース・バンクーバーの日本庭園計画を模索していた。つまり、これまでカナダ日本人キリスト教史で紹介されることの多かった鏑木夫婦と山本宣治、そして石原父子は戦前・戦後におけるバンクーバーの日本庭園史にも深く関わっていたのである[31]。

V　日本人ガーディナーの活躍

1. パイオニアとしての角知道

　新渡戸庭園の造園にあたって、森の右腕として活躍したのは角知道である。彼は、1908 (明治 41) 年に鳥取県西伯郡和田村 (現在の鳥取県米子市)[32] に生まれた (第 1 表)。1900 (明治 33) 年に渡加した父・利顕は、菓子職人から雑貨商になった[33]。1907 (明治 40) 年には、利顕の呼び寄せで祖父・虎松が渡加した。1921 (大正 10) 年、地元の学校を卒業した知道は、大阪の製薬会社へ勤めるとともに夜間の工業学校に就学した。翌年に大阪の百貨店に転職した彼も、1926 (大正 15) 年にカナダへ渡ったのである。

　渡加当初、製材所に勤めた角は、同郷者が活路を広めていた庭園業に着手した。やがて、本格的にガーディナーを生業とし、1931 (昭和 6) 年に大阪府池田町 (現在の大阪府池田市) の造園会社へ就業するため一時帰国した。1935 (昭和 10) 年、再渡加した角はウエスト・バンクーバーで日本からの植木輸

第4章　新渡戸庭園の造園とバンクーバー日本人社会の諸相　　　93

入業を営み、1941 (昭和16) 年にはノース・バンクーバーのキャピラノ渓谷付近に転じた。前述したように、日本人ガーディナーはパウエル街ではなく、後背地に白人住宅の広がるキツラノ地区やフェアビュー地区というバンクーバー外縁部に居住することが多かった。しかし、角がキャピラノ地区に居を構えたのは、日本庭園に不可欠な石材を入手するためであった。白人住宅の芝草の手入れをする庭園業だけでなく、大阪で造園業を学んだ角は石材の活用に注目し、他の日本人ガーディナーとは異なる居住地を選んだのである。

　1942年、太平洋戦争の勃発における日本人の強制移動により、角はタシメ、ローズマリーやニューデンバーなどの内陸部へ転じた。1946年にモントリオールにて造園業を再開した彼は、1954年にはバンクーバーへ戻り、造園業を継続した。そして、盆栽同好会を創設[34]するとともに、10代のころから詠んでいた俳句も教えた彼は、「角加竹」のペンネームで日本語新聞『ニュー・カナディアン』[35]に俳句を投稿した。いくつかの公共機関だけではなく、角は個人の日本庭園も造園した。それらはバンクーバーだけでなくレベルストーク、ポープやニューウエストミンスターなどのBC州、さらにサスカチュワン・アルバータ州にも及んだ。1988年に開催されたバンクーバー万国博覧会における日本パビリオンの日本庭園をはじめ、多くの日本庭園を造った彼は1987年に勲六等瑞宝章を叙勲した。

2. 新渡戸庭園を再建した日本人ガーディナー

　1959年3月21日にバンクーバーに到着後、翌60年6月21日にアメリカへ出発するまで森は1年3カ月も滞在し、造園活動に務めた (第3表)。到着時、出迎えた「日本人副会長の荒川」とあるのは、荒川 Aifd 武雄である。戦前には日本語新聞『大陸日報社』の重鎮であった石川県出身の彼は、1959年当時ではトランス・パシフィック貿易社の支配人であった。4月4日の記録に表われる「Mr. Mimoto」と「中内氏 (造園業者)」は、どちらもガーディナーである。前者は高知県出身の味元季雄であり、父・虎巣も戦前からガーディナーとして活躍していた[36]。味元親子は、ガーディナークラブの創設時のメンバーでもあった。後者は中内忠男を指し、詳細は不明であるが、戦前からガーディナーとして活躍していた。

94   Ⅱ　アメリカでの日本文化―第二次世界大戦夜明け―

第3表　バンクーバー周辺における森 勘之助の造園活動

月日	事項
1959 3・21	副領事・武藤氏と日本人会副会長・荒川氏の出迎え。田辺領事の公邸に行く。Patricia Hotel に行く。UBC から Dr. ニールと Dr. ヒュが来会。Dr. Ishiwara、Mr. 荒川も来会。
4・4	日本庭園のプランとパースとに鉛筆で着色。大学内を歩いて撮影。Mr. Sumi が迎えに来て、工事中の石組の庭を見る。Mr. Mimoto と中内氏と一緒にレストランに行く。
4・20	設計の仕上げ。植栽樹木の調査を昨日に引き続き行う。樹木のリストを拵える。
5・2	4月30日の委員会で Binning 教授の意見が全員から反対。池の面積を少し狭めて南側の土地を少し幅を広くすることも必要と思い、昨日改定案を作る。
6・21	Stanley park、Tront Lake のある John Hendry park、Maple Grove Park などの公園廻りをする。
8・9	Banff 行きの観光バスに乗る。市内を見物し、写真を撮る。
9・16	流れの石組／カナダ人2名・日本人2名。池底工事／カナダ人3名（ただし雨のため、アスファルト板工事を中止して庭園の整理）。午後、石運搬、土盛工事など。
10・21	日本人2名・カナダ人2名。池緑の石組み。カナダ人2名は流れの石組みの水洗い。午後には石の運搬。午後 Mr.Sumi と Neill に案内されて Nursery の樹木を見て、日本庭園に必要な物を分けてもらうようにする。Granite の橋脚・橋板など余りに高価なので、八つ橋の橋脚は木材を用いることに変更。合同教会婦人部の会員約15名の人達に日本庭園と花について講話をする。
11・16	臨時雇のカナダ人を帰して、日本人2名で枯れ枝や小屋の整理などをする。石の配置の研究を Mr. Sumi と Mr. Oyama に現地で説明する。午前10時から自室で日本庭園の勉強をする。
1960 1・1	領事公邸に年始にいく。Mr. Sumi と Dr. Wada が送迎。午後、Mr. Mimoto が訪問。領事公邸で Dr. Ishiwara と Mr. Arakawa に会う。
1・21	日本領事館に行く。
2・1	ウィニペグのマニトバ大学訪問。
3・1	日本領事館に行き、茶室の設計図をもらう。
5・3	開園式。午後2時45分 International House に行く。President Dr. Mackenzie の指示により Sign book に singe をして一同式場に臨む。Dr. Mackenzie 夫妻、野沢氏、Mrs. Tanabe、Dr. Ishiwara、Mrs. Ishiwara の6名が客となって茶室開き。
6・18	Mackenzie 総長に会い、工事の終了を報告。
6・21	アメリカ旅行に出立。

注：Dr. Wada とは UBC 日本人医師の和田氏を指す　　　　　　注2)・②・③より作成

第4表　造園にあたった日本人ガーディナー

氏名	略歴	作業期間
T.SUMI 角　知道	鳥取県出身2世・ガーデン倶楽部会長	1959年6月8日〜1960年7月8日
T.SOGA トム　曽我	日本領事館ガーディナー	1959年6月8日〜1959年10月23日・ 〜1960年3月11日
G.OYMA 小山 G. 昭	熊本県出身帰加2世 日本領事館ガーディナー	1959年10月24日〜不明
T.KURITA		1960年2月22日〜1960年3月11日

UBC 新渡戸庭園所蔵資料より作成

第4章　新渡戸庭園の造園とバンクーバー日本人社会の諸相　　　　　　　　　95

　11月16日に森と石材の配置について検討する「Mr. Oyama」は、角とともに森の助手を務めた小山G.昭である（第4表）。記録によれば、角は造園当初から携わっていたが、小山は少し後から参加したようである。小山実・昭兄弟は、熊本県飽託郡中島村（現在の熊本市西区）出身の小山初次の子息として生まれた。父・初次は、16歳になる1907（明治40）年に渡加したという[37]。1921年にカナダで生まれた実は、1940年に母の死去によって日本に帰国した。その後、陸軍通信兵として朝鮮や中国へ渡った彼は、退役後に故郷で農業を営んだ後、生誕地であるカナダへ戻った。同じように熊本師団に配属された弟・昭は先にカナダへ戻り、バンクーバーのブロードウェイ通で洗濯業を営んでいた。その後、彼はガーディナーへ転業し、新渡戸庭園にも関わるようになった。昭に続いて、高知県出身の1世である上田伊八の助手として実もガーディナーに転じた。その後、長野県出身の高原某のヘルパーを経て独立した実は、弟・昭の後に新渡戸庭園の管理に関わったのである。その他、角とともに造園当初から関わったガーディナーとして、トム曽我も確認できる（第4表）。日本総領事館で運転手、そしてガーディナーとして勤務していた彼も、1959年の造園に携わったようである。ただし、短期間だけ従事したT. Kuritaの詳細は不明である。

写真1　造園工事の様子
—右端で作業を見守る森勘之助教授、帽子をかぶった後姿が角知道—
（UBC所蔵資料）

第5表　新渡戸庭園の造園をめぐる諸作業とその賃金

作業	月	1	2	3	4	5	6	7	8	9	10	11	12	13	14	15	16	17	18	19	20	21	22	23	24	25	26	27	28	29	30	31	総時間	時給(C$)	資金計
人件費	6月							16	16	16	16	16			16	16	16	16	16	16		32	32	32	32	32	32						368	1.82	669.76
金属加工																								4	8	8	8							28	1.94	54.32
トラック・ダンプ																															8	8		16	13.50	216.00
抜根																								3.5							4			7.5		275.00
人件費	7月	24	24			24	24	24		24	24	24		24	24	24	24	24			24	24	24	24	24				24	24	32		512	1.82	931.84
金属加工																							8										8	1.94	15.52
石積																											8	8					16	1.94	31.04
トラック・ダンプ				8		8	8	8		8				8	8	8	8	8			8		8	8	8						7		119	13.50	1,606.50
圧縮機																																				40.00
不明																								8					8					16	1.94	31.04
人件費	8月	24	24	24							32	32	32			16	16	40	56	40	40	40	8	40	40	40	40	40	40	40	40	40	784	1.82	1,426.88
ダンプ		8	8	8						8	8	8	8	8	8																		72	11.00	792.00
クレーン																											4	8	8				20	15.00	300.00
人件費	9月	40	48	40	40					40	40	48	48	48	48							40	40	40	40	40	40	40	40	40	40	40	880	1.82	1,601.60
クレーン		8	8	8						8	8	8	8																				56	15.00	840.00
合計																																		2,544		8,831.50

注：総時間の合計は人件費に関わる時間のみ

UBC 新渡戸庭園所蔵資料より作成

第4章　新渡戸庭園の造園とバンクーバー日本人社会の諸相　　　97

　それでは新渡戸庭園の造園にあたって、1959年6月8日〜9月30日の工程をみてみよう（第5表・写真）。1日8時間である労働時間の小計から、その人数がわかる。つまり、土・日曜日は休みとなる基本作業の人件費（Labour）をみると、労働者は6月上旬に2名、下旬では4名である。詳細は不明であるが、この変動は角に加えて曽我や小山などの従事によるものであろう。7月は造園の最盛期になり、従事者は3名、8月には4〜5名、最大7名になる。森の記録によれば、これにはカナダ人も含まれている（第3表）。具体的な作業をみると、人件費のほかに金属加工（Billon）、石積（Meyer）、トラック・ダンプ（TD7）、ダンプ（D6）、圧縮機（Compressor）やクレーン（Crane）などがある。Keitnと記された不明な作業もあるが、造園前期では重機の利用が多い。UBCキャンパス北西端の一部を整地し、不要となった大木の抜根（Stamp bump）、つまり切株処理による整地が行われていたのである。後期になると、石積作業や池底の固定にともなう金属加工など、8月にはクレーンを利用した重作業が実施された。なお、これらの諸作業では時給が高い。そして、9月になると5〜6名による作業が続くのである。

　完成後、森は帰国した（第3表）。その後の管理を任されたのは角であり、やがてその任は小山兄弟へと引き継がれた。それ以外に、受付と外来者に庭園を解説するGate（門番）の役を担った人々がいた[38]。彼らは、UBCの学生を含む日本人と中国人であった（第6表）。勤務時間をみると、学生のOhashi（大橋）は授業の合間、Hanazawa（花沢）は妻の存在から年配者による勤務と思われる。そして、中国人を含む週末勤務のGateの存在には、一定以上の入園者がいたと思われる。

第6表　開園後の受付

記録	期間	住所・職業
Ken. OHASHI	1961年5月8日〜1961年6月30日	西1番街・UBC学生
H. SATO	1961年5月9日〜1961年12月16日	―
S. HANAZAWA	週末（5月・6回）	ペンダー通426・漁業（妻Fumiko）
K. OGATA	週末（5月・4回）1961年9月まで	―
U. CHANG	週末　1961年8月まで	―

UBC新渡戸庭園所蔵資料、"BC Directory" 1959より作成

VI 日本文化をつなぐこと──おわりにかえて

　新渡戸庭園の造園責任者だった森は、当時の工法についていくつかの見解を残している。例えば、現地の大手新聞社 "Vancouver Sun" における *Skeleton of Beauty* と題した論評[39]に、おおむね理解を示している（第3表）。また、角は京都風の造園が意図されたことを、戦後に創刊された日本語新聞『バンクーバー新報』のインタビューで答えている[40]。さらに、小山実からの聞き取り調査から新渡戸庭園造園時の工夫や、その後の改変についても知ることができる。一部を紹介すると、庭園のほとんどは UBC 内の石材で造園されたが、一部にはフレーザー川中流部に位置するチリワックの小石や、バンクーバー北方のブリタニアビーチの赤石を水路に使用し、その変化を醸したという。

　なお、茶室の設計もまた、極めて重要である（第3表）。これまで庭園全体の造園が注目されてきたが、最後に建設された茶室とその大工については看過されてきた。UBC 所蔵の資料によれば、1960 年 3 月 1 日における茶室の設計図から、それは日本の大手建設会社が関わり、2 名が派遣されたと推察される。さらに、完成翌年の菖蒲園の設置[41]をはじめ、その後の改修についても検討が必要である。

　とりわけ 1992 年の改修については、現在でも多様な意見がある[42]。太平洋の架け橋であり続けることを願った新渡戸の哲学をもとに造園されたこの庭園については、当時に描かれた思想・理念は普遍であると強調する人も少なくない。この改造において、水際の石垣は芝と砂浜へ変更されたり、滝を流れ落ちる水量の減少によって水音が聞こえなくなったりしたのである。かかる諸点は、資料の精査によって改めて検討しなければならない。このような造園をめぐる意匠と、それを担った日本とカナダの関係者をめぐる日本観の相違、ならびにその変化を紐解くことが今後の課題である。

付記

本章の作成にあたって、資料の閲覧にご高配をいただいたUBC新渡戸庭園サーキュレーターの杉山龍氏やバンクーバー日系ガーディナーズ協会をはじめ、ローヤル・ロード大学園芸療養士のポール・アリソン氏、バンクーバー日本総領事館、カナダ日系博物館やUBCアジア図書館などカナダ在住の方々に深謝いたします。日本では千葉大学園芸学部名誉教授・藤井英二郎先生と同校卒業生（現・株式会社髙石造園土木）の田中信様、そして国会図書館、外務省外交史料館の方々にお世話になりました。

本章は、文部科学省科学研究費・2016～2020年度基盤研究 (C)（一般）「カナダ契約移民の輩出と渡航後の地域的展開をめぐる歴史地理学的研究」（代表・河原典史）、2013～17年度基盤研究 (A)(1)「環太平洋における在外日本人の移動と生業」（代表・米山　裕）の成果の一部です。

注

1）万国博覧会と日本庭園との関係については、以下を参照。柳田由紀子『太平洋を渡った日本建築』NTT出版ライブラリーレゾナント、2006年、1-224頁。片平幸『日本庭園の形成』思文閣、2014年、1-240頁。

2）①John. W. Neill "Nitobe Memorial Garden –History and Development" *Davidsonia* 1-2, 1970, 10-15. 本号は新渡戸庭園特集であり、Norma A. M. Mackenjie "Dr. Inazo Nitobe 1862-1933", 9. をはじめ、"Map of Garden –Selected Plant List", 16-17. などが収められた解説書となっている。②小寺駿吉「森勘之助史逝去」、造園雑誌24-2、1960年、47頁。③浅田二郎『森勘之助―造園文化による国際文化交流の先駆者―』ランドスケープ研究59-4、1996年、243-246頁。④吉見かおる「われ太平洋の橋とならん―新渡戸記念庭園―」（北米エスニシティ研究会編『北米の小さな博物館』彩流社、2014年、所収）。

3）河原典史「ビクトリアの球戯とバンクーバーの達磨落とし―20世紀初頭のカナダにおける日本庭園の模索―」（マイグレーション研究会編『エスニシティを問いなおす―理論と変容―』、関西大学出版会、2012年、所収）。

4）①河原典史「バンクーバーにおける幻の新渡戸庭園―太平洋を渡った石灯籠―」、民俗建築149、2016年、31-39頁。②河原典史「幻の新渡戸庭園を造った人びと―忘れられたバンクーバーの日本庭園史―」（森隆男教授退職記念論考集刊行会編『住まいと人の文化』三協社、2017年、所収）。

5）本章は、以下のバンクーバー日系ガーディナーズ協会の記念誌や年報に寄稿した拙稿をもとに、その後の調査結果をふまえて執筆したものである。①河原典史「カナダにおける日系ガーディナーの歴史的展開―バンクーバー・ガーディナーズ協会創立50年を迎えて―」、50th. Anniversary, Vancouver Japanese Gardeners Association, 2009, 84-95。

②河原典史「新渡戸庭園の造園とバンクーバー日系ガーディナーズ協会の創立―協会創立期の日系社会―」、55th. Anniversary, Vancouver Japanese Gardeners' Association, 2014, 92-97.

6）Dennis Minaker "The Gorge of Summers Gone: A History of Victoria's Inland Waterway" Desktop Publishing Ltd. 1998.

7）出身地については、次の資料による。中山訊四郎『加奈陀同胞発展大鑑　附録』、1922年。(佐々木敏二『カナダ移民史資料　第三巻』不二出版、1995年、所収)。以下の日本人の出身地も、同様である。

8）短期間に日本庭園が完成したのは、ラッコ漁のためにカナダ北西岸へやってきた日本人漁業者による労働力提供の可能性を否めない。前掲3)。この点については、今後の課題としたい。

9）「日本式球戯」は、ラケット（羽子板）で打ったボール（玉）をゴール（的）に当てるゲーム（遊戯）と思われる。他の施設などは、以下を参照。前掲3)。Ann Lee & Gordon Switzer "Gateway to Promise: Canada's First Japanese Community" Ti-Jean Press, 54-59・181-200.

10）Terry Reksten, "The Dunsmuir Saga," Douglas and Mcintyre, 1994, 1-302.

11）ローヤル・ロード大学園芸療養士のポール・アリソン氏のご教示による。

12）神戸市に本籍を有した彼の活躍については、今度の課題としたい。

13）前掲3)。

14）その後、野田は出身地で修得したであろう指圧術を活用して、ビクトリアのマッサージ師として活躍した。野田の渡加や造園業、そして指圧術などについては次の拙稿を参照。河原典史「カナダにおける日系ガーディナーの先駆者たち(6)―伝統を継いだ野田忠一―」、The Year of 2014 Membership Roster, 2014, 22-27.

15）Takata, T.　Nikkei Legacy: The Story of Japanese Canadians from Settlement to today, Toronto: NC Press Limited., 1983, 91-92.

16）古賀の活躍については、次の拙稿を参照。河原典史「カナダにおける日系ガーディナーの先駆者たち(4)―「花嫁の滝」を築いた古賀大吉―」、The Year of 2012 Membership Roster, 2012.

17）Edythe Anstey Hanen& Bowen Island Historians *Bowen Island Reflections*, Bowen Island, B.C.: Bowen Island Museum and Archives, 2004, 1-160. Irene Howard Bowen Island 1872-1972, Bowen Island, B.C.: Bowen Island Historians, 1973, 1-190.

18）1862（文久2）年に岩手県森岡に生まれた新渡戸は、農学者・教育者として近代日本の礎を築いた。1900年（明治33）年にアメリカ合衆国で Bushido: The Soul of Japan が発表され、日本人の精神を海外に説き、それは現在でも世界各地で愛読されている。晩年における新渡戸の活動については、以下を参照のこと。佐々木筺『アメリカの新渡戸稲造』熊谷印刷出版部、1985年、1-253頁。

19）前掲4)・②。

第4章 新渡戸庭園の造園とバンクーバー日本人社会の諸相 101

20) 前掲4)-①。

21) 現在では学生寮が建ち、日本庭園の痕跡は見られない。

22)『大陸日報』は1907年1月～1941年12月までバンクーバーで発行されていた最大の日本語新聞である。当時のカナダにおける日本語新聞社の活動ついては、以下の文献に詳しい。①新保満・田村紀雄・白水繁彦『カナダの日本語新聞―民族移動の社会史―』PMC出版、1991年、25-80頁。②新保満・田村紀雄「戦前カナダの日系紙――一世の新聞と二世の新聞（上）・（中）―」、東京経大学会誌133・135、1983・1984年、317-343・99-142頁。

23) 先行研究で利用されてきた日本語住所氏名録では、非常設店や被雇用者の職業はほとんど記載されず、ガーディナーの実態を知ることは困難であった。大陸日報社編『在加奈陀邦人人名録』大陸日報社、1941年（佐々木敏二・権並恒治『カナダ移民史資料第6巻』不二出版、1995年、所収）。筆者は"BC Directory"を活用し、日本人の生業を把握する歴史地理学的アプローチを提起した。詳細は、以下を参照。河原典史「カナダ日本人移民史研究における住所氏名録と火災保険図の歴史地理学的活用―ライフヒストリー研究への試的アプローチ―」、移民研究年報20、2014年、17-37頁。河原典史「カナダ・ブリティッシュコロンビア州における火災保険図をめぐる基礎的研究」（公益財団法人・国土地理協会助成担当編『学術研究助成報告書』2014年、95-111頁、所収）。

24) その後、フェアビュー地区西方のキツラノ地区にも日本人集住地区が形成され、鳥取県出身のガーディナーが多く居住した。河原典史「カナダにおける日系ガーディナーの先駆者たち(5)―庭を掃くかな伯耆人―」, The Year of 2013 Membership Roster, 2013.

25) 外務省外交史料館所蔵、「本邦諸外国間文化交換関係雑件（I'・1・1・0-3）」。一部に句読点を施し、現代的な送り仮名、漢数字は算用数字に改めた。下線は筆者による。以下の文書も同じ。

26) 前掲22)。

27) 1907年のポーツマス条約締結後、バンクーバーに立ち寄った外務大臣・小村寿太郎の私費によって設立された。バンクーバー日本語学校並びに日系人会館編『百年の思い出』、Fraser Jounal Publishing、2006。

28) 前掲5)-②。

29) Nikkei National Museum & Cultural Center所蔵。

30) 千葉県香取郡出身の鏑木は、渡米後にイリノイ州イバニスト大学神学部、アバー・アイ・オー大学校で学び、バンクーバーのメソジスト教会牧師となる。京都市出身の石原は、一時帰国していた鏑木とともに渡加した。スティーブストン漁業者団体付属病院に勤務後、石原はバンクーバーで医院を開業した。中山訊四郎編『加奈陀同胞発展大鑑附録』52・113-114頁（佐々木敏二編『カナダ移民史資料　第2巻』不二出版、1995、所収）

31) 前掲3)。

32) 綿花栽培の衰退と関わって、当時の鳥取県西伯郡上道村（現在の鳥取県境港市）を中

心とする弓ヶ浜半島では、先進的な教育・啓蒙活動によって北米への渡航ブームが起こっていた。前掲 24)。

33) 角の経歴については、バンクーバー日系ガーディナーズ協会資料や関係者からの聞き取り調査の他、以下を参照。① Emiko Sumi and Howard Shimokura "Roy Tomomichi Sumi: Renowned Designer and Architect of Japanese Gardens", *Nikkei Images* 20-3, 2015, 16-19. ② Emiko Sumi "Tracing Our Heritage to Tottori Ken Japan Familyof Roy Tomomichi Sumi",: Mary Mori *Ontario Tottori Ken Jin Kai Book Committee*, Print Div. of Musson Copy Centres Inc, 2010, 240-249.

34) バンクーバー郊外にあるバーナビーの高校で盆栽について教えたのが契機で、受講生が中心となり盆栽の会が創設された。白人が中心であったこの会は、現在でも約 40 人の会員が月 1 回集まっている。前掲 33)。

35)『ニュー・カナディアン』は、英語を理解する 2 世を中心に発刊された。前掲 22)。

36) 鳥取県出身者と並んで高知県出身者には、戦前からガーディナーが多かった。その中心の 1 人は、高知県宇佐出身の山本省之助である。河原典史「カナダにおける日系ガーディナーの先駆者たち (1) ―山本省之助・半次兄弟から味元虎巣・秀雄親子へ―」、The Year of 2009 Membership Roster, 2010, 212-215.

37) 小山初次は 1907 年における東京移民合資会社による契約移民の一人である可能性があるが、今後の課題としたい。①河原典史「カナダ・ロジャーズ峠における雪崩災害と日本人労働者―忘れられたカナダ日本人移民史―」(吉越昭久編『災害の地理学』文理閣、2014 年、193-210 頁、所収)。②河原典史「1910 年の悲劇はいかに報道されたか―カナダ・ロジャーズ峠の雪崩災害と日本人移民社会―」(河原典史・日比嘉高編『メディア―移民をつなぐ、移民がつなぐ―』クロスカルチャー出版、2016 年、131-156 頁、所収)。

38) 小山実氏は、この役割を「木戸番」「GateBan (番)」と答えた。2008 年以降、筆者は小山氏に移動歴をはじめとする聞き取り調査を繰り返している。

39) "Vancouver Sun", 18. June. 1960.

40) 角は、インタビューに次のように答えている。「当時シアトルでも日本庭園が造られ、これは関東風の庭園でしたので、新渡戸庭園は少々違った趣きのものと言うことで、京都風の庭園を造ったわけです」「京都風庭園は関東風庭園と比べて立った石などがあり、また木がきっちりと刈り込まれている感じがします。これは京都は山々に囲まれ、背景となる自然が変化に富んでいるので、関東風庭園の様に自然を多く残した感じのものでは回りの風景に負けてしまう」『バンクーバー新報』、1987 年 5 月 29 日。

41) 明治神宮は菖蒲の株分けをしており、UBC への記録もある。かかる点は、新渡戸庭園の改修とともに、今後の課題としたい。

42) バンクーバー日系ガーディナーズ協会「歴史的及び技術的観点からみた新渡戸庭園改修工事」、月報、June 1922、58。

第5章

ボストンにおける
アメリカ市民の日本観

日本文化への関心から異文化の架け橋へ

志賀恭子

I　はじめに

　日本文化のグローバル化は、過去から現在にかけて様々な方向や手段で進んでいる。19世紀、ロンドンやパリの万国博覧会に出品された日本の工芸品が、ヨーロッパやアメリカにおいてジャポニズムの火付け役となった[1]。ジャポニズムとは、日本の技巧を模倣する芸術家たちの出現や、日本の美術品を蒐集する流行のことである。一方、現代の日本文化のグローバル化は、移民、駐在員、ボランティア、宗教、科学技術の発達によって促進されている[2]。今や一般化しつつある海外における茶道や書道などの日本文化体験に関して、参加者の目的は日本文化の真正を究めるというより、未知の文化的表現への好奇心を満たすことにあると論じられている[3]。

　本章は、アメリカ東海岸の文化都市ボストンに焦点を当てる。日常生活において日本文化に携わるボストニアン（ボストン在住アメリカ人）に質的調査を行い、彼らの日本観を明らかにする。ボストンを研究対象地に選ぶ理由は、そこに鎖国時代から始まる日本人とアメリカ人の交流や、明治時代に来日した御雇外国人や旅行者によって日本文化が浸透した歴史があるからである。本章はその地域性に着目しながら、ボストニアンと日本文化の接触要因を明らかにしたうえで、日本文化探求が彼らにどのような影響を与えたのかを考察する。

本章は、まず第二節で研究方法を述べ、第三節で日本文化を広めたボストニアンたちの歴史を遡る。次に、第四節から第六節まで本調査対象のデータを整理し、彼らと日本文化の接触要因を明らかにした。それらは、「日本人のルーツ」、「幼少期の経験」、「娯楽による影響」といった3様式に分類することができた。そのなかには、親日的アメリカ人の先人たちによる尽力が蓄積されたボストンという土壌だからこそ見える結果も含まれる。最後に、日本文化探求が彼らに与えた影響として見えてきた共通点を紹介する。彼らは日本文化を単なる興味や趣味としてだけではなく、異文化を繊細に学ぶためのツールとして捉えていた。

Ⅱ　研究方法

　ボストニアンが持つ日本観の意味を探る有益な方法として、本研究は質的調査を実施した。ボストンでは、年間を通じて複数の団体によって日本文化振興行事が開催されている。筆者が本調査を始めた年だけで、ワシントン本部ロングフェローハウス国立歴史公園（以下、ロングフェロー邸歴史博物館と記す）主催の「日本文化の日（Japanese Culture Day）」（2009年8月30日開催）、ピボディ・エセックス博物館主催の「日本のお正月（Japanese New Year）」（2010年1月9日開催）、カジ・アソウ・スタジオ主催の「日本祭（Japan Festival）」（2010年5月2日開催）、土佐清水市・ニューベッドフォード市・フェアーヘブン市共催の「ジョン・万次郎祭」（2011年10月1日開催）、ボストン日本協会（The Japan Society of Boston）主催の行事などがあった。筆者は上記の行事に参加し、これらの運営者と参加者に調査協力を依頼し、同意が得られた9名に聞き取り調査と参与観察を行った（第1・第2表）。本研究は、アメリカ市民権を持つ者を対象とした。

　聞き取り調査では、質問表に沿いながらも対話を重視し、個々のライフヒストリーを引き出すことに重点をおいて行った。これらの運営者には、行事企画の意図も尋ねた。聞き取り調査は主に英語を中心としたが、なかには日本語と英語を混ぜたジャパングリッシュで実施されたケースもある。面会場所は、対象者の生活において日本文化の浸透度を明らかにするため、彼らの

第5章　ボストンにおけるアメリカ市民の日本観　　　　　　　　　105

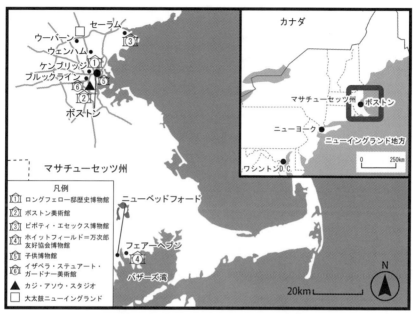

第1図　本章に登場するインフォーマントに関する地図

第1表　本章で扱う対象（2010年当時）

	名前	年齢	所属	職種	人種・民族	インタビュー日
A	マーク・ヒデユキ・ルーニー	30代	大太鼓ニューイングランド（ONE）	和太鼓指導者・舞台監督	父：ヨーロッパ系白人、母：日本人	10月5日
B	ジム・シェイ	50代	ロングフェロー邸歴史博物館	博物館館長	アイルランド・ドイツ系白人	10月29日
C	ローレン・マルコム	60代(注)	国立歴史公園ロングフェロー邸	学芸員	ヨーロッパ系白人	10月8日
D	ベアード・キャンベル	40代	日米協会	副会長／針灸師	ヨーロッパ系白人	5月4日
E	ケイト・フィニガン	50代	カジ・アソウ・スタジオ	運営者、水彩画家、茶道家	ヨーロッパ系白人	10月7日
F	デイビッド・バーガー	40代	大太鼓ニューイングランド（ONE）	セミプロ太鼓奏者／会社員	ヨーロッパ系白人	10月8日
G	シェーン・ティスク	30代	大太鼓ニューイングランド（ONE）	セミプロ太鼓奏者／技術者	北欧系白人	10月1日
H	ベン（仮名）	40代	日米協会会員	自営業	アフリカ系黒人	10月1日
I	マーカス（仮名）	20代	A大学	大学生	プエルトリコ出身のラテン系	9月24日

注　ローレン・マルコムは当時67歳であった。2015年に逝去した。　　　　　　　　（筆者作成）

第2表　本章で扱う団体

番号	団体名	設立年	場所 （第1図参照）	背景
(1)	大太鼓ニューイングランド Odaiko New England（ONE） ＊生徒やメンバーたちは、 ONE（オーエニ）と呼んで いる。	1994年	ウーバーン Woburn	ボストン初の太鼓集団。アメリカ東海岸最初の太鼓集団「僧太鼓」（1979年結成）に所属していたエレイン・フォンが、ボストンで太鼓愛好家とサークルを結成したのがONEの始まりである。ONEは2005年に非営利活動法人化した。現在ボストンで活躍するThe Genki Sparkと進太鼓はONEの元太鼓奏者たちが始めた。
(2)	ホイットフィールド＝万次郎友好協会 Whitfield-Manjiro Friendship Society Inc.	2009年	フェアーヘブン Fairhaven	19世紀、漁で遭難し無人島に辿り着いた中浜万次郎は、ニューベッドフォード（第1図参照）出航の捕鯨船ジョン・ハウランド号の乗組員たちによって助けられた。当時、日本は鎖国をしていたため、アメリカ人は日本への接近が許されず、万次郎と彼の仲間たちを日本に近いハワイまで連れて行った。しかし、万次郎は仲間と分かれて、ホイットフィールド船長の故郷フェアーヘブンへ随行し、船長の養子となり、そこで英語、数学、測量、航海術を学んだ。彼は、1853年、生まれ故郷の土佐清水に戻った。1854年、英語を習得した万次郎は、日米和親条約締結の際、通訳として日本開国に貢献した。この博物館は、万次郎のフェアーヘブンでの形跡を辿ることができる。
(3)	ロングフェロー・ハウス＝ワシントン本部国立歴史公園 Longfellow House - Washington's Headquarter National Historic Site （ロングフェロー邸歴史博物館）	1972年	ケンブリッジ Cambridge	この邸宅は、アメリカ独立戦争開戦直後のボストン包囲戦（1775-1776）で、ジョージ・ワシントンの司令塔本部として使用されていた。後に、詩人ヘンリー・ワーズワース・ロングフェロー（1887-1882）の邸宅となった。彼の息子チャールズ（1844-1893）が日本で蒐集した品々は、明治時代の日本を知る上で貴重である。

番号	団体名	設立年	場所 (第1図参照)	背景
(4)	ピボディ・エセックス博物館 Peabody Essex Museum (元ピボディ科学アカデミー)	19世紀	セーラム Salem	セーラム出身のエドワード・シルベスター・モース (1838-1925) が、元ピボディ科学アカデミーで館長を務めた。1877年から東京帝国大学で教鞭をとった際、日本の民具や陶器に魅せられ蒐集し、帰国後、それらをピボディ科学アカデミーに寄贈した。彼は、1883年まで日本とアメリカを往来し、ボストンにおいて日本の生活について認知を高めることに貢献をした。
(5)	ボストン日米協会 The Japan Society of Boston	1904年	ボストン Boston	35あるアメリカの日本協会の中で最も古いとされる。
(6)	カジ・アソウ・スタジオ Kaji Aso Studio	1973年	ボストン Boston	花児麻生 (1936-2006) が、芸術を通して東洋と西洋を超えて、全世界に通じる価値観を見出すために設立した。現在は、花児麻生に師事したアメリカ人の弟子たちが、麻生の哲学 (季節感、自然を愛する心) や、技術 (筆遣い) をボストンに伝えるためスタジオを運営している。ここは、書道、陶芸、俳句、水彩画、茶道教室の他、週末、コンサートや日本文化の体験行事が開催されている。日曜日には、予約者のみ茶室で茶道体験のできる「茶会」が開かれる。毎年2月に豆まきが催される。

出典　Kaji Aso Studio. *Courses and Events 2009-2010* (Boston: Kaji Aso Studio, 2009).
　　—. *Courses and Events 2010-2011.* (Boston, Kaji Aso Studio, 2010).
　　Kenrick, Viviene. 2002. Personality Profile: Peter Grilli. *Japan Times*. August 17.
　　http://search.japantimes.co.jp/cgi-bin/fl20020817vk.html (accessed November 7, 2010).
　　Peabody Essex Museum. *Museum History*. http://www.pem.org/about-pem/museun-history
　　(accessed January 22, 2018).

（筆者作成）

自宅、職場や活動場所で実施した。そのほか被面接者とは落ち着いて話せる図書館や筆者の家を選んだ。

　また、被面接者が関わる日本文化関連の活動に同行し参与観察を行った。筆者は、第1表の日程に加えて、2009年9月〜2010年12月までロングフェロー邸歴史博物館にて毎週金曜日にインターンとして働きながら被面接者と

関わった。大太鼓ニューイングランド（Odaiko New England, ONE）とは 2010 年〜2012 年まで太鼓を習う生徒として関わった。また、2010 年〜2011 年までカジ・アソウ・スタジオと日本協会でボランティアとして参加しながら観察を行った。被面接者と関連団体についての詳細は、第 2 表を参照されたい。

Ⅲ　日本文化を広めたボストニアン

　ボストンの美術館は、実に多くの日本美術品を所蔵・展示しているだけではなく、見学者が日本文化を体験できる機会も提供している。そこでは、書道の実演や和楽器の生演奏、日本のあそび体験を通じて、彼らが実際に日本文化を親しむための工夫がなされている。この親日的な美術館の活動の礎は、明治時代の御雇外国人、日本訪問者、日本美術蒐集家たちによって築かれた。

　ロングフェロー邸歴史博物館の一室に、扇が散りばめられた絵の天井と、日本の品を飾り立てた「ジャパンルーム」（写真 1）の形跡がある。この部屋は、詩人ヘンリー・W・ロングフェローの長男チャールズ・A・ロングフェローのものであった。チャールズは、1871 〜 1873 年まで 20 カ月間東京と横浜に居を構えながら日本中を旅行し、各地の人々の生活ぶりや、芸者やアイヌの人びとについて記録を残した。フェリーチェ・ベアトなどに写真撮影を依頼し、自身は見聞を日記に書き記し、各地の工芸品や美術品を蒐集した[4]。蒐集品には、屏風、家具、仏閣内で使用する前卓、京都博覧会の土産の手拭[5]、着物と小物がある。現在、これらの一部はこの邸宅内に展示されている。

　ボストンに日本文化を一番に広めた人物は、エドワード・S・モースである。彼は 1883 年まで日本とアメリカを往来し、日本での蒐集品をボストン美術館やピボディー科学アカデミー（現ピボディ・エセックス博物館）に寄贈した。また彼は、ボストンを中心に日本の生活文化の認知を高めるため講演活動を盛んに行った[6]。その講演によって日本への関心を高めたのが、ウィリアム・ビゲローとイザベラ・S・ガードナーである[7]。後にビゲローとアーネスト・フェノロサは、日本の美術品を蒐集した。フェノロサは、モースの

紹介により東京大学で政治経済と哲学を教えた。フェノロサは帰国する際、弟子の岡倉天心をボストンに連れて来た。ガードナーは日本を旅行し、日本を含む海外からの蒐集品を一般公開するために美術館を開いた。彼らこそ、ボストンにおいて日本文化の振興に力を注いだ立役者たちである。

では、なぜ日本文化はボストンで受け入れられ人気が出たのだろうか。それについて、福田敬子は次のように述べる。19世紀後半、「金ぴか時代」と呼ばれる物質主義に陥っていたアメリカで、この潮流に疲れた人々が精神的で伝統を重んじた日本に救いを求めていた。すなわち、日本は彼らにとって精神的な避難場所であった[8]。目まぐるしく変化を続けるアメリカ社会のなかで、日本文化に思いを馳せることはアメリカとは何かを考えることだったという[9]。

写真1　19世紀、ロングフェロー邸にあったチャールズの「ジャパン・ルーム」

（写真提供：Longfellow-House Washington's Headquarters National Historic Site）

Ⅳ　日本人のルーツ

1.　日米の狭間

　マーク・ヒデユキ・ルーニー（調査時、ONE 舞台監督兼講師）は、日本人とアメリカ人にルーツを持ち、その狭間でアメリカ人でもなく純粋な日本人でもない自己の存在に揺れ動いた。白人が多いフェアーヘブン（第1図）で育った彼は、日本人であることを否定し続けていたが、太鼓をやり始めてから日本人として自己肯定ができるようになった。しかし、日本に滞在中、自分が日本人ではないことに気づいた。最終的に、彼は汎アジアを目指す日系アメリカ人としてのアイデンティティ確立に至った。ここでは太鼓と出会うまでの彼と、現在のアイデンティティ確立までの過程に注目する。

　マークは、1968 年美術を学ぶために渡米留学した日本人の母親アヤコと、白人のアメリカ人ジェラルド・ルーニーとの間に生まれた。父ジェラルドは、ジョン・万次郎とホイットフィールド船長の交流を伝えるホイットフィールド＝万次郎友好協会博物館の設立に多大な貢献をした人物である[10]。父は、自宅に床の間と鳥居を作るほど日本文化に関心を持っている。マークの両親は、日常の食事に箸を使い、正月、雛祭、端午の節句といった日本の祝事を行い、家庭に日本の慣習を取り入れていた。しかし、彼は長年、日本語の習得や日本文化を拒絶し続けた。彼はその理由を次のように述べた。

　　当時、フェアーヘブンは白人しかいない町でした。私が家の外で日本と接触する機会は全くありませんでしたが、母のお陰で家の中では日本文化に触れることができました。1970 年代、幼児は二つ以上の言語を同時に習得できないと世間から考えられていたために、近所の人は母に僕と姉には英語以外で話しかけないようにと言ってきました。私はその会話を聞いていたので、日本語を勉強しませんでした。今思うと、（現在、和太鼓奏者なので）日本語を勉強しなかったことを本当に悔やみます。語学は、若ければ若いほど習得できるのにね（インタビュー、第1表A）。

彼の思春期に、アメリカではジャパンバッシングが起きていた[11]。この
ことも、白人の風貌に見えないマークに、日本人らしさを消して白人主流社
会に同化しなければならないと考えさせたという（インタビュー、第1表A）。
目は緑色をしているが、日本人の顔立ちをしているために幼少期にいじめに
遭ったと、マークはインタビューの途中で告白した。

1997年、マークの人生を変える出来事が起きた。父を手伝うため、ニュー
ヘブン市（第1図）で開催されたジョン・万次郎祭に参加した時のことであ
る[12]。彼は、エレイン・フォンたちによるONEの太鼓の演奏を観て感銘を
受け、自分もプロの太鼓奏者になりたいと強く思った。彼がONEで太鼓を
習い始めたのは24歳の時だった。それは、プロの太鼓奏者になるには遅い
始まりだった。

マークはそれまで日本を拒絶していたが、太鼓を始めて以来、上達に向け
て積極的に日本に関心を寄せた。彼は、JET（The Japan Exchange and Teach-
ing Program）に応募し、2002～2003年、和歌山県龍神村の高校に赴任した。
彼は龍神村で英語を教えながら、地元の太鼓集団に加わった。その後、プロ
の太鼓集団の海外ツアー活動に携わった。彼はそれらの経験を通して、日本
の慣習や礼儀作法を身に付けた。日本で生活するなかで、彼は自己の帰属意
識について考え、日米の文化大使になることを心に決めたと述べる。

> 私は日本で生活するまで、自分が完全なアメリカ人ではないと思ってい
> ましたが、日本滞在中にアメリカ人だと認識しました。日米について理
> 解できるようになったいま、日系アメリカ人として日本とアメリカ各々
> の良さを融合させる「文化大使」になるという意志を持って活動してい
> ます。アメリカで日米の文化大使になるということは、アメリカ人に日
> 本のみならず、日本を越えてアジア文化も知ってもらおうとする意志を
> 持つことです（インタビュー、第1表A）。

彼のその考えは、ONEの指針と彼の指導法から窺うことができる。まず、
太鼓を通してアジア系アメリカ文化の振興を意図しているONEの指針が、
当時のウェブサイトから窺われる。

大太鼓ニューイングランドは太鼓道の意味を問いかけながら、日本がもつ美の繊細さとアメリカがもつ豪快さを融合させて、現代の形を作り出しています。私たちの目的は、アメリカで太鼓を身近なものにさせて、アジア系アメリカ文化への評価と理解を促すことです[13]。

そのためか、ONE の生徒の中には中国と日本を同一視しているような人もいる。たとえば、毎回太鼓を叩く前、輪になって1から10まで日本語で数えながら体操（原語 Taisou）を行う時のことである。ある白人女性は、カンフーをしている人の絵が描かれたTシャツを着ており、「いち、に、さん、ス、ウー、リウ、チー、パー」と途中から中国語で数えていた。他の生徒たちの練習着は、龍の絵や漢字が描かれたTシャツだった。それは日本というより、東アジア文化を想起させるものが多かった。ONE の生徒のなかには、アジアに関心を持つ生徒がいることも考えられる。

次に、彼の指導法についてである。マークが日本で修錬した礼儀作法を生徒に教える際、アメリカ人の生徒が理解できるよう独自の方法で教示していることが見受けられる。導入クラスで、彼はまず生徒たちに「5つの敬う心（5 Respects）」と書かれたボードを見せて、その5つの項目を一つずつ説明する。5つの敬う心とは、①場所があることを当然と思わない、②太鼓は単なる物ではなく音楽を作り出すもの、目標を達成するものとして敬う、③先生が持っている知識を敬う、④仲間を敬う、⑤己を大切にすることである。一般的に、日本の太鼓、茶道、武道といった稽古事で、師匠はこのような精神を講義形式で教えない。精神は、生徒が他の者を見て倣い自ら見出されることが多い。しかし、マークの指導法は、彼が整理した太鼓の精神を生徒たちに直接的に伝えている。

「5つの敬う心」を教えた後、練習風景は日本のようになった。道場（原語 Dojo）では、全員が必ず入退出の際に一礼をする。クラスが始まると、マークも入口で一礼し颯爽と入ってくる。彼が背筋を伸ばし正座で座ると、生徒たちも正座に座り直す。彼は全員の顔を順々に見渡し、両手を横から床をなぞるよう滑らせて体の前に揃える。彼の所作は、まるで日本舞踊をしている

ような優雅さと威厳がある。マークが「どうぞよろしくお願いします（原語）」と言うと、生徒たちも両手を前に揃えて「どうぞよろしくお願いします」と後に倣い一斉に礼をする。生徒たちは、慣れない所作を楽しんでいる様子だった。数え方や所作が分からない生徒には、上級者が教えていた。

　マークの生徒への接し方に、いわゆる師匠と弟子というような上下関係はない。むしろ、対等に接していることが、彼の使う語彙選択から窺うことができた。たとえば、彼が生徒に言葉を発信する時、友人同士が親しみを込めて使う You guys を使う。また、太鼓の叩き方などの技術を生徒に教える際、主語に You ではなく We を使っている。それは、その技術を彼らに仲間や友人として「共有する」表現方法である。それが、彼の指導者としての立場の示し方であろう。

　これは、スパルタ式教授法で知られているサンフランシスコ太鼓道場設立者の田中清一と異なる。和泉真澄の研究や田中の弟子たちの話からわかるように、田中の指導哲学には日本の真正性として肉体的、精神的苦痛に耐え抜くことこそ美しく、それができた者だけ道場に残れるという考えがあった。そのため、田中と弟子との間には厳しい上下関係があった[14]。一方、マークが率いる太鼓道場は日本の真正性と緊張感はあるものの、日本と多様なアメリカ文化が融合した寛いだ空間である（写真2）。

写真2　マークと様々な文化的背景をもつONEの太鼓奏者たち
（写真提供：グレース・ティスク）

マークは日本から帰米した後、日本や北米の太鼓奏者と積極的に交流を図り、新しい技術を導入しながら独自の太鼓道を作り出している。彼は、「日系アメリカ人である私は、太鼓を極めたことによりアメリカで『文化大使』になることができた」と述べた（インタビュー、第1表A）。太鼓との出会いにより、彼は自己の存在を肯定的に認めることができるようになった。

和泉は、西海岸において「日本の純粋性」、「日系人コミュニティの存続」、「アイデンティティ構築」を促す異なる3つの太鼓集団の特徴を明らかにした[15]。ユーンは、ニューヨークの僧太鼓がアジアの国々にルーツをもつ参加者にとって、韓国や中国という国境を越えて汎アジア系アメリカ人としての自己表現の場であることを明らかにした[16]。これらの先行研究を比較すると、マークが率いるONEは汎アジアを目指すものの参加者がアイデンティティを見つける場所でもあり、太鼓を通して心を鼓舞することを共に楽しみ、参加者の居場所になっていることが窺えた。

V　幼少期の経験

1．幼少期の博物館体験

幼少期の博物館での体験は、子どもの発達過程において関心やその後の進路に影響を与える[17]。次に紹介するジム・シェイは、それが現在の人生に関わっているケースである。

ジムはセーラムで生まれ、ウェンハムで育った（第1図）。調査時、彼はロングフェロー邸歴史博物館の館長を務めていた。ジムが館長に就任して以来、チャールズ・A・ロングフェローと日本の関係を強調する展示を行うようになった。さらに、ロングフェロー家の国際性や、奴隷制時代の黒人と白人との交流をテーマにした展示を実施した。ジムの功績は、ロングフェロー邸歴史博物館においてこれまでの白人を中心とした展示から転換し、クロスカルチャラル性を重視した展示やイベントを実施したことである。また、彼個人の趣味は、日本製の銅製品、巻物、版画、陶器などの骨董品をインターネットオークションで蒐集しそれらを家に飾ることである。同じ蒐集家として、ジムは約110年前に生きていたチャールズに親近感を覚えている様子であった。

彼が最初に日本に関心を寄せたのは、幼少の頃、母に連れられて訪れたピ
ボディ・エセックス博物館で目にしたアイヌの人々の写真であった。

> 私が5・6歳の頃、ある日曜日、母が故郷セーラムにあるピボディ・エ
> セックス博物館に連れて行ってくれました。そこには多くの日本美術の
> 展示物があり、それらを通して私は初めて日本を知りました。なかでも、
> アイヌの人びとの暮らしが撮られた写真を鮮明に覚えています。そのな
> かに、アメリカ人と入れ墨をしたアイヌの人が一緒に写された写真があ
> りました。それは見慣れない光景でした。アイヌの人はなんてエキゾ
> チックで自分たちと異なる生活をしているのだろうと思いました。私は
> 全員白人で英語しか話さない家庭で育ちましたので、英語以外の言語が
> あるという感覚がわかりませんでした(インタビュー、第1表B)。

彼はアイヌの人々の写真を通して、この世界に異なる言語や異文化がある
ことを初めて知った[18]。

2009年8月30日、ジムの指揮の下、ロングフェロー邸歴史博物館で日本
文化の日が開催された。この行事では、チャールズの蒐集品を中心とした展
示だけではなく、職員と昭和ボストン[19]のボランティアたちが、庭園に作
られた福笑いや折紙などのブースで日本の娯楽を訪問客に教えていた。幼少
時、美術館で日本文化に初めて触れたジムが大人になり、美術館の館長とし
て日本文化を見学者に提供する立場になっている。

2. 家族との思い出

次に紹介するローレン・マルコムとベアード・キャンベルは、祖父母宅や
自宅といった身近な環境に日本の品々や土産品があったことが日本に興味を
示す起因になった例である。

ローレン・マルコムは、ロングフェロー邸歴史博物館における所蔵品管理
を任されていた学芸員で、前述したジム・シェイの部下だった。彼女の偉勲
は、それまで手付かずだったその博物館所蔵の日本コレクション目録を作成
したことである。彼女はスタッフ全員でとる昼食休憩で、常に笑顔で同僚た

ちに日本文化の素晴らしさについて話していた。

彼女が日本文化に関心を寄せたのは、彼女の祖父母宅にあった日本の置物と、海軍兵だった父親が日本から持ち帰った土産品がきっかけである。たとえば、ブルックライン（第1図）の祖父母宅には、1920年代、結婚祝として贈られた日本の達磨の置物が飾られていた。それについて、彼女は「20世紀、ボストニアンの間で日本の品々は人気がありました。彼らは日本の品を探しては所有し、それを家宝にすることが一般的に行われていました」と述べた（インタビュー、第1表C）。この話は、ボストンにおけるジャポニズムの形跡を窺わせる。父親からの土産品も、彼女が日本に興味を覚える要因だった。朝鮮戦争の勃発当時、米軍兵士たちは駐日基地から朝鮮半島へ赴いた。彼女の父は日本を経てアメリカに帰還する際、日本の小学校の教科書や、蛇の目傘、おもちゃなどを土産品として子どもたちに持ち帰った。子どもの頃の彼女は土産品を眺めては、それらは欧米にはない思考の下で作られた独特の趣向があると思っていた。

　　父が第二次世界大戦から帰還した際や、1950年代初めに横須賀米軍基地から戻った際の土産は、私にとって父との思い出の品々です。生け花の本、着物を着た木製の人形、徳利がありました。当時、私は徳利の存在を知らなかったので、それを花器だと思っていました。牧草に見立てたシートの上に、巻き螺子のついたアヒルや猫のおもちゃの仕掛けには驚きました。それらが壊れたので解体したら空き缶でできていることがわかりました（インタビュー、第1表C）。

その後、ローレンは1986〜1995年まで英語教師をしながら日本に滞在した。滞在中、数々の寺社仏閣を参拝し、和布の端切れなど多くの品々を蒐集した。彼女は帰米後、ロングフェロー邸に明治時代の蒐集品が数多くあると知り、学芸員の資格取得の勉強をしながらその目録を作成した。彼女は学芸員の資格を取得した時に、ロングフェロー邸歴史博物館に就職した。

彼女の境遇と重なるのは、ボストン日本協会の元副会長のベアード・キャンベルである。彼は、日米協会の活動として日本映画上映会、講演会、コン

サート、夕食会や日本語教室の開催を通して、ボストニアンが日本文化に触れるための事業運営を行っていた。ベアードは、日本に携わった父方と母方の祖父たちから影響を受けている。

　　私が日本文化に関心を寄せるのは、幼少時代の経験が影響しています。私の父方と母方の祖父たちは、仕事で日本に関わっていました。父方の祖父は、1920年代後半～30年代前半まで神戸で銀行員をしていました。彼の家には北斎の波の浮世絵や日本文化に関する本があり、私は訪れる度にそれらを見ていました。1940～80年代、家具やインテリアデザインの仕事をしていた母方の祖父の家には障子や襖などがありました。その後、2・3歳の頃、家族でボストン美術館を訪れた際、私はナゼカゼンゼン　ワカラナイケド（原語）、自ずと日本美術の展示に足が向いてそこから全然離れようとしませんでした。これは、ボストンの祖父母宅にあった装飾品に惹かれていたことと関係があるでしょう（インタビュー、第1表D）。

　その後、ベアードは日本文化を探求するようになり、特に三船敏郎出演作品や侍映画を観るようになった。彼は学校で日本語を習う前、侍映画の登場人物が言うことを模倣しながら日本語を学習した（インタビュー、第1表D）。このように上達させた日本語を使って、彼は日米協会で日米の架け橋役を担っていた。

3．在日米軍基地

　次に、画家であり茶人のケイト・フィニガンを紹介する。彼女の語りは、在日米軍兵の家で働いていた日本人家政婦から教わった日本文化を大人になってからその意味を知り再解釈した事例である。第一に彼女の生い立ちからその家政婦との交流、第二に日本人芸術家の麻生花児との出会いを通じて彼女が日本文化の精神性に惹かれた時期、第三に現在の彼女の活動について述べる。

　まず、ケイトの生い立ちである。陸軍兵だった彼女の父親は、1957～

II　アメリカでの日本文化—第二次世界大戦夜明け—

写真3　フィニガン家の娘たちと家政婦のミツ。ミツに抱かれている赤ん坊がケイト（写真提供：ケイト・フィニガン）

1960年に朝鮮戦争に赴くために在日アメリカ陸軍基地に駐在していた。彼女は、米軍の家族寄宿舎「グランド・ハイツ（Grand Heights）」で三姉妹の末娘として生まれた[20]。フィニガン夫妻は、日本人の「ミツ」を家政婦として雇った。一家の娘たちはミツから日本の遊びや習慣を教えてもらい、着物を着付けてもらうこともあった。ケイトは一番幼かったため、三姉妹のなかでミツと最も長く過ごした（写真3）。

しかし、ミツと過ごした時はあまりに幼かったので、ミツが日本文化に関心をもった直接の理由ではない、と彼女は述べる（インタビュー、第1表E）。

ケイトが日本文化に惹かれるようになったのは、20代に通っていたタフツ大学で、ボストン美術館付属美術大学の教授であり画家・茶人・俳人の麻生花児（あそうかじ）との出会いに因る[21]。ケイトはすでに画家として活動していたが、麻生に師事して以来、日本独自の技法や精神性を認識して、繊細な美に目を向ける日本の精神性を意識して創作するようになったという（インタビュー、第1表E）。彼から書道、俳句、茶道を通して西洋画にはない技法（筆遣い）や精神性（季節を尊ぶ心）を修練した。彼女は、ミツと麻生花児について以下のように述べる。

第 5 章　ボストンにおけるアメリカ市民の日本観　　119

写真 4　小学校にて、児童たちに茶道や日本の礼儀について教えるケイト（筆者撮影、2010 年 6 月 3 日）

　ミツは、私の日本文化理解に影響を与えたとはいえません。それは、私がミツと一緒にいた時期があまりに幼かったからです。しかし、彼女は私に日本の精神と生き方を見せてくれました。麻生氏と出会い、彼の高度な教えのお陰で幼少期にミツから教わったことをより深く文化的に洗練させて伸ばすことができました（メール、2017 年 5 月 22 日）。

　彼女は、常に物腰が柔らかな話し方で周囲を気遣う。彼女のコミュニケーションの仕方や礼儀正しさは、上記の経験に影響を受けたのかもしれない。
　現在、彼女はカジ・アソウ・スタジオの運営代表をしている。彼女は、ボストン美術館付属美術大学で水彩画の講師をしながら、スタジオ事業の一環として敷地内の茶室や、大学や小学校に赴いて茶道を紹介している。
　以下に記すのは、彼女が小学生に茶道を教えている様子である。2010 年 6 月 3 日、ローウェルの小学校で児童が日本について学習するジャパンデーが開催された。小学校の体育館の中央には、児童たちによる色画用紙などで手作りされた日本庭園があり、その周りに研究成果を記したポスターが飾られていた。ケイトの茶道披露は、体育館の舞台上である。整列した年少生は、赤毛氈が敷かれた茶席に来て、ケイトに靴を脱ぐよう指示され毛氈の上に

座った。彼女は正座の座り方を児童たちに教え、続いて手を身体の前で三角を作るように言いながら礼の所作を示した（写真4）。児童たちは慣れない動作に、ケイトや隣を横目で確認しながら手を前に揃えて礼をした。アメリカ人にとって胡坐が床の上に直接座る一般的な方法なので、正座は慣れない座り方である。彼らは、初めての座り方や所作に興奮していた。

　ケイトは次に示すように、アメリカの子どもたちが日本文化に親しむ工夫を凝らしている。

　　　ケイト：「日本語でグッドモーニングは、何と言いますか？」
　　　児童Ａ：「おはよう！（大声で）」
　　　ケイト：「ベリーグッド！『おはよう』は、オハイオ（州）みたいね。で
　　　　　は、『おはよう』をより丁寧に言いたい時は『ございます』を後に付
　　　　　けるのよ。では？」
　　　児童全員：「おはようございます！（元気な声で）」

　　　　　　　　　　　　　　　　　　（筆者フィールドノート、2010年6月3日）。

　ケイトは、「おはよう」を「オハイオ」にかけながら、未知の日本の世界を子どもたちがよく知っているアメリカ文化に関連づけて教えている[22]。彼女は、日本の精神をアメリカ文化と融合させながら、ボストンにいる次世代に広めている。

4．文化の再生産

　ジム、ローレン、ベアード、ケイトの4人は、幼少期の体験が現在の彼らの職業や活動内容に繋がっている。ここで、ジム、ローレン、ベアードの3人からボストンの地域性が浮かび上がってくる。ジムは日本と接点を全く持たない家庭環境で育ったが、ピボディ・エセックス博物館で日本という異文化に初めて触れ、その経験がその後の人生の礎となった。ローレンとベアードについて注目したいのは、日本の文化的品物が祖父母宅や自宅といった身近な環境にあったことである。換言すれば、先人たちの日本の蒐集品が時間を経て次世代に興味を持たせていたことが考えられる。

歴史を鑑みると、これらの蒐集品には、蒐集家たちの日本の工芸品や美術品、それらを作り出した日本文化を讃美する礼賛や憧憬が存在していたと筆者は考える。特に、日本での生活経験者にとって日本からの持参物は日本に思いを馳せるものであったと同時に、福田敬子によって論じられたように、当時のアメリカにはなかった日本の繊細かつ伝統を重んじる精神性をボストンに伝えたいという意図を含んでいたのかもしれない。

一方ケイトの場合、この3人と異なる。彼女は日本文化を異文化として認識できる年齢まで日本にいなかったので、幼少期は日本文化に惹かれていない。しかし、麻生花児の指南によって、日本で無意識に覚えた日本の習慣や精神の再解釈が行われた。彼女はその過程を経て、現在の日本文化についての理解に至っている。

彼らの日本文化への接触過程は異なるが、共通点は日本文化を使ってボストニアンに異文化理解を促進していることである。これらの日本文化振興は、次世代に向けての文化の再生産になるであろう。

VI　娯楽による影響

現代の日本文化は、テレビやコンピューターなど電子機器の発展と、新聞、本、雑誌などの印刷物の媒介技術の進化によって拡散している。たとえば、柔道や空手などの日本の武道は、1960年代のテレビの普及やオリンピック等のテレビ報道を通して世界に知れ渡った[23]。日本映画、漫画、アニメ、ドラマ、ゲーム、歌、カラオケも、科学技術の発展によりグローバル化している[24]。黒沢明、小津安二郎、北野武の映画作品は個性的で独創的なスタイルだと評価され、世界的に人気を得ている[25]。日本のアニメや漫画には独特の展開が繰り広げられ、日本独自の生活習慣、仕草、ロマンスなどの描かれ方が、外国人の目には未知なる魅力として映るようである[26]。

フクナガによると、アメリカ人の日本語学習者は1990年代までは「ビジネス志向」で将来を見据えていた傾向にあったが、それ以降はアニメや漫画が動機になっている[27]。アニメや漫画愛好家の日本語学習者は、①日本語をアニメコミュニティ内で使用することのみで満足する者、②アニメや漫画

から延長して、日本の歴史、社会、伝統文化、現代文化、言語などに関心を
もち、さらには日本関連の職業に就く者という二つのタイプに分類できると
いう。本章の研究対象は②に当てはまる。その事例を以下に紹介する。

1. ブラウン管の相撲

　会社員のデイビッド・バーガーは、週末になると ONE 所属の太鼓奏者と
して、地域の祭、教会、福祉施設や様々な社会運動の開会式で演奏活動をし
ている。彼は、ボストンで暮らすまでインディアナ州の白人社会で育った。
　デイビッドが初めて日本文化に触れたのは、1970 年代にテレビのスポー
ツ番組で何気なく見た相撲の試合だった。かつて目にしたこともない髷頭で
裸に廻しを締めた力士の姿に彼は釘付けとなり、日本文化に好奇心を持っ
た。「日本文化は知的好奇心を刺激してくれます。日本の物語に触れると、
どうやって日本社会が成立しているのか知りたくなります」と彼は述べた
（インタビュー、第 1 表 F）。1981 年に放映された *Shogun* というテレビシリー
ズや侍映画を視聴しながら彼の目に映ったブラウン管の向こうの日本文化
は、厳格で礼儀正しく、数多くの決まりごとがあるように見えた。彼の日本
文化探求はそれだけに収まらず、日本史に関する読書クラブにも参加した。
筆者とのインタビューの間、彼は終始笑顔であったが、*Encyclopedia of Ja-
pan: Abacus to Zori*（『日本百科事典——そろばんから草履まで』）という大辞典
を鞄の中から取り出した時、一段と笑顔になった[28]。この本は彼の宝物ら
しい。彼はこの本で今まで日本文化に関して様々なことを調べたと述べた。
　彼は、出身地より日本文化へのアクセスが充実しているボストンで日本語
を習い、ONE で太鼓を始め、昭和ボストンの大学生世話係としてボランティ
アを行うようになった。彼の自宅には、靴を脱ぐ玄関（原語、*Genkan*）の空
間が作られた。さらに、食事前には「いただきます」、食後には「ごちそう
さま」と言うことをかかさない。このように、彼は日本の習慣を日常生活に
取り入れている（インタビュー、第 1 表 F）。

2. 西部劇から黒沢映画へ

　日本でマカロニ・ウェスタンはアメリカ西部劇の愛称だが、アメリカでは

第5章　ボストンにおけるアメリカ市民の日本観　　　123

これをスパゲッティ・ムービーと呼ぶ。西部劇愛好家のシェーン・ティスク
は、ミネソタ州の白人社会で育った。日本文化と無縁だったシェーンは、
2004年にボストンに移り住んでから、映画を通して日本文化に初めて触れ
た。当時、彼はボストンに知人がおらず、自宅で映画ばかり鑑賞していた。
偶然に観た黒沢明監督の映画は彼を夢中にさせ、他の黒沢作品や昔の日本映
画への関心も誘った。彼は、黒沢映画について以下のように語った。

　　当時の私は、黒沢明の映画ばかり観ていました。元々、私は1960年代
　以前に作られたオールド・スパゲッティ・ムービーと呼ばれるアメリカ
　の西部劇が好きでした。西部劇の原点は、『用心棒』『七人の侍』『赤ひげ』
　といった黒沢作品や日本の昔の作品です。だから、私は日本映画が好き
　なのです。アメリカ映画はその場で起きていることを直接的に映像化し
　ます。一方、日本映画では人々の暮らしぶり、日本社会の構造、日本特有
　の所作や思考が細部に渡り描き出されています（インタビュー、第1表G）。

　黒沢作品との出会いから3年後、シェーンはONEのマーク・ヒデユキ・
ルーニーに師事し太鼓を学び始めた。長年演奏していたパーカッションとは
異なり、独特の型によって演奏する和太鼓に彼は没頭した。その後、彼は囲
碁も始めた。シェーンは繊細な心情、慇懃な所作を重んじる古風な日本文化
を嗜好する。
　彼の中国系アメリカ人の妻グレースも日本文化愛好家であるが、シェーン
とは対照的に、グレースは漫画、アニメ、X-JAPANや宇多田ヒカルなどの現
代的な日本のポップカルチャーに代表される「新しい日本」を好む。彼女は
大学卒業後、軍隊に入り青森県三沢市に駐在した。彼女は熱狂的なアニメ
ファンで、毎年、日本文化集会（Japanese Cultural Institute）とも呼ばれる活コ
ン（Katsucon）への参加を生き甲斐としている。活コンとは、会場内に日本の
アニメや漫画を中心に扱った展示場、コスプレ大会、カラオケ大会、メイド
カフェなどが催されるイベントである。彼女も大会前からアニメの登場人物
の服を用意して、その衣装を着て参加する。
　彼らは、異なる嗜好にも拘らず、各自の愛好する日本文化を共に楽しみなが

ら結婚生活を送っている。シェーンの奨めで太鼓を習い始めたグレースは、シェーンと共にボストンで太鼓の演奏活動をしている。一方、シェーンは、妻による手製のアニメ登場人物の衣装を着せられて、活コンへ同行することがある（写真5）。

彼らの自宅の居間は、彼らの嗜好が融合されている。壁には、彼女が見立てた和柄の布地と青森県の太鼓集団のポスターが飾られている。その横に、日本映画とアニメのDVDが何段にも整理されて並べられている。その向かい角には、アメリカでは珍しい立派な碁盤が置かれている。そこは椅子文化のアメリカの居

写真5　活コンに参加するティスク夫妻
（写真提供：グレース・ティスク）

間と異なり、日本家屋の床に座ることができる空間になっている。この夫婦もデイビッドと同様、日常生活に日本文化を取り入れている。

3．アニメ

次に挙げるベンとマーカスは、テレビアニメによって日本文化に関心をもち、日本文化を探求する過程で感じたことを進路に活かしたケースである。

自営業者のベン（仮名）は、日米協会主催の昼食交流会に参加していた。彼は小学生の頃、テレビ放映されていた『宇宙戦艦ヤマト』（英題：Star Blazers、1979年アメリカにて放映開始）に魅せられて以来、ジャパンと名の付く物に関心を寄せ続けた[29]。ジェームズ・クラヴェルの小説 *Shogun* [30]を読み、イギリス出身のバンド The Vapors による *Turning Japanese* や坂本龍一率いる Yellow Magic Orchestra などを聴いた。日本について知りたいという探究心がそうさせた。彼はこれらだけでは物足らず、大学入学後、経済学と日本語を二重専攻した。大学卒業後、彼は1990～1992年まで日本の銀行に勤務

し、そこで日本人女性と結婚した。帰米後、妻と彼の間には子どもが生まれた。家では彼も子どもに日本語の読み聞かせをしている。日米協会が親子参加型の行事を催す時は、ベンは子どもを連れて参加している。

移民のマーカスは、祖国プエルトリコでアニメ『美少女戦士セーラームーン』[31]を観て日本に興味を覚えた。アメリカに移住後、彼は日本語学習の機会に恵まれ、日本に留学することもできた。彼は日本について学ぶ中で心のなかに以下の気持ちが芽生えた。

　　日本について勉強する前、私は中国も日本も同じとして捉えていました。日本語を学習し日本へ行ってみると、感情を表現する中国文化と異なり、日本文化は感情を表に出さず丁寧であることがわかりました。そのことは、アメリカでプエルトリコ人の僕がメキシコ人だと言われることと同じだと気がつきました。日本文化を深く知る過程で、世界に敏感（sensitive to the world）になることができました。私が医者になったら、患者の文化的背景を考えられる医師になりたいです（インタビュー、第1表I）。

彼は日本文化を探求し続けるなかで、文化の多様性をより認識し尊重できるようになった。この感情を将来の仕事に活かそうと考えている。

4. メディアによる日本文化の普及

デイビッド、シェーン、ベン、マーカスの日本文化探求は、娯楽から始まった。フクナガによると、メディアで発信される日本文化は神秘性や異国情緒があり、別の文化を持った人にとって、その文化にはない格好よさ（Cool）として目に映る。それが未知なる世界を知りたいという探究心となり、その結果が進路決定に結び付くという。

フクナガの事例と本調査対象を照合すると、フクナガの事例と重なるのがベンとマーカスである。彼らにとってテレビ放送されたアニメが日本文化探求の動機となった。その理解を深めるなかで感じたことが大学の専攻や進路についての意志決定に影響を与えている。一方、社会人になってから日本文化に初めて触れたデイビッドやシェーンは日本留学をしていないが、本業と

は別にセミプロの太鼓奏者としてボストンで太鼓を披露し、日本の玄関や居間の空間概念や日本の習慣を日常生活に取り入れている。

　ライラ＝アブ・ルゴドによると、テレビは「『社交スペース』であり、生活観や考えの相違からなる境界線に対する突破口であり、国境を越えて一つの文化を共有する媒介である」[32]。確かに上記の事例から、テレビを通して発信された文化は国境の垣根を越えて人の心の中に入り、人生や生活スタイルに影響を与えていることがわかる。

Ⅶ　むすびにかえて

　ここまで、ボストニアンが日本文化を探求する動機を３つに分類して事例を紹介してきた。第一に、日本人をルーツにもつことで日本文化に接触した事例である。太鼓奏者マークは日米の狭間でアイデンティティに揺らぎながら、最終的に汎アジアを視野にいれた日系アメリカ人として自己を確立した。第二に、幼少期の体験が鍵となっている事例である。ジム、ローレン、ベアードは、19世紀から始まったボストンにおける日本ブームの蓄積を享受していた。また、在日米軍基地で生まれたケイトは、物心がつく前に日本人家政婦から日本の習慣を教わり、大人になってその解釈を導いてくれる麻生花児との出会いにより日本と再結合した。第三に、情報通信技術の進歩により拡散された娯楽が好奇心を芽生えさせ、さらなる日本文化探求に導いた事例である。日本文化探求の動機はこれら三項目の間で異なるが、彼らの変容について次の共通点が言えるであろう。

　本章の対象者は日本文化を探求し続けるなかで、異文化に対し敏感に反応し、且つ丁寧に対応することを学んでいる。現在、それぞれが日本文化を披露する立場になり、自身の日本文化探求の過程を活かしながら日米交流や異文化理解の促進活動に従事している。すなわち、彼らは、太鼓、茶道、書道の技、日本美術、日本独特の表現方法を通じて感じた日本の精神性や繊細さや審美眼をボストンで再生産している。

　全体を通して、世代や人種を超えた先人たちによる交流や蒐集品が、時代を越えて今日のボストニアンの日本観に影響を与えていることが窺える。日

本開国以前から始まったボストニアンと日本人との交流、在日米軍兵と日本人との交流、現代の製品化された娯楽が、全て次世代への遺産になっている。それらがボストンにおいて、異文化共生を押し進める潤滑油となっている。

付記

　本章は、筆者が2010年、レスリー大学大学院異文化間関係修士課程の在籍中に行った研究データを基に再編集した。調査にご協力いただいた皆様方にこの場を借りて心より御礼を申し上げたい。

注

1) Neil Harris, "All the World a Melting Pot? Japan at American Fairs 1876-1904," in *Mutual Images: Essays in American-Japanese Relations*, ed. Akira Iriye (Cambridge: Harvard University Press, 1975), 24-53. Julia Meech and Gabriel P. Weisberg, *Japonisme Comes to America: The Japanese Impact on the Graphic Arts 1876-1925* (New York: Harry N. Abrams, Incorporated Publishers, 1990): 7-12, 15-40, 41-56.

2) Harumi Befu, "The global context of Japan outside Japan," in *Globalizing Japan: Ethnography of the Japanese presence in Asia, Europe, and America*, eds. Harumi Befu and Sylvie Guichard-Anguis (New York: Routledge Curzon, 2001), 3-22.

3) Sylvie Guichard-Anguis, "Japan through French eyes: 'The ephemeral' as a cultural production", in Harumi Befu and Sylvie Guichard-Anguis, *op.cit.*, 209-221.

4) チャールズ・A・ロングフェロー著、山田久美子訳『ロングフェロー日本滞在記—明治初年、アメリカ青年がみたニッポン』(平凡社、2003年)。

5) チャールズが訪問したのは、1872年 (明治5年) 西本願寺、知恩院、建仁寺で開催された第一回京都博覧会のようである。京都博覧会について詳細は、京都市のホームページ、京都市歴史資料館「京都の博覧会」(2003年)〔https://www2.city.kyoto.lg.jp/somu/rekishi/fm/nenpyou/htmlsheet/toshi29.html〕(2017年10月16日最終閲覧) を参照。チャールズの京都訪問については、前掲5、166頁を参照。

6) ピボディ・エセックス博物館『モースのみた日本展』(小学館、1989年)。

7) 福田敬子「イザベラ・スチュワート・ガードナーとヘンリー・ジェイムズ—明治期における日本とボストンの芸術交流についての一考察」『青山学院大学文学部紀要』56号 (2014年)、83頁。

8) 同上、86頁。

9) 同上、93頁。

10) 詳細は、Lee Houchins, "John Manjiro: 1827-1898," in *Abroad in America: Visitors to the New Nation 1776-1914*. eds. Marc Pachter and Frances Stevenson Wein (Washington D.C.: Addison-Wesley Publishing Company, 1976), 92-103. Whitfield-Manjiro Friendship

Society Inc., 2016, accessed September 26, 2016, http://www.whitfield-manjiro.org/manjiro-trail.html.

11) ジャパンバッシングとは、1970・1980 年代、自動車産業を中心とする日本企業の米国進出によって、日本人がアメリカ人の就業機会を奪ったとして高まった反日感情を指した社会現象である。

12) この祭は、ジョン・万次郎の出身地の土佐清水市、ホイットフィールド船長の故郷フェアーヘブン市（第 1 図）、万次郎を助けた捕鯨船ジョン・ハウランド号が出航したニューヘブン市共催による二年に一度行われる祭である。

13) Odaiko New England, accessed 2010, http://onetaiko.org/web/about-us/.

14) 筆者は、2007 年から 2012 年の間に田中清一の弟子 2 人から、田中清一のスパルタ式教授法について聞く機会があった。また、その話は、太鼓コンファレンスに参加する人たちの間でも有名である。和泉真澄「アメリカにおける和太鼓の起源と発展―『日本』文化移植の三つの類型」『言語文化』11 巻 2 号（2008 年）：144-145 頁。

15) 和泉真澄「選択的・戦略的エスニシティ―和太鼓と北米日系人コミュニティの再創造／再想像」米山裕・河原典史編『日系人の経験と国際移動―在外日本人・移民の近現代史』（人文書院、2007 年）；和泉、前掲 14、139-168 頁。

16) Paul Yoon, "She's Really Become Japanese Now! Taiko Drumming and Asian American Identification," *American Music* 19, no. 4 (Winter 2001): 417-438.

17) Harriet R Tenenbaum, Gabrielle Rappolt-Schlichtmann, and Virginia Vogel Zanger, "Children's learning about water in a museum and in a classroom," *Early Childhood Research Quarterly*19, no. 1 (2004): 40-58.

18) 奇しくも、ジムの勤務先ロングフェロー邸歴史博物館に、アイヌの人びとの写真が保管されている。

19) 地元ボストンでは、昭和女子大学ボストン校のことや、そこに通う女子大生を「昭和ボストン」と呼ぶ。彼女たちは、日米協会や花児麻生スタジオ、ボストン各地で行われる日本文化行事にボランティアとして参加する。

20) グランドハイツは、1947 年から 1973 年まで東京都練馬区にあった。

21) 麻生花児は、東京芸術大学を卒業した後、1967 年に渡米しボストンに移住した。

22) 「オハヨウはオハイオ州みたい」という表現は、アメリカの子ども番組「セサミストリート」に由来する。

23) Harumi Befu, supra note 2, 14. Rayna Denison, "The Global Market for Anime: Miyazaki Hayao's Spirited Away," in *Japanese Cinema: texts and contexts*, eds., Alastair Phillips and Julian Stringer (London: Routledge, 2007), 319.

24) Harumi Befu, supra note 2, 13.

25) Alastair Phillips and Julian Stringer, "Introduction" in Alastair Phillips and Julian Stringer (ed.), op.cit., 16. Dolores .P Martinez, "SEVEN SAMURAI AND SIX WOMEN: Kurosawa Akira's Seven Samurai (1954)," in Alastair Phillips and Julian Stringer (ed.), *op.cit.*, 112-

第5章　ボストンにおけるアメリカ市民の日本観　　　129

123.

26) Natsuki Fukunaga, "'Those anime students': Foreign language literacy development through Japanese popular culture," *International Reading Association* 50 (2006): 206-222.

27) *Ibid.*, 206.

28) Perkins, Dorothy. *Encyclopedia of Japan: From Abacus to Zori* (New York: Roundtable Press, 1991).

29)『宇宙戦艦ヤマト』は、ヤマトという宇宙戦闘船の乗員について描いたサイエンスフィクションである。

30) 先述したデイビッドが観ていたドラマ Shogun は、この小説をドラマ化したものである。

31)『美少女戦士セーラームーン』は、武内直子著作の少女漫画で、普通の中学生が不思議な力を持つようになり妖魔と闘う話である。

32) Lila Abu-Lughod, "The Interpretation of Culture(s)after Television," in ed. Sherry B. Ortner, *op.cit.*, 112-113.

第6章

アメリカにおける盆踊りとジャパニーズネス

ロサンゼルス洗心寺に見るエスニック・マーカーの多層性

和泉真澄

I　はじめに

　多様な民族が集まるアメリカでは、エスニック文学や音楽、民族行事や伝統が各民族に独自のアイデンティティを表出する場を提供してきた。アジア系コミュニティにおけるエスニック音楽や踊り、祭りは、「伝統」や「継承」という言説の中で語られることが多いが、近年の構築主義的文化研究の発展により、個人や集団が自らを表現する際にエスニックな要素を取り入れる度合いやエスニシティに込められる意味が文脈によって異なることが、多くの研究で指摘されてきた[1]。たとえば、白水繁彦編『多文化社会ハワイのリアリティー』（2011年）では、ハワイ先住民、中国系、コリア系コミュニティで行われる祭りや舞踊に関する分析が掲載されている[2]。そこで中国系民族祭を研究した中野克彦、コリア系民族祭を研究した李里花の論文は、エスニックな祭りが、移民コミュニティの集団的アイデンティティを強化するのみならず、主流社会に対して自集団の好ましいイメージを作り出したり、観光収入を増やしたりするなど、複数の目的で行われることを指摘する[3]。

　さらにどちらの論文も、近年に移民コミュニティが母国との経済的政治的関係を強めたことにより、祭りを通じて母国と移民コミュニティが相互にトランスナショナルな支援を行うようになった点を指摘する。主流社会および母国との関係において同じような戦略をとる日系アメリカ人の民族祭とし

て、日系アメリカ市民協会（Japanese American Citizens League: JACL）が主催するロサンゼルスの「二世ウィーク」を挙げることができる[4]。また、日系アメリカ人の和太鼓における三つのパイオニアグループに関する調査でも、和太鼓が帯びる「日本性（ジャパニーズネス）」に各グループが異なる意味を付与してきたことが示されている[5]。

アメリカの大学におけるフィリピン系学生の民族舞踊パフォーマンスを読み解いた木下昭の研究は、フィリピン舞踊そのものが母国フィリピンの国民統合を媒介するために国家からの投資を受けて発展したことを指摘している点が興味深い[6]。さらにアメリカのフィリピン舞踊は移民の次世代に母国文化の継承や母国とのつながりを感じさせる手段、すなわち「遠隔地ナショナリズム」の媒体として機能してきたと、木下はいう[7]。一方、白水編の論集で、城田愛はハワイ先住民の主権回復運動にフラが果たす役割について論じている。この事例では、観光化されたフラを古典的な形式へと戻すことで、フラがエスニックな文化活動というよりも政治性を帯びた活動として実践されることが示されている[8]。

このように、エスニック・マーカーやエスニック・エンターテインメントは、時代やそのコミュニティが置かれた状況によって、異なる意図や機能をもって行われる。エスニシティを本質主義的に捉えることができないとすれば、エスニック文化の研究においては、移民先で表出される文化が母国の伝統とどれほど近いかによって真正性を論じるのではなく、その文化がどのような場で、誰によって、何の目的で、誰に向かって実践されるかを分析するとともに、どのようなエスニックな要素がどのように用いられるのか、あるいは用いられないのか、時間とともにエスニックな表象がどのように変化するのか、などを丁寧に観察することが必要になる。

このような観点から、本章ではロサンゼルスの日系仏教寺院、「洗心寺（Senshin Buddhist Temple）」で毎年行われる盆踊りの音楽や踊り、その他の活動に見られるエスニック・マーカー、すなわち「日本的・日系的な要素（ジャパニーズネス）」について考察する。洗心寺は日系の組織が多く存在する「リトル東京」ではなく、アフリカ系やラティノの多く住む地域に位置し、特に1960年代末から日系の他、多様な背景の人々に活動の場を提供するなかで、エスニシティ

が独自の表現方法と意味づけをされてきた。

　この論考では、洗心寺の活動のなかで、特に盆踊りの形式に注目する。洗心寺は日系アメリカ人のための新たな盆踊り曲を積極的に作曲し、振付を作り出してきただけでなく、盆踊りに独特の哲学を付与し、発展させてきたからである。洗心寺に集い活躍するコミュニティ活動家たちの意識や活動内容を詳しく観察し、「分厚い記述」を試みることで、エスニック・コミュニティの活動に見られるエスニック・マーカーの意味やその使われ方の変遷について考察したい。

II　洗心寺の歴史

　洗心寺の起源は、1928 年に日系児童のための日本語学校と仏教日曜学校「洗心学院」にある[9]。第二次大戦以前、ロサンゼルス市南部のサウスセントラル地区の北半分には日系人労働者階級が多く住み、「西南区」と呼ばれていた。ダウンタウンに近い「リトル東京」に日系商店やサービスが集中していたのに対し、「西南区」は今も昔も労働者階級を中心とした人種混住地域である。リトル東京には東本願寺、西本願寺、浄土宗、禅宗、高野山など、主な日本の宗派の寺が存在するが、「西南区」住人には通うのが不便だったため、洗心学院に付随して 1938 年に「洗心仏教会 (Senshin Buddhist Church)」が作られた。

　1941 年 12 月、太平洋戦争の開始と同時に洗心学院の教師や洗心仏教会の開教師らは FBI に逮捕され、日本語学校と日曜学校は閉鎖された[10]。日系人への集団立ち退き命令を受け、寺の建物は日系人の荷物とともに、白人開教師に管理を委託された[11]。戦争が終わると、寺は収容所から戻った家族が再定住を果たすまでのホステルとなり、日本語学校と日曜学校も再開された。戦後の生活再建の中で日系人は依然として白人地域からは排除され、他の人種的マイノリティとの混住地域での生活を余儀なくされたため、「西南区」にある洗心寺は、1960 年代半ばには、日曜学校の生徒 500 名、日本語学校の生徒 150 名、寺の会衆が 300 名ほどの規模へと成長した[12]。

　日本からアメリカへ移民を多数送り出した中国地方や近畿地方は浄土真宗

第6章　アメリカにおける盆踊りとジャパニーズネス　　　133

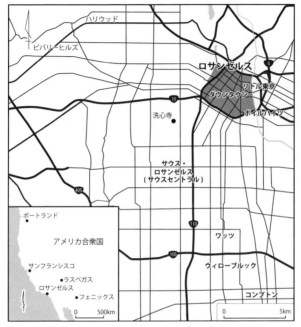

第1図　ロサンゼルスの地図

の影響力が強く、移民の多くも真宗門徒であった。浄土真宗の海外布教は1889年にハワイで始まり、1898年にはサンフランシスコに仏教青年会が設立された[13]。浄土真宗本願寺派は海外にも200以上の寺を持っており、そこに赴任する僧侶は開教師と呼ばれる。海外進出の目的は布教というより、移民コミュニティに葬式をはじめとする宗教的ニーズを提供することであった[14]。寺の多くが京都の総本山と関わりを保つ一方で、日系仏教会が戦前から建物の外観・内装などをアメリカ化させ、特に第二次大戦中の強制収容を経て、法要なども仏教的な様式からキリスト教的な様式に変化させたことは、多くの先行研究が指摘するところである[15]。

　そんななか、1951年に洗心仏教会は西本願寺総本山傘下の「ロサンゼルス別院」から独立し、会衆の会費や寄付によって土地や建物を独自に所有して独立経営を行うようになった。1959年には非営利宗教団体の資格を得て、日本から派遣されてくる開教師のやり方に従う必要がなくなり、会衆が独自

洗心寺の本堂（2017年筆者撮影）

に法要の形式やその他の活動を形作るようになった。また、リトル東京にある寺院が日系コミュニティの中で影響力の強いビジネス経営者やミドルクラス、そして戦後に渡ってきた新移住者を会衆の中心にしていたのに対し、サウスセントラルの寺にやってくる会衆には労働者階級の人々が多かった。労働者階級の日系人はミドルクラスの日系人と比べて人種混合地域に住む傾向が強く、日常でもアフリカ系やラティノの人々との接触が多い。戦後にミドルクラスの日系人が社会的経済的上昇を遂げ、人種混合地域から、より「白い」郊外へと移転していったのに対し、「西南区」に残った日系人は言葉遣いやファッション、音楽などの面でもアフリカ系やラティノの人々や文化に慣れ親しんで育った[16]。寺で活動する人々のこのような背景は、やがて彼らの活動に高い文化混交性(ハイブリディティ)をもたらすこととなった。

　1968年、新たな開教師に着任した小谷政雄(こだにまさお)によって、寺の宗教儀式と活動はさらに大きく変化した。小谷は1940年にロサンゼルス郊外のグレンデールで生まれた三世である[17]。コミュニティのインサイダーである小谷が開教師になったことで、洗心寺の活動は日系人の体験をより色濃く反映したものとなった。小谷一家は大戦中ポストン収容所で過ごし、戦後数年、ロサンゼルス東部のボイルハイツ地区で暮らした。一家は仏教徒であったが、両親は「クリスチャンであった方が苦労しないだろう」と考えて、子どもをバプテスト教会に通わせている[18]。その後、サウスセントラル南部のウィロー

第6章　アメリカにおける盆踊りとジャパニーズネス　　　　135

洗心寺盆踊りでの小谷政雄開教師（2005年筆者撮影）

ブルックへと引っ越した小谷は、1958年に高校卒業後、カリフォルニア大学サンタバーバラ校に進学。卒業と同時に、浄土真宗を学ぶために京都の龍谷大学に6年間留学したのち、洗心仏教会の開教師に着任した。

　小谷が育ったウィローブルックは、アフリカ系の集住地区として名高いワッツやコンプトンに近い[19]。小谷家がウィローブルックに引っ越した頃は、まだ界隈は人種混合地区であったが、小谷が中学に上がる50年代前半には近隣は90パーセント以上がアフリカ系となり、高校に上がる頃には「99パーセント黒人」であった[20]。日系人の多くは、差別が未だ激しかった戦後の再定住の際にサウスセントラル南部に居住したものの、地区にアフリカ系が増加するようになった60年代にサウスセントラル北部、すなわち「西南区」に移動し、70年代に「西南区」から郊外のトーレンスやガーデナ地区、あるいはオレンジ郡へと移住することで、いわばロサンゼルスの地域的人種階層性の梯子を上がっていった（地区の位置については、第1図参照）。しかし小谷一家はインナーシティにとどまったことで、虐げられた人々と生活を共にした[21]。このことが小谷の思想と活動の基盤を形成した。ワッツ暴動をはじめとして、60年代にアメリカ各地が社会変革を求める運動で騒然とした時期、小谷は京都で仏教を学んでいて不在であったが、若いアジア系アメリカ人たちが自分たちの組織を作り、政治文化活動を活発化させた1968年にアメリカに戻り、アジア系アメリカ人運動（イエローパワー運動）が求めた

人種関係の変革に身を投じたのである[22]。

Ⅲ　洗心仏教会の仏教儀式の改革

　イエローパワー運動に関わった三世の多くが、マルクス主義、毛沢東主義、反植民地主義といったイデオロギー的理論武装して行動に臨んだのに対して、小谷は仏教という宗教的な場所から、静かに活動を展開した[23]。まず手がけたのは、寺の法要の変革である。法要の中で、読経は通常僧侶によって行われるが、小谷は経典の発音をアルファベットに直して抑揚記号をつけることで、会衆が皆で唱えられるようにした。この参加型法要は、仲間の三世会衆の強い関心を引いたが、他の寺の僧侶はおろか、洗心寺の保守派二世をも仰天させた。

　この変革の意味を解読するには、戦時中に日系コミュニティが味わったトラウマを理解する必要がある。日本と関係する物事は全て猜疑心を持って見られ、強制収容所の中で仏教徒の数が減り続けるなか、信仰を捨てなかった人々も仏教が異教として目立たないような工夫を余儀なくされた。浄土真宗でも、1944年に本山の出先機関であった「北米仏教開教本院 (Buddhist Missionary to North America)」が「米国仏教会 (Buddhist Churches of America: BCA)」と名を改め、日本の寺院との繋がりを絶った[24]。BCAは法要をキリスト教式に変え、聖典を読み、キリスト教の説教のようなスタイルで僧侶が法話を行い、賛美歌の代わりに「讃仏歌」を歌うようになった[25]。さらに戦中から戦後の世代交代によって、日系仏教は日本語から英語へと使用言語を変えていった。英語での法要には英訳版の経典が使われるため、仏教の概念は一般信徒に分かりやすいキリスト教的な類推をなされるようになった。「念仏」は「祈り (prayer)」に、「仏」は「救世主 (savior)」にといった具合である。1960年代までにはキリスト教化された法要が一般的になり、三世たちの多くがそれを「仏教の本来の姿」だと思っていた[26]。

　キリスト教化された法要をやめ、会衆による読経を取り入れたことに対する批判者に、小谷は、賛美歌や讃仏歌を英語で歌うことが「客観的な頭脳で行う行為」であるのに対し、皆で声を合わせて意味のわからない経を唱える

ことは「身体にとって瞑想的な作用がある」と説明した[27]。仏教の究極的な
目標は「自我」からの解放であり、読経は「我」への執着を解き、「万物と
一体化する悟りの音」に近づくのを助ける。また、読経は音楽と異なり、一
つの音程に声を揃える必要がない。一人一人が異なる声を読経の音に加える
ことによって、音はより複雑で豊かなものになる。キリスト教のやり方では、
個人がバラバラの音程で歌うことは不協和音を生じるが、読経は個人がそれ
ぞれ個性を発揮することで和が生まれる。「これこそ仏教的な道」と小谷は
周囲を説得した。

　小谷が行ったもう一つの改革が、「お盆（盂蘭盆会）」行事の刷新である[28]。
「盂蘭盆会」の仏事は各寺院で伝統に則って行われるが、一連の行事の最後
を飾るのが盆踊りである[29]。日本でも盆踊りは仏事というより地域の祭り
として行われるが、北米日系社会では、盆踊りは宗教に関係なく、人々が集
まり楽しむ「お盆カーニバル」というエスニック行事となっていた。「お盆
カーニバル」には、テリヤキチキンなどの日本食の屋台が並び、参加者は日
本風の工芸や美術品、生け花、書道、日本舞踊を鑑賞する。「お盆カーニバル」
は日系人や日本人だけでなく、非日系のアメリカ人を引きつけるように企画
され、仏教会の重要な財源となっていた。

　小谷は改革派二世や仲間の三世たちと協力し、お盆に関する仏教的意味づ
けを再構築した[30]。小谷はお盆を「Gathering of Joy」とした。「他界した先
祖や友人に想いを馳せることで悟りに近づき、煩悩から解放される」機会と
して、お盆を再定義したのである[31]。この定義では、盆踊りとは念仏のよう
な精神的な鍛錬のための活動に位置付けられる。

　　精神的活動としての盆踊りでは、見栄えの良さや踊りの上手さをひけら
　　かすことなく、ただ踊ることが大切です。画策や計算などを排し、イ
　　メージを保ったり、見せびらかしたりすることもなく、ありのままにた
　　だ来て踊る。浄土真宗の教えでは、真実はただ受け取るものです。耳を
　　澄まし、受け取る以外に何もする必要はないのです。ただ耳を澄まし受
　　け取ることは、ただ踊ることと同じぐらい難しい。私たちは他人に見て
　　もらう前に練習して「ものにしよう」と励みます。それは、「本番の人生」

のリハーサルに励む隙に人生が傍を通り過ぎるのを眺めているのとよく似ています。逆に、踊りを習得すれば他人を感心させようともったいぶって見せびらかそうとします。人生でも、その一瞬を生きずに過去の栄光にすがるのと同じです。何かを「ただ行う」にはその瞬間に自我を手放すことが必要で、実は極めて難しいことです[32]。

　読経と同じく、盆踊りを会衆が見物ではなく参加するものにするため、小谷は大胆な改革に出た。日本舞踊の教師が踊り手に仕込んで観客に見せていた複雑な振り付けを廃止し、参加者がその場で誰でも踊れる単純な踊りを振り付けたのだ。こうして、盆踊りに来た人は、対等な関係の中で自我に囚われることなく、「ただ踊る」ことができるようになった[33]。
　改革を通して、寺は精神修養のための道場のような機能を帯び、これに惹かれた多くの三世が寺にやってきた。彼らの仏教観を理解するためには、同時期に寺の内外で彼らが行っていた非宗教的活動にも注意を払う必要がある。60年代末、小谷は他の活動家三世とともに、仏教青年組織「憂慮するアメリカ仏教徒（Concerned American Buddhists: Yellow CAB）」を結成し、人種的マイノリティによる社会変革について議論した[34]。Yellow CAB は、ベトナム反戦運動やブラックパワー運動などに触発された、イエローパワー運動の一例である。また小谷は1969年、寺で長年盆踊りの太鼓を叩いていた二世から太鼓の手ほどきを受けたジョージ・アベらと、和太鼓グループ「緊那羅太鼓」を立ち上げた[35]。この時期、日系の若者が強制収容で奪われたエスニック文化への繋がりを取り戻し、文化的なルーツを探る中で、日系和太鼓グループが次々と生まれたが、「緊那羅太鼓」はそのパイオニアである。人種差別解消への運動とともに、盆踊りや太鼓を通じ小谷らが求めていたのは、アメリカでの被差別者としての「日系アメリカ人」の体験を乗り越え、自らのアイデンティティを力強く表現する手段であった[36]。
　1970年代後半に「洗心仏教会（Senshin Buddhist Church）」は「洗心寺（Senshin Buddhist Temple）」と名称変更した。多くの二世はこの改名について不安を表明した[37]。だが、すでに寺の改革とイエローパワー運動を通じて、三世は自分たちの文化的独自性をアメリカの主流文化と異なるものとして提

示するだけの自信を育んでいた。これ以降、寺は単なる宗教活動の場ではなく、社会的政治的な変革意識を抱く多人種の文化芸術活動の拠点となっていった。

Ⅳ　洗心寺における新たな日系アメリカ盆踊りの創作

　1980年代に入ると、小谷は日系アメリカ人のための新たな踊りと歌を作ることを提案し、ノブコ・ミヤモトに協力を求めた。ミヤモトは1939年にロサンゼルスで生まれた日系三世で、幼い時に強制移動・収容を体験し、戦中はサンタアニタ仮収容所からアイダホ州やコロラド州を転々とした後、戦後にロサンゼルスに戻り、プロのダンサーとして映画『王様と私』や『ウェストサイドストーリー』、ブロードウェイ・ミュージカル『フラワードラムソング』などの作品に出演した[38]。1960年代末に政治的な意識に目覚めてニューヨークに移り、二世活動家ユリ・コチヤマらが主導していた「Asian Americans for Action: AAA」に加わって、アフリカ系、プエルトリコ系活動家らと音楽活動や抗議活動を共にした。1970年代初頭にクリス・イイジマ、チャーリー・チンと共にアジア系アメリカ人の歴史体験を歌にするフォークバンドを組み、全米を回って音楽を披露し、数多くの若者をアジア系アメリカ運動へと動員したことは広く知られている[39]。1973年にロサンゼルスに戻り、1978年にベニー・イーと共に「グレートリープ」というパフォーマンス・アート・カンパニーを立ち上げた[40]。ミヤモト一家はキリスト教徒であったが、母の姉の夫が仏教徒で、幼い頃から洗心仏教会には出入りをしており、小谷とも親交が厚かった。「グレートリープ」は、稽古やリハー

ノブコ・ミヤモト　孫たちとともに（2017年筆者撮影）

サルを洗心寺の 講 堂 で行った。ミヤモトの活動により、洗心寺には人種・
民族・宗教などが多様なアーティストが恒常的に訪れるようになり、ミヤモ
トの言葉を借りるなら、彼女の芸術活動を通じて寺は「人種統合」されたの
だ[41]。

　ミヤモトと小谷は、アメリカの盆踊りでよく奏でられる 18 篇の盆踊り曲
を収録した『Gathering of Joy』というタイトルの小冊子と CD を出版して
いる[42]。そこには「炭坑節」や「東京音頭」など日本でもおなじみの盆踊
り曲の他、日系人のために新たに作られた曲が収録されている。新たな盆踊
り曲は 1980 年代にミヤモトが作曲したもので、一つは「ゆいよー盆踊り
(Yuiyo Bon Odori)」と名付けられている。「Yuiyo」では、小谷が日本語の掛
け合いを作詞し、英語の歌詞とメロディをミヤモトが作曲した。掛け合いは
「うれしいかい？ 悲しいかい？ 結構、結構、踊れ踊れ、南無阿弥陀仏、た
だ踊れ」というフレーズで始まる。英語の歌詞の一番は、夕暮れの景色を
歌ったものである。「Sunset… Sky turning indigo/ Moon and stars begin their
evening dance/ Circle in the sky」という歌詞は、空の描写をしながら、輪に
なって踊る人々の輝きも同時に言祝ぐ。二番は、「Obon… Gathering of Joy/
Joy in remembering the past/ In embracing the sorrow/ Close your eyes - Yui-
yo/ Let it go - Yuiyo/ From your Kokoro/ Just dance」となっており、自我を
捨てて「ただ踊る」様子を英語で表現したものである[43]。日本の民謡のよ
うなメロディに、尺八、三味線、太鼓、および、あたりがねの伴奏がつけら
れており、歌詞が英語であることを除いては、日本の盆踊り音楽だとしても
それほど違和感はない。

　同じ CD に収録されているが、「Yuiyo」より少し後の時期に作曲された、
「タンポポ音頭 (Tampopo Ondo)」(1994) と「ガーディナー節 (Gardener's Song)」
(1998) は、日本の盆踊り曲とはかなり趣が異なる。「タンポポ音頭」は黄色
いタンポポが風に吹かれて散らばる様子を歌ったもので、ふるさとを離れた
アジア系の人々が新たな土地で新たな生活を始めることをたとえている。主
旋律はブルースである。「ガーディナー節」は、一世や二世が多く従事して
いた庭師について歌ったもので、英語、日本語とともに、「Rainy day, my
day, no shigoto … doraibu ho-mu」など、日系の庭師が使っていた日本語と

第6章　アメリカにおける盆踊りとジャパニーズネス　　　141

英語が混ざった独特の言葉が歌詞に使われている。庭師の言葉が前面に出た
音楽で、ラップ的な要素が見られる。これら二つの曲は、アジア系アメリカ
人の労働者の生活を描いたものだ。

　新しい盆踊り曲は、日系人らしくあることと日本の文化的伝統の尊重とを
融合している。新たな盆踊りを制作する過程を記録するため 1987 年頃に作
られたビデオから、この必ずしも容易ではない作業について知ることができ
る[44]。小谷はビデオの中で、一世たちが厳しい迫害を生き抜く中でルーツ
を維持する媒体として、子どもの頃から親しんで来た「お盆」の伝統を守り
続けたことを強調する。小谷やミヤモトが日本舞踊の教師たちと盆踊りが
「今の日系アメリカ人コミュニティ」に持つ意味を話し合うシーンもある。
一人の舞踊教師は「（踊りは）すごく日本的_{ジャパニーズ}です。楽器など全部。でも、そこ
に英語が入っている。それが私たち。つまり日系アメリカ人_{ジャパニーズ・アメリカン}なのです」と晴
れやかな笑顔で語る。もう一人の舞踊教師は、「踊りのステップや振り付け
は前と変わらない。けれど（英語の歌詞を）聞けば意味がわかる。曲を理解し
て踊ると、これまでとは違う感覚で踊れる」と言う。

　同じビデオで、日系人が「伝統」に近づこうとする努力の中で、日本では
ほとんどの人が忘れてしまった古い文化的要素を学ぶことになったと、小谷
は語っている。ミヤモトも、この盆踊りを制作する過程で 10 代の若者たち
が次々と参加を申し出て、新しく三味線などの楽器を習ったり、歌を覚えた
り、会場の設営に携わったりしたことを喜んでいる[45]。つまり、新たな盆
踊りの作成は、長年の間、年配者たちが担って来たコミュニティの伝統を、
若い世代が受け継いだ瞬間でもあった。

　こうして制作された新たな盆踊りの曲と振り付けは、南カリフォルニアの
他の仏教会へと伝えられ、日系アメリカ盆踊りとして多くの寺で毎年踊られ
るようになった。洗心寺の盆踊りは、白人優越主義を基盤としたアメリカ主
流文化への同化を拒んだ活動家三世たちによる文化アクティビズムと、日本
へのルーツを求めつつもアメリカに根を下ろした日系アメリカ人としてのエ
スニシティの主張が組み合わさってできた、独特な「日本／日系観」_{ジャパニーズネス}を体現
した「伝統の発明」だったと言える。

V　他のマイノリティ文化と融合した盆踊り

　21世紀に入り、洗心寺の盆踊りに新たなレパートリーが加わった。その
きっかけには、アメリカで発生した二つの大事件と、それに対する洗心寺を
ベースとする活動家たちの動きが関わっているので、そこから説明を始めよ
う。

　1992年4月にサウスセントラル地区で発生した暴動は瞬く間に市のあち
こちに飛び火した。ロス暴動でアフリカ系を中心とした暴徒が韓国系の商店
を襲い、破壊と略奪を行った背景には、サウスセントラルで深刻化していた
アフリカ系と韓国系の対立が存在した[46]。洗心寺にも暴徒が寺に火をつけ
ようとしたが、近所のアフリカ系女性たちがたしなめ、事なきを得た[47]。寺
に日系人だけでなくさまざまな非白人の人々が出入りしていたことが、寺の
近隣からの孤立を防ぐことに役立った[48]。暴動の後、寺はより一層近隣住
民とのつながりを強化し、毎年彼らを盆踊りなどの行事に招待するように
なった。

　2001年に同時多発テロが発生すると、アメリカ国内でイスラム教徒への
迫害が急速に強まった。小谷は直ちに近隣のモスクに電話し、援助を申し出
た[49]。小谷はモスクのイスラム教徒たちに対し、子どもたちの様子に気を
配るよう助言した。真珠湾攻撃の後の日系人と同じように、イスラム教徒の
子どもたちが学校でいじめられたり、自分のヘリテージに対して否定的な感
情を持ったりする恐れがあったからだ。この出来事以降、小谷らはモスクの
人々を洗心寺に招き、ラマダンの断食明けの祝いの食事を共にする「Break-
ing the Fast」という催しを行うなど、イスラム教徒コミュニティとのつな
がりを強くした。

　洗心寺が多人種の交流を積極的に進めるなかで、新たに制作されたお盆イ
ベントが、日系、メキシカン、アフリカ系アメリカ人の音楽的伝統が融合し
たFandangObonである。FandangObonは、2012年にメキシコ系のミュー
ジシャンであるケツァル・フロレス（Quetzal Flores）がノブコ・ミヤモトを
メキシコ系の祭りであるFandangoに招待したことをきっかけに、メキシコ

第6章　アメリカにおける盆踊りとジャパニーズネス　　143

FandangObon の踊りの輪 (Great Leap 提供)

系と日系の音楽を一緒に祝うために始まった[50]。

　FandangObon では、フロレスのバンドである QUETZAL とノブコ・ミヤモトらが踊りの輪の真ん中に立ち、歌う。太鼓、笛、あたりがねなどの盆踊りの音楽を奏でるのは、緊那羅太鼓のメンバーを中心とした日系やアジア系の人々であり、彼らは浴衣やはっぴなどを身にまとっている。一方、QUETZAL のメンバーはメキシコ系の衣装をつけ、ギターやパーカッションを奏で、歌う。フロレスの妻のマーサ・ゴンザレス (Martha Gonzalez) はボーカルだけでなく、タップダンスも披露する。より大きなコミュニティの参加を可能にするため、洗心寺の駐車場ではなく、ロサンゼルスのリトル東京にある「日米文化会館 (Japanese American Cultural and Community Center: JACCC)」前の広場などで行われる。

　FandangObon のために作られた曲「Bambutsu no Tsunagari (万物のつながり)」は、「Yuiyo」や他のミヤモトが作曲した曲とは違う作られ方をしている。ミヤモトのそれまでの曲は、ミヤモトが自身のアメリカ的な音楽感覚と日本的な盆踊り曲の特徴を融合し、日系アメリカ的盆踊り曲をフュージョンとして作ったものである。しかし、FandangObon を制作するにあたって、小谷は「フュージョン音楽ではなく、それぞれが元々の特徴を保持し、対話をしなければいけない」と意見を述べた[51]。日系人とメキシコ系という異

FandangObon の多様な演奏者たち（Great Leap 提供）

なる音楽的伝統を組み合わせるのではなく、隣り合わせることで多様性を際立たせるという作戦であった。そこで、曲は日系の盆踊りの歌が歌われた後、Fandango の音楽とタップが流れ、それが交代で繰り返されたのちに、最後に「Bambutsu no Tsunagari」というメインフレーズを双方が声を合わせて歌う、という構成になっている。

　また、FandangObon には、日系とメキシコ系だけではなく、「ナイジェリア・トーキング・ドラム・アンサンブル」も加わり、参加者が一緒に踊れるように振り付けが単純化された盆踊り、Fandango、ナイジェリアン・ダンスを、それぞれの指導者がセンターステージで踊り、一般参加者がそれを見て真似ながら、一緒に輪になって踊る[52]。FandangObon は、2014 年ごろから通常の盆踊りの時期ではなく、秋に大掛かりなイベントとして毎年ロサンゼルスで継続して行われるようになり、コミュニティイベントとして定着しつつある。

VI　おわりに──洗心寺の盆踊りから考えるエスニック・マーカーとジャパニーズネス

　以上、洗心寺の盆踊りの変遷を見てきた結果、洗心寺の盆踊りには、単な

第6章　アメリカにおける盆踊りとジャパニーズネス　　145

るアメリカにおける日本文化の紹介や移民コミュニティによるヘリテージ文化の維持・継承以上の多層な意味が込められていることがわかった。

　まず確認しておかなければならないのは、洗心寺において追求され、表現されている「日本人／日系人性」は、厳しい差別や強制収容を体験する中で、日系人がアメリカの主流文化から見た異教性を抑えるためにキリスト教化あるいはアメリカ化した寺の行事を、再び仏教式にすることでエスニシティを強調するものであった一方で、日本人との血の繋がりや精神的均一性を前提とした民族的ナショナリズムに基づいたものではない、という点である。小谷は、移民一世が日本から携えてきた盆踊りの伝統を、次の世代に継承していくことの重要性を常に意識して寺の活動を進めてきたが、彼の一世に関する説明には、階級意識や日系コミュニティ内部の多様性に関する認識が、明確に表現される。小谷が洗心寺会衆のアイデンティティについて語るとき、彼は一世たちのほとんどが小作農民（小谷の表現を借りると「百姓（peasant）」）であったと言い、日本人一般を「サムライ」になぞらえる習慣を笑い飛ばす[53]。小谷は、エリート的一世やキリスト教徒を中心とした JACL が追求しようとした同化主義や架け橋論にも批判的で、「私たちは日本の日本人とも違うし、アップルパイのようなアメリカ人らしいアメリカ人（American as in apple pie）でもなく、その両方の良いところを併せた存在でもない」と主張するのだ[54]。

　また、洗心寺の盆踊りは、国家としての日本との繋がりを標榜していないという点で、木下が分析したフィリピン系アメリカ人によるダンスを通じた「遠隔地ナショナリズム」の実践とも異なる。洗心寺の盆踊りにおけるアイデンティティの拠り所は、常に仏教であり、浄土真宗である。盂蘭盆会のルーツを小谷が引用するとき、彼は日本から中国やインドへと系譜を辿る。小谷が盆踊りの精神を「Gathering of Joy」と定義し、人々が集まって輪になり、一人一人が我を退けて自分の真実の姿を晒して「ただ踊る」場とした理由は、それが彼が追い求める仏法（darma）であり、真理に近づくことで得られる喜び（joy）に繋がる活動だからである[55]。

　一方、洗心寺の盆踊りは単なるエスニックな宗教行事でもない。洗心寺の盆踊りが持つ政治性は、白水編の論集の中で城田愛が報告しているハワイ先住民のフラに託された抵抗の政治とむしろ共通点を見出せる[56]。城田の例

では、観光化されたフラを古典的な儀式に戻すことで、先住民がフラを政治的抵抗運動の手段としていた。小谷もまた、主流社会を惹きつけるための「お盆カーニバル」を、観光性を除去した盆踊りへと変革した。小谷が盆踊りの意義を仏教の中に求める説明にも、彼の宗教性とともに政治性が垣間見える。浄土真宗について、小谷は「最も百姓ベースの民主的で平等主義的な仏教の宗派」と定義する[57]。小谷や洗心寺でさまざまな形でイエローパワー運動に関わってきた三世活動家たちの行動や政治社会的意識から考えると、彼らが浄土真宗の歴史の中の「民主的で平等主義的な伝統」に殊更自らを同定するのは決して偶然ではない。

　移民コミュニティやディアスポラ・コミュニティにおける地理と文化とアイデンティティ形成の流動的な関係性を考察するのに有効な分析理論として、「空間の文化ポリティクス（cultural politics of space）」という概念が提唱されている[58]。この概念を応用したジェーン・デュセリエは、日系アメリカ人強制収容所において入所者たちが行った芸術作品の制作や庭造りなどの創造的活動は、「周縁化された人々が（主流文化との）差異を主張し、主体性を発揮するアイデンティティ表現のための場所」を作るために、敵対的な空間を「再領有」する行為であったと論じている[59]。小谷がキリスト教化した仏教様式を彼なりの解釈に基づいて「本来の」仏教精神に基づく形式に変革したのは、自らのヘリテージを否定することを余儀なくされた日系人のエスニシティを、主流文化との差異を明確化することによって再構築する試みであった。その意味で、洗心寺は、「ジャパニーズネス」を可視化するエスニック空間であることは明らかである。しかし、小谷らが盆踊りや他の活動を通じて表現しようと志向している先にあるのは、多民族多文化社会ロサンゼルスで、非日系を含む参加者一人一人が抑圧されることなく自分の踊りを踊ることで、より大きな輪（＝和）を形成するという、彼の目指す社会のあり方なのである。

　成人になってから帰依した信者の多い、禅などの宗派と違い、浄土真宗は日本人移民コミュニティにとってヘリテージ宗教である。しかし、小谷は寺に能動的な求道的意味を持たせ、ノブコ・ミヤモトらコミュニティ・アーティストに寺の空間を開くことで、ラティノやアフリカ系、イスラム教徒な

第6章 アメリカにおける盆踊りとジャパニーズネス 147

ど、草の根の社会的芸術活動に関わる多くの活動家やアーティストを招き入れた。日系人だけでなく、仏教徒だけでなく、近所のアフリカ系コミュニティの人びとも参加する盆踊りでは、エスニック宗教行事を通じて、逆に人種や民族の垣根を取り払うという空間の文化ポリティクスが展開されている。特に、ロス暴動や9.11同時多発テロを体験した後の洗心寺の活動家たちは、盆踊りに、人種・民族・宗教を超えた「輪／和」を想像する空間という新たな意味づけを行った。さらに、日系盆踊り音楽とメキシコ音楽やアフリカ音楽などのコラボレーションによって生まれたFandangObonは、洗心寺という空間を離れ、盂蘭盆会の年中行事とは別に、リトル東京のJACCC広場やその他の公共空間で開催されるイベントへと進化した。洗心寺は仏事の空間、日系広場はエスニックな空間ではあるが、小谷やミヤモトが主導して行う盆踊りには、イエローパワーからマイノリティ共闘へとつながってきた、体制批判的文化活動（アクティビズム）の精神が継続して流れている。

　本章で分析した洗心寺の盆踊りの変遷は、ロサンゼルスの日系アメリカ仏教寺院全体の変化を必ずしも促しているわけではないが、小谷やミヤモトが作り出したお盆ソングは、ロサンゼルスのみならず、カリフォルニアの他の寺院にも伝わり、広まっている。北米での和太鼓の人気に伴い、盆踊りに参加する日系人や非日系人の数も増えている[60]。それぞれの寺院やその他の組織でどのようなエスニック・マーカーが作り出され、「ジャパニーズネス」をめぐる文化ポリティクスが展開されているかは、それぞれの場所での丁寧な聞き取り調査や盆踊りへの参与観察が必要であり、今後新たな研究が増えていくことが望まれる。

付記

　この研究を行うにあたって、フルブライト奨学金研究者プログラム「Community Building through Cultural Activism: Ethnic and Inter-Ethnic Activities in the Los Angeles Japanese American Community」（2004〜2005年）、および基盤研究（A）（一般）平成25-29年度「環太平洋における在外日本人の移動と生業」（代表米山裕、課題番号25243008）より研究助成を受けた。ここに謝意とともに記しておく。

注

1) 音楽研究におけるエスニシティの脱本質主義については、以下の文献を参照。John Shepherd, et. al. (eds.), *Continuum Encyclopedia of Popular Music of the World, Vol. 2, Performance and Production* (London and New York: Continuum, 2003), 214.

2) 白水繁彦編『多文化社会ハワイのリアリティ――民族間交渉と文化創生』(御茶の水書房、2011 年)。

3) 中野克彦「ハワイにおける中国系移民の民族祭――主流社会との葛藤と交渉のなかで」、白水編前掲書、87-114 頁。李里花「コリア系移民の民族表象と文化創造――『民族』にこだわる理由」、白水編前掲書、115-144 頁。

4) ロン・クラシゲ著、和泉真澄訳「二文化主義の問題――第二次世界大戦前の日系アメリカ人の祭りとアイデンティティ」佐々木隆監修、和泉真澄・趙無名編著『アメリカ研究の理論と実践――多民族社会における文化のポリティクス――』(世界思想社、2007 年)、176-210 頁。

5) 和泉真澄「アメリカにおける和太鼓の起源と発展――「日本」文化移植の三つの類型――」『言語文化』11 巻 2 号、139-168 頁。

6) 木下昭『エスニック学生組織に見る「祖国」――フィリピン系アメリカ人のナショナリズムと文化』(不二出版、2009 年)。

7) 木下、167-188 頁。

8) 城田愛「フラに見る多文化社会ハワイのポリフォニー――聖地、観光地、主権回復運動で共振する祈りと踊り」、白水編前掲書、49-86 頁。

9) n.a., "Senshin Buddhist Church, Los Angeles, California," in Vol. 1 of *Buddhist Churches of America, 75-Year History 1899 to 1974*, ed. Buddhist Churches of America (Chicago: Nobart, 1974), 417-423. ロサンゼルスの「サウスセントラル地区」とは、州間高速道路 10 号、405 号、110 号、およびセンチュリーフリーウェイに囲まれた地域で、歴史的に労働者階級や人種的マイノリティが多く暮らしてきたエリアである。同地区は貧困、治安の悪さ、犯罪、ギャングなどのスティグマ化されたイメージがつきまとうため、2003 年にはロサンゼルス市がこの地区の名称を「サウスロサンゼルス」と変更したが、一般的には「サウスセントラル」の呼び名が現在でも使われている。

10) アメリカ合衆国では 1952 年までアジアからの移民には帰化権が認められていなかったため、日系一世は日本国籍を保持していた。アメリカ生まれの日系二世は出生によりアメリカ市民権を持っていた。戦争が始まると日系コミュニティのリーダーと目されていた日本語学校教師、神主、仏教の僧侶、日本人会の役員など、約 3,800 名が FBI に逮捕され、司法省管轄の抑留所に収容された。この時に逮捕されなかった太平洋岸 100 マイル地域に住んでいた日系人は、1942 年 3 月から 5 月の間に西海岸からの立ち退きを命じられ、仮収容所を経て、戦時転住局が管轄する内陸部の戦時転住所(強制収容所)に監禁された。

11) Donald R. Tuck, *Buddhist Churches of America: Jodo Shinshu* (Lewiston, NY: The Edwin

第6章　アメリカにおける盆踊りとジャパニーズネス　　149

Mellon Press, 1987), 84-85, 182-184.

12）n.a., "Senshin Buddhist Church," 421.

13）Alfred Bloom, "Shin Buddhism in America: A Social Perspective," in *Faces of Buddhism in America*, eds. Charles S. Prebish and Kenneth K. Tanaka (Berkeley: University of California Press, 1998), 34-35.

14）Tuck, 78-81. Tetsuden Kashima, *Buddhism in America: The Social Organization of an Ethnic Religious Institution* (Praeger Publishers, 1977), 76-77.

15）守屋友江『アメリカ仏教の誕生—20世紀初頭における日系仏教の文化変容』(現代史料出版、2001年)、Duncan Ryuken Williams and Tomoe Moriya (eds.), *Issei Buddhism in the Americas* (University of Illinois Press, 2010).

16）Scott Kurashige, *Shifting Ground of Race: Black and Japanese Americans in the Making of Multicultural Los Angeles* (Princeton: Princeton University Press, 2010).

17）小谷政雄、筆者によるインタビュー、洗心寺、2005年8月9日。

18）ソージン・キム（Sojin Kim）とアーサー・ハンセン（Arthur Hansen）による小谷政雄へのインタビュー、"Life History Program of the Japanese American National Museum," 2004年12月3日、ロサンゼルス（以下、小谷、JANMインタビューと略記）。日系アメリカ人コミュニティにおける仏教徒とキリスト教徒の割合は、戦前と戦後で逆転している。強制収容開始の段階では、入所者の55％以上は仏教徒であったが、収容所の中で「（キリスト）教会への参加の顕著な増加」がみられた。日系仏教を研究したテツデン・カシマは、これは、仏教徒と神道の信者がキリスト教徒であった方が「よりよく保護されると感じた」ためであろうと推論している。Kashima, 53-54. 戦後の日系コミュニティでは、仏教徒は少数派である。

19）ワッツは1965年に起きた大規模な暴動で知られ、またコンプトンはギャングスタラップでもよく歌詞に登場するアフリカ系が多く住む貧困地域である。

20）小谷、JANMインタビュー。

21）アメリカでは第二次大戦後、都市郊外に白人居住区が拡散し、都市中心部に貧困層の人種的マイノリティが残された。後者をインナーシティと呼ぶ。

22）アジア系アメリカ人運動は、1968年にサンフランシスコ州立大学で始まった「第三世界ストライキ」に端を発したと言われ、公民権運動後に急進化した黒人運動である「ブラックパワー運動」に倣って、「イエローパワー運動」と呼ばれる。小谷は「第三世界ストライキ」を始めとする学生運動の主要なリーダーであったユウジ・イチオカ（1936-2002）と親交が厚かった。それまでアジア出身の移民とその子孫を指していた「東洋人（Oriental）」に代わる言葉として、「アジア系アメリカ人（Asian American）」という用語を生み出したのはユウジ・イチオカである。Brian Niiya (ed.), *Encyclopedia of Japanese American History*, updated edition (New York: Facts on File, Inc., 2001), 122, 203. イチオカは仏教徒ではなかったが、小谷とは同志のような関係で、彼の遺灰は洗心寺に納められている。

23）アジア系アメリカ人運動のラディカルな理論武装については、Daryl J. Maeda, *Chains of Babylon: The Rise of Asian America* (Madison: University of Wisconsin Press, 2009): 127-159.

24）Kashima, 59-60.

25）ウェルズ恵子「讃仏歌から聖歌へ、盆踊りの歌へ—日系人の仏教信仰表現と歌」、山本岩夫・ウェルズ恵子・赤木妙子編『南北アメリカの日系文化』（人文書院、2007年）、94-111頁。

26）ソージン・キム（Sojin Kim）とアーサー・ハンセン（Arthur Hansen）によるジョニー・モリへのインタビュー、"Life History Program of the Japanese American National Museum," 2004年10月15日、ロサンゼルス。（以下、モリ、JANMインタビューと略記。）

27）Masao Kodani, "Chanting: What do Jodo Shinshu People do as a Practice?" *Prajna: Light of Compassion*, Newsletter of the Senshin Buddhist Temple (May 2005), 1.

28）Masao Kodani, "Obon: Gathering of Joy," *Prajna* (July 2002), 1.

29）ハワイでは1909年にはすでに盆踊りが記録されている。Christine R. Yano, "The Reintegration of Japanese Bon Dance in Hawaii after World War II," *Selected Reports in Ethnomusicology* 6, Asian Music in North America (1985): 151-162.

30）Masao Kodani, "Senshin Bon Odori," in Masao Kodani, *Dharma Chatter*, n.d. Senshin Buddhist Temple commemorative volume (July 1975), 15-16.

31）Kodani, "Obon: Gathering of Joy."

32）同上。

33）Masao Kodani, "Taiko," *Prajna* (May 1973), 1.

34）ソージン・キム（Sojin Kim）とアーサー・ハンセン（Arthur Hansen）によるジョージ・アベへのインタビュー。"Life History Program of the Japanese American National Museum," 2004年12月10日。ロサンゼルス（以下、アベ、JANMインタビューと略記）。このグループは一時期「革命的アメリカ仏教徒（Revolutionary American Buddhists：RAB)」と名乗るようになり、やがて「関与するアメリカ人仏教徒（Relevant American Buddhists)」とさらに名称変更した。

35）*Kinnara Newsletter* (n.d., 1972), compiled in the Buddhist Churches of America archive in the Special Collection, Japanese American National Museum, Los Angeles.

36）和泉真澄「アメリカにおける和太鼓の起源と発展」。

37）小谷、JANMインタビュー。

38）本章に記載するノブコ・ミヤモトに関する情報の大部分は、筆者がフルブライト奨学金研究者プログラムにより、ロサンゼルスで在外研究を行っていた2004年から2005年にかけて、ミヤモトへのインタビューやミヤモトとの私的会話、グレートリープ事務所やミヤモトの自宅に残された記録のなかから得られたものである。ミヤモトは、個人史を多くのインタビューで語っており、また、自分の半生を一人舞台劇にしたA Grain of Sand (Great Leap, 1995) などを発表している。

第6章　アメリカにおける盆踊りとジャパニーズネス　　　151

39）Interview with Nobuko Miyamoto by Nic Paget-Clarke, Pennington Gap, Virginia, "Performing Arts, Obon, Yoga and Martial Arts," *In Motion Magazine* (2000). http://www.inmotionmagazine.com/qanda/qanda.html アクセス日：2017 年 8 月 7 日。

40）グレートリープのホームページには、組織の沿革と活動などが紹介されている。http://www.greatleap.org. アクセス日：2017 年 8 月 7 日。

41）ノブコ・ミヤモト、筆者によるインタビュー、2005 年 8 月 4 日、ロサンゼルス。

42）Masao Kodani, *Gathering of Joy: A History of Bon Odori in Mainland America*. A booklet with a music CD (Los Angeles: Senshin Buddhist Temple, 1999).

43）Masumi Izumi, "Seeking the Truth, Spiritual and Political: Japanese American Community Building through Engaged Ethnic Buddhism," *Peace and Change* 35: 1 (2010): 39-67.

44）Senshin Buddhist Temple, "Obon, Gathering of Joy" (Youtube video, circa 1987). https://www.youtube.com/watch?v=ztLTePLzQ6o アクセス日：2017 年 8 月 7 日。

45）Senshin Buddhist Temple, "Obon, Gathering of Joy" (Youtube).

46）Elaine H. Kim, "Home Is Where the Han Is: A Korean American Perspective on the Los Angeles Upheavals," *Social Justice* 20:1/2 (1993): 1-21.

47）小谷、JANM インタビュー。

48）小谷、JANM インタビュー。

49）小谷政雄、筆者によるインタビュー、2008 年 3 月 10 日、ロサンゼルス。

50）Nobuko Miyamoto, "The Evolution of FandangObon," (Discover Nikkei website, January 21, 2016). http://www.discovernikkei.org/ja/journal/2016/1/21/fandangobon/ アクセス日：2017 年 8 月 7 日。

51）Miyamoto, "The Evolution of FandangObon."

52）Youtube にはいくつもの FandangObon のビデオがアップロードされている。例えば、以下のウェブサイトでは 2015 年秋に日米文化会館前で開催された FandangObon の様子を見ることができる。https://www.youtube.com/watch?v=KK6x1A8ChgE アクセス日：2017 年 8 月 7 日。

53）小谷政雄、筆者によるインタビュー、2008 年 3 月 10 日、ロサンゼルス。Masao Kodani, "Horaku: The History and Development of Buddhist Music," IBS (Institute of Buddhist Studies) Winter Symposium, *The Great Sound of Enlightenment: Shin Buddhist Music Throughout the Ages* (Berkeley, California, February 26, 2009). http://podcast.shin-ibs.edu/?p=141 アクセス日：2017 年 8 月 7 日。

54）Masao Kodani, "Positive Self-Image and All of That" in Masao Kodani, *Dharma Chatter*, n.d. Senshin Buddhist Temple commemorative volume (July 1991), 92-93.

55）Kodani, "Horaku: The History and Development of Buddhist Music" (IBS Podcast).

56）城田「フラに見る多文化社会ハワイのポリフォニー」、白水編前掲書、49-86 頁。

57）Masao Kodani, "Horaku: The History and Development of Buddhist Music" (IBS Podcast).

58) Akhil Gupta and James Ferguson, "Beyond 'Culture' : Space, Identity, and the Politics of Difference," *Cultural Anthropology* 7 (1992): 6-9.

59) Jane Dusselier, "Gendering Resistance and Remaking Place: Art in Japanese American Concentration Camps," *Peace and Change* 30: 2 (April 2005): 171-204.

60) 2016年には、サンディエゴおよびアリゾナ州フィニックスの日系人コミュニティにおける文化活動とアイデンティティに関する新しい調査研究が出された。Takeyuki Tsuda, *Japanese American Ethnicity: In Search of Heritage and Homeland across Generations* (New York: New York University Press, 2016).

第7章

ドキュメンタリー映画
『ミリキタニの猫』から問う
日系アメリカ人の戦争の記憶

高橋侑里

I　はじめに

1.『ミリキタニの猫』の成り立ち

　本章は、日系二世、ジミー・ツトム・ミリキタニ（三力谷勉）の生涯と、ドキュメンタリー映画『ミリキタニの猫』[1]を手掛かりに、日系アメリカ人の戦争の記憶について考察することを目的としている。この作品は、2000年末にリンダ・ハッテンドーフと、ニューヨーク・ソーホーの路上で絵を描いて生活していたミリキタニとの出会いからはじまった作品である。絵を購入しようとしたリンダに、ミリキタニは絵と交換に自分自身を写真に撮ってくれるよう頼んだ。当時、ホームレスが感じる四季を作品に収めようと思っていたリンダは、ミリキタニを撮り始めた。さらに、2011年9月11日、同時多発テロの勃発により、リンダは路上で生活していたミリキタニを自宅に招いた。そして2人の共同生活がはじまり、ミリキタニの創作活動の背景にあった過去の戦争経験が明らかになっていったのである。

　次に、ミリキタニの生涯について紹介する。1920年、ミリキタニはカリフォルニア州のサクラメントで誕生したが、3歳のとき日本に渡り、母方の実家の広島県廿日市で育った。日中戦争が勃発した1937年、徴兵年齢を迎えたミリキタニは兵学校への入学を拒否し、二重国籍であったことから、広島からカリフォルニア州オークランドへ渡る。アメリカに戻ったミリキタニ

ニューヨークでの創作活動ならびに路上生活をしていた場所を改めてリンダ・ハッテンドーフ監督と共に訪れたミリキタニ
（出典：(C) 2006 lucid dreaming, inc All Rights Reserve）

は、帰米二世[2]となった。第二次世界大戦時、日系アメリカ人強制収容所に送られた彼は、1943年に収容所で行われた忠誠登録審査の結果、アメリカ政府によって不忠誠者として扱われた。ツール・レイク隔離強制収容所[3]に収容された。彼は、同収容所で市民権放棄に署名する。大戦終結後、1946年3月にテキサス州クリスタル・シティにあった司法省移民局管轄の抑留所（Justice Department Internment Camps）、さらに10月からニュージャージー州シーブルックの農場へ送られたミリキタニは、強制労働を課せられた。解放後、アーティストを目指してニューヨークに向かった彼は、そこで住み込みのコックなどの仕事のかたわら、創作活動を続けた。そして、86年、雇い主が亡くなって間もなく、ミリキタニは路上生活を始めた[4]。そして、2000年末、ニューヨークの路上で絵を描いていたミリキタニは、後にこの映画の監督となったリンダ・ハッテンドーフと出会う。

2. 本研究の位置づけ

日系アメリカ人[5]の戦争経験を紹介するために、第二次世界大戦まで話を戻さなければならない。1941年12月7日、日本軍による真珠湾攻撃を受け、翌年2月19日に施行された行政（大統領）命令第9066号によって、「軍事上の必要性」（military necessity）、および「戦時の必要性」（wartime necessity）と

いう理由で、市民権の有無にかかわらず、アメリカ西海岸の在米日本人と日系アメリカ人は「敵性外国人」とされ、アメリカ国内10ヶ所の強制収容所に転居、抑留を強いられた。日本にルーツを持つ者（Japanese ancestor）彼らと異なり、ドイツやイタリアにルーツを持つ移民は民族集団規模での拘留の対象とされなかった。そのことから、在米日本人と日系人を対象とした強制収容の理由には、人種偏見があったとされている[6]。1943年2月、それまで凍結されていた志願兵募集開始に伴って、忠誠登録審査が実施された。審査が行われた場所は、既に拳銃とサーチライトによって監視された強制収容所の内部であった。彼らに与えられた選択肢は、あらゆる平時の制度や法的秩序が停止した戦場に向かい、敵に殺されるか殺すしかない兵士となることか、あるいは政府機関の戦時転住局（War Relocation Authority、以下WRAと略記）の監視の対象とされ、いつ撃たれてもおかしくない強制収容所に留まるかであった[7]。

　忠誠登録審査のなかでも、とりわけ質問27・28は、アメリカへの愛国心を問い、徴兵のために準備された質問内容であった。質問27では、「あなたは命令をうけたら、いかなる地域であれ合衆国軍隊の戦闘任務に服しますか。女性の場合、看護部隊に志願する意思がありますか」ということが問われた。そして、質問28では、「あなたはアメリカ合衆国に忠誠を誓い、国内外におけるいかなる攻撃に対しても合衆国を忠実に守り、かつ日本国天皇、外国政府・団体への忠節・従順を誓って否定しますか」ということが問われた。質問27・28に、「Yes」と答えた者は忠誠組と呼ばれ、その多くは兵隊として戦場へ送られた。なかでも第442連隊戦闘団はヨーロッパ戦線での功績が讃えられ、戦後にアメリカ軍で最多の勲章を受け、アメリカ社会および日系人コミュニティから従軍の功績が讃えられた[8]。それに対して、質問27・28に、どちらも「NO」と回答した者は不忠誠者と見なされた。彼らとその家族のほとんどが、ツール・レイク隔離強制収容所に送られたのである[9]。忠誠登録審査の回答は、その後の彼らの処遇を左右した。それぞれの選択を巡って、彼らの間には嫌悪や軽蔑といった感情が一気に広がった。また、数ヶ所の収容所で、日系二世のなかには徴兵忌避を行った者たちがいた。徴兵忌避については、森田幸夫、エリック・ミューラーによって、ワイオミ

ング州ハートマウンテン収容所で徴兵忌避者によって組織立てて行われた徴兵忌避運動「フェアプレイ・コミティ」についての分析がある[10]。

　第二次世界大戦時の日系人強制移動・収容に対して法的に抵抗し、最高裁判員裁判所まで争われたケースとしては、ゴードン・ヒラバヤシ、ミノル・ヤスイ、フレッド・コレマツ事件がある。ゴードン・ヒラバヤシは、夜間外出禁止令と立ち退き命令に服さず法廷闘争を行い、アメリカ政府に立ち向かった人物として研究されてきた。さらに、ヒラバヤシが忠誠質問への回答拒否によって投獄されたカタリナ刑務所で、自らを「ツーソン人（Tucso-nians）」と名乗った日系人徴兵忌避者と他民族の徴兵忌避者が共に刑務所で過ごした事実について、和泉真澄が詳しく検討している[11]。加えて和泉は、その後にこの刑務所跡地が「ゴードン・ヒラバヤシ・レクリエーションサイト（GordenHirabayashi Recreational Site）」として記憶継承された過程と、日系人コミュニティのポリティクスに着目している。これによって、同じく強制立ち退き・強制収容をめぐって法廷で闘い、その後のアメリカ社会が要求する規範に合わせていったフレッド・コレマツとミノル・ヤスイのケースとは異なるヒラバヤシの経験が浮かび上がっている。

　不忠誠者とみなされツール・レイク隔離強制収容所に収容されたミリキタニは、同収容所でアメリカ市民権破棄に署名していた。1959年、法律上市民権は回復していたが、東海岸で職を求めて転々としていた彼に通知は届いていなかった。ミリキタニは不忠誠者であり、かつ市民権破棄者にあたった。さらに、「兵学校にはいかん。ワシはアーティストだ」と述べた彼の言葉は、彼が徴兵忌避者であることを示している。しかし、一般に徴兵忌避者はアメリカ市民としての権利を主張したうえで、軍隊への入隊を拒絶した人々のことを指す[12]。この点において、彼のような不忠誠者であり、かつ市民権破棄者である徴兵忌避者と、一般的な意味での徴兵忌避者とは異なる。しかし、両者は、ともに日系人コミュニティの主流からつまはじきにされてきた存在なのである。

　本章は、現在の日系人コミュニティとの関係性を踏まえたうえで、上記のような特徴のあるミリキタニの経験から、強制収容所、忠誠登録審査や従軍経験が戦争経験として、どのようにアメリカで記憶されているかについて検

第7章　ドキュメンタリー映画『ミリキタニの猫』から問う日系アメリカ人の戦争の記憶　157

討する。そのなかで、忠不忠誠者に関わる解釈について、日本との関係から考察する。徴兵忌避者や不忠誠者に関する戦時の経験を分析した学術研究はある程度すすんできているが、本章では以上のような研究視角を用いて、ミリキタニの経験が現在において、如何なる批判的局面となりうるのかを問うている点が、これまでの研究と異なる。

II　忠誠登録審査経験を問い直す

1．忠誠登録審査を巡る認識と問題

　第二次世界大戦時、強制収容所において戦時転住居出所許可申請書による大規模質問、いわゆる忠誠登録審査が行われた[13]。忠誠登録とは54条からなり、1943年強制収容所において実施された17歳以上の男女全てを対象とした思想調査であった。当時、日系人への徴兵・志願兵は凍結されており、この調査の目的は徴兵再開と日系人部隊編成にあった。背景には西海岸に居住する日系人・日本人を徴兵することに対して躊躇する動きが政府側にあった。これに対して二世を中心としたJACL（日系アメリカ人市民協会、Japanese American Citizen League[14]）は、アメリカに忠誠を誓うように働きかけた[15]。それでは、忠誠登録審査と徴兵制を巡って、日系人にもたらされたイデオロギーの分断は、過去から現在においてどのように影響を及ぼしているのであろうか。

　ここで筆者が、2015年9月に現地調査のためサンフランシスコのジャパン・タウンで行われた日系人コミュニティのイベントに訪れた際の話をする。イベントに来ていた日系人と他愛もない会話を交わし、『ミリキタニの猫』や不忠誠組とされた方たちの経験について興味がある旨を伝えた時、ある日系人が以下のように話してくれた。

　　　今ではノー・ノーの人たちについて、少し話すようになってきた。でもね、戦後からずっとノー・ノーの人たちは、コミュニティの集まりにも来れなかった方もいたのよ。来たとしても、ノー・ノーであったことを言わなかった人たちも多いわ[16]。

この語りが示すのは、戦時中の忠誠登録審査、及び従軍経験が日系人コミュニティに軋轢をもたらし続けてきたことである。そして、この背景には不忠誠組に対して、圧倒的優勢に英雄として称えられてきた442部隊の二世兵士の存在が措定されている[17]。そして、不忠誠者、いわゆるノー・ノー・ボーイと呼ばれた者や彼らの親類にとって最も身近な社会の一つであった日系人コミュニティが近寄り難い存在となってしまった。不忠誠組に対する眼差しがまだまだ厳しい日系人コミュニティにおいて『ミリキタニの猫』が上映され、それによりミリキタニの存在が広く知られるようになった点を考慮することは重要である[18]。つまり、この作品がサンフランシスコをはじめとした日系人コミュニティや映画祭で上映され、ミリキタニの存在やツール・レイク収容所の経験が人々に共有された。しかし、それによって不忠誠組に対する認識が劇的に変わったわけではない。戦中・戦後から現在に到って忠誠を誓い、戦場で闘った日系兵士およびJACLを軸としたナラティブが広く浸透いる状況は否めない。

これまでの日系アメリカ人研究において、忠誠組・不忠誠組にかかわってどのような理解がなされてきたのかを振り返るとともに、これらの学知を構成してきた認識枠組みについての再検討を試みる。以下では、収容された日系人たちの意識と集団性に関わる分析を紹介する。これまでの研究では、専門職従事者で、アメリカ志向やエリート層とされたJACLと、1920年代末から1930年代に自由主義や急進新主義の影響を受けた帰米二世がYES組に多く該当した。一方、多くの一世と、1930年代に成人して同年代末から1940年にかけて帰米した多くの者たちは、当時の日本の神道的・国家主義的政治思想に影響された国粋主義者として、親日派とされたNO組に該当した。それ以外は、多様な意見を持つものと分類されてきた[19]。このように認識されてきたYES組とNO組の分類について考察すると、アメリカと日本という国家が設定されたうえで、時代ごとのイデオロギーに沿って忠誠組・不忠誠組についての集団性の要素が整理されている。加えて、忠誠・不忠誠、それ以外は多様な意見として整理されてきた。しかし、それ以外を「多様な意見」として終わらせるのではなく、日本かアメリカかという国家を軸にした区分のあり方自体が問いとして確保され、かかる分析を支えている知

第7章　ドキュメンタリー映画『ミリキタニの猫』から問う日系アメリカ人の戦争の記憶　159

識生産のあり方を考えるべきなのである。

　こうした国民国家に基づいた認識枠組みや区分に関わる問題は、アカデミアにおける制度と知識生産のあり方と密接に関連しているが、本章では紙幅の都合もあり、これ以上は踏み込まない[20]。ここでは、現在の状況下において上映運動の広がりを加味しつつ、過去の事象がどのような意味を持つのかという点を検討する。日系人史が持つコンテクストを参照しつつ、『ミリキタニの猫』と、かかる日本観が現在の日系人コミュニティとの関係性のなかで、どのような意味を持ちうるのかということを、本章は目指している。よって、本研究は歴史学として検証されてきた過去の事象に対する再検討だけではなく、現在において想起される記憶のあり方に新しい政治の兆しを見出す営みでもある。

　現在、二年に一度開催されているツール・レイク巡礼のプログラムでは、日系人コミュニティの収容所経験に関わって、これまであまり共有されてこなかった不忠誠者の経験に焦点が当てられている[21]。2016年10月現在、『ミリキタニの猫』の上映会がツアーのプログラムの一部に設けられている。映画の広がりと共に、ツール・レイク強制収容所を生きのびた者として、時を同じくしてミリキタニは象徴的な存在として語られるようになった。この背景には、一部の日系アメリカ人コミュニティの動きのなかで、戦時の忠誠登録審査に「NO」を回答してノー・ノー・ボーイと呼ばれてきた者や、市民権破棄者となった者たちの経験を理解しようとする態度が見受けられる。しかし、それはあくまで不忠誠者の言い分として理解しようとする構えであることに変わりない。また、依然として潜在している意識は、忠誠を誓った勇敢な二世兵士を軸に据えようとするものであり、それを支える良きアメリカ市民としての自画像である。そこには、忠誠・不忠誠の枠組み自身が問われないままの領域があり続けている。このような問題を念頭に置きつつ、ミリキタニの存在とこの映画とともに、これまでの日系人史を構成してきた認識について改めて考えたい。

2. 近代国家と徴兵拒否

1942年2月、行政命令9066号が署名されると、西海岸に住む日系人への

強制立ち退きや転住政策に関わって、JACL は WRA と協力関係のなか日系人コミュニティを先導していった。アメリカの戦争遂行に協力する道を選んだ JACL の態度は、ナショナリズムに傾倒していた。しかし、愛国主義という説明だけでは到底説明するできない領域がある[22]。そこには、戦争遂行に伴なって誰が兵士あるいは国民になれるのかという問題が横たわっているのである。戦後になると、戦時下における JACL のアメリカ政府との協力関係について、批判の声も上がった[23]。しかし、アメリカの主流社会と日系社会による 442 部隊の活躍への賞賛は、それをはるかに上回っていた。

映画のなかで日中戦争の開始と共に徴兵年齢に達したミリキタニは、兵学校への入学を巡って、アーティストになることを望んでいた彼と、入学を勧めていた父親との対立を振り返っている。二重国籍であった彼は、アメリカに渡る道を選び、姉夫婦のいるシアトルを目指した。ここに、日本での兵学校入学を拒み、後にアメリカの収容所内で行われた忠誠登録の質問に「NO」を回答したミリキタニの一貫した戦争参加への拒否がある。忠誠登録は、アメリカか日本のどちらに忠誠を誓うかという帰属意識の問題として扱われてきた。その審査の実施は兵士の選別、収容者の選別・隔離という結果をもたらした。戦時にアメリカ軍によって強制的に実施されたこの審査は、国家権力が孕まれている。つまり、収容所での忠誠審査を考える際、国家権力に潜在している法の停止と暴力こそが議論されなければならない。

法の停止と暴力が蔓延した収容所で行われた忠誠審査に対して、ミリキタニは「NO」と回答した。兵士として戦争への動員が迫るなか、これがどのような意味を持つのかという問いを検証する必要がある。この検討は、兵士ではなくアーティストになると主張し、一貫して戦争に加担することを拒み続けたミリキタニについて、国家権力による戦争動員に対する争いの意味を読み解くための作業である。戦争動員が待ち受けている状況においての否定である、「NO」という回答は、徴兵とその先に待っている戦場における死に対する拒否なのである[24]。

酒井直樹は小説『ノー・ノー・ボーイ』[25]の主人公・イチローの徴兵拒否を巡る文章に関連して、近代国家における徴兵制度について以下のように述べている。

〈国のための死〉における国とは、近代社会においては、同時に国家でありまた国民であって、まさにそれは国民国家なのだ。だからこそ、徴兵拒否は国家の命令に対する拒否だけでなく、同胞のために死ぬこと、国民を自己の帰属する運命共同体として認定することの拒否をも意味することになる。それは国民の名において自己の死を賭けること、自己の死の可能性を媒介にして、国民共同体と同一化し、そこに帰属しようとすることの拒否なのである。[26]

　酒井の文章から読み取るべきは、徴兵拒否とは近代社会が措定している自己の死を賭ける制度を通じて国民共同体に帰属させる方法に対しての拒否である。日系人は暴力にさらされるなかで兵士になることを強制されたが、従軍によって国民共同体への帰属が完璧に達成されず、さらに兵士となり命を落とした者がたくさんいた。国民共同体の内部への進入は、人種主義を乗り越えたのではなく、死の領域に入るという事実に他ならないことが死をもって経験された。そして、死者たちだけがアメリカ国民として認められたのである。それにも関わらず、二世兵士の従軍経験は、生き残った兵士たちを英雄にまつりあげることによって、日系アメリカ人の模範的な自画像を描き出してきたのである[27]。また、この文章は忠誠登録をめぐる暴力と、かかる経験を帰属意識の問題として回収しようとする学知に対する批判として読める。そこには、強制収容・忠誠審査に関わって忠誠・不忠誠を選択した日系人たちの意識を調査・研究し、彼らの帰属意識の問題として扱うことで終止したアカデミアへの批判がある。

3. 不忠誠という問い

　忠誠登録審査に「NO」と答えたり、回答すること自体を拒否したりした者たちはツール・レイク隔離収容所に収容され、アメリカ政府やJACLの政策への反抗者として、トラブルメーカーと呼ばれてきた。そこには、非愛国者としての不忠誠組を否定することによって、自らのアメリカ人性を保とうとしていた忠誠者たちの心性がある。換言すれば、忠誠－不忠誠組は、補完

関係として認識されてきたのである。不忠誠組とは一体何を意味しているのだろうか。またこの問い直しは、忠誠－不忠誠組の二項対立的な補完関係に対する問い直しに関わっている。

　不忠誠組と呼ばれた人々の選択に対して、坂口は法律上も道義上も忠誠登録を許せないものとして、当時の日本の全体主義を嫌悪しながらも、ノー・ノーと答えた人達がいたことを指摘している[28]。坂口の指摘に注目すると、忠誠か不忠誠かという問題だけではなく、日系人の戦争経験のなかで構成されていった、不忠誠者を親日派や国粋主義者とする設定自体を問わなければならない。換言すると、不忠誠者の日本観がどのようなものであったのかについて説明するだけでは十分でない。日本の全体主義に批判的であり、かつ忠誠登録自体を許せないものとして「NO、NO」と回答したという坂口の指摘と、日本の兵学校への入学拒否、またアメリカでの忠誠登録に「NO」と回答したミリキタニの戦争動員への拒絶とは、いかなる国家による戦争動員に対する抵抗として重なる。また、日本での居住期間や教育年数と二世の市民権破棄について粂井輝子は、教育と滞在年数が決定的要因と即断できないことを考察している[29]。

　この分析は、本章Ⅱ-1においてふれた不忠誠組の集団性についての議論に対する反証である。忠誠登録においてミリキタニが「NO」と回答した根拠を、帰米二世であるところに見出すのは安易すぎることがわかる。親日を掲げ、ツール・レイク収容所において抵抗運動を組織し、日本への国外退去を要求した the Sokujikikoku Hoshi-dan といった集団は確かに存在した[30]。しかし、忠誠審査に「NO」と回答した者たちを一括りに扱い、「アメリカではなく日本に忠誠心を持っていた者たち」として理解し、国家への帰属意識の問題に終始させてはならない。

　強制収容所生活のなかで、「日本への思い」を馳せていた日系人たちが存在した。これらの思いが表現された文章や俳句などは、言表行為として日系文学研究の中でしてしばしば分析されてきた[31]。また、映画のなかでミリキタニが「かわいそうなアメリカ、今や日本とアメリカの立場はひっくり返ったよ。日本のパスポートは世界中で歓迎されるよ。アメリカのパスポートはゴミだね」と言って、アメリカを卑下し、日本を褒めているように聞こ

える場面がある。しかし、彼らが抱いていた「日本への思い」を、徴兵のために実施された忠誠登録、かかる国家による暴力に単純に接続することは、おおいに問題なのである。拘留状態に置かれた者たちが抱いていた「日本への思い」よりも、国家による暴力に注意が払われなければならない。なぜならば、忠誠登録の根底にあるのは、アメリカか日本かのどちらかに忠誠心や帰属を選ばせることではないからである。敵性外国人が拘留の根拠にされ、強制収容所に収容された状況において、彼らの帰属を自ら選び取る権利自体がすでに剥奪されていたと捉える必要があるのだ。この点をふまえたうえで、「日本への思い」が検討されねばならない。戦争に動員され、兵士になることに一貫して拒否し続けたミリキタニが抱いていた「日本への思い」が検討されるべきである。彼は、戦争や原爆によって亡くなった親類への哀悼、そして、まだ戦火が及んでいなかった戦前に幼少期を過ごした広島に思いを馳せていたのであろう。もちろん、それは天皇主義者といった類の心性とは異なり、またナショナリズムの対象としての日本とは違う日本を意味していたのだ。

Ⅲ　ミリキタニにとっての絵を描く行為

1. 抗い続ける戦術としての創作活動

　『ミリキタニの猫』の監督となったリンダがミリキタニに初めて出会った日も、彼は路上でひたすら絵を描いていた。映画のなかで彼は、「心臓が止まる瞬間まで描き続ける」と語っていた。彼にとって絵を描くことは、どのような営みであったのであろうか。戦争で唯一生き残った姉と生き別れ、原爆で母方の親類の多くを亡くした彼は、収容所で強制労働を強いられた。これによりもたらされた怒り、悲しみや喪失に対して、ひたすら絵を描き続けることで、自身が感じてきた暴力で覆われた社会をすぐさま言葉にして語るのではなく、彼は言葉にできない感情とともに戦争経験を視覚化していたのである。

　ミリキタニの絵では、猫、強制収容所、戦艦、原爆、戦前の故郷・広島の風景、同時多発テロにおいてのビルの崩壊する様子といった戦争に関わる題

ニューヨークの路上で日系人強制収容所を描き、経験を語り続けるミリキタニ（出典：https://www.cinra.net/news/gallery/103504/4/）

材が多くを占めている。彼が絵を描き続ける根底には、これらの出来事によって死んでいった者たちへの追悼がある。またこれらの絵は、主流派によって語られる歴史ではなく、彼自身が経験し、感じてきた暴力を表現する手段であった。ミリキタニは、よく猫とともに鯉の絵を描いていた。原爆で犠牲となった人々、完全に焼きつくされてしまい廃墟化した広島に生き残った鯉を描き続けることによって、彼は喪失をなんとか埋めようとしていたのかもしれない。

ミリキタニは、路上で彼の絵に興味を持った人たちに、収容所や広島の原爆についての演説を繰り返し続けてきたという。映画のなかで、カンザス大学のロジャー・シモムラ[32]が一年ぶりにミリキタニのもとを訪ねた時のことを思い出しているシーンがある。シモムラは、かがみ込んで描いている最中のミリキタニに「また収容所の絵ですね」と声をかけると彼は激怒し、収容所に関する演説をはじめたという。そしてシモムラは、彼がいつもこのような演説をしていると気付いたと語っている。何度も収容所の経験を描き、演説しようとも、アメリカ主流社会だけではなく日系人社会もミリキタニの経験を聞こうとはしていなかったのである。

ニューヨークには日系人が集まるジャパン・タウンがないため、リンダとの出会いによって映画が制作されるまで、日系人コミュニティに彼の存在と

第7章　ドキュメンタリー映画『ミリキタニの猫』から問う日系アメリカ人の戦争の記憶 165

創作活動が知られなかったのかもしれない。しかしながら、ここではむしろ
彼のようなトラブルメーカーとして扱われた者たちに対する日系人コミュニ
ティの不寛容さを看取するべきである。聞いてもらえない・受け入れられな
い・認めてもらえないが故に、彼はニューヨークの路上から収容所を描き続
けていたのであろう。この意味で、リンダ・ハッテンドーフという日系人コ
ミュニティに属していなかった人物とミリキタニとの出会いによって、彼の
存在が知られるようになったことの関連性が浮かび上がる。

　映画のなかで、ミリキタニはツール・レイク収容所で、ある男の子に猫の
絵をよく描いてあげていたことを回想している。その男の子は、収容所内で
亡くなり、キャッスル・ロック山麓に埋葬されたという。映画のなかで「収
容所で亡くなってしまった人々の顔を覚えている」と語ったミリキタニは、
絵を描くことで亡くなった者たちとの関係性を保ち続けていた。彼が描く作
品は、死者たちとの記憶とともにあるのだ。ミリキタニ自身、暴力にさらさ
れながらも、先に戦争の犠牲で亡くなってしまった者たちを念頭に置き、絵
を描くことによって、どうにか暴力に抗い続けようとしていたのである。さ
らにこれは、暴力にさらされて亡くなっていった者たちが再び忘却という暴
力にさらされることに対する抗いをも意味する。絵を描き続ける彼は、忘却
に対して抗い、絶えず死者を想起し続けるとともに、暴力の根拠が容易に
「理解」されることに対して抗い続けていたのである。再びここに忠誠審査、
及び従軍経験に関わって、戦時の日系人への暴力を国家帰属の問題として扱
うことに終止した状況に対する抗いが読み取れる。

　絵を描き続けると同時に、ミリキタニはニューヨークの路上にその作品を
並べ続けていた。彼にとって路上は、絵とわずかな現金を交換する場所で
あったが、それ以上に生活を営む場所であり、アーティストとして作品を制
作する場所やスタジオであった。路上に無造作に並べられた作品には、それ
ぞれ歴史的背景や解釈がある一方、いくつもの絵が同時に並べられることに
よって、ミリキタニの記憶とともに作品がブリコラージュ（Bricolage）として
現れるのである。すなわち、無造作に並べられるなかでブリコラージュとし
て現れた作品群には、それぞれに描かれた歴史上の出来事がミリキタニの平
和への希求として平面へと融解していくのである。映画のなかでミリキタニ

のお決まりのピースサインと共に発せられる言葉、"Make Art! Not War!"、"No War! No Killing People! World Peace!"[33)]は、この平面に重なり合うのかもしれない。それは、描くという実践によって、いかなる国家による武力行使に対する「否」を示す実践である。リンダが彼の映像を撮っていた2001年9月に、ニューヨークで同時多発テロが起きた。高層ビルが倒れていく様子を横目に、いつも通り描き続けていた彼が放った「戦争はいかん。五秒で灰だ」[34)]という言葉が、再びここで響く。

2. 怒りと弔い

原爆によってミリキタニの母方の一家は全滅し、姉・和子を除いた兄弟は戦死してしまったという。強制収容所に送られた彼は、そこでも多くの人々が亡くなっていくのを目の当たりにしてきた。彼にとって、絵を描く行為は戦争の記憶を想起させるとともに、その犠牲者を弔う行為であったのではないだろうか[35)]。

ミリキタニが想定しているのは、すでに亡くなってしまった家族、友人や戦争で犠牲となった者たちであり、彼らを巻き込んだ集団行為としての弔いなのである。映画の最後のシーンでは、2002年7月におけるツール・レイク強制収容所巡礼ツアーの様子が映し出されている。祭壇に参り、キャッスル・ロック山を背景に収容所をひたすら描き続けているミリキタニは、何が起こったのかを思考し、同時に視覚化し続けるのであった。リンダはインタビューで、「ジミー（ミリキタニ）は、描くことによって彼自身の戦争の傷を癒していた」[36)]と語った。しかし、映画のなかで巡礼を終えたバスのなかで、「幽霊はわしに親切だった」と述べたミリキタニの言葉と創作活動を考慮すると、彼自身の傷を癒すためだけではなく、戦争で亡くなった亡霊たちの存在をうかがうことができる。彼の創作活動は、死者も巻き込んでいるのである[37)]。ミリキタニが描き、経験を語ることによって記憶を想起させ、絶えず死者たちを巻き込みながら弔い続けていた記録が、このドキュメンタリー映画に記されている。そして、このドキュメンタリー制作に関わった者たちや、鑑賞した観客たちも同様に弔うという行為に巻き込まれているのである。路上で一人黙々と描き続けていたミリキタニは、集団行為として決して

終わらない弔いを続けていたのだ。

IV　おわりに——可能性としての行為主体性

　これまで述べてきたように、強制収容や忠誠審査の背後にある問題は、アメリカという近代国民国家による逃れようのない暴力であり、人権が奪われる事態であった。政府と軍による逃れようのない暴力に抗う契機の一つとして、ミリキタニは絶えず絵を描き続けてきたのである。彼が絵を描くことについて、もう少し検討する。その際には、日系三世のビジュアル・アーティストであるスコット・ツチタニの創作活動が手がかりとなる。彼自身は収容所経験を持たないものの、親から受け継ぐ強制収容所経験の重荷を抱えているという[38]。その重荷に加え、人種化されたアメリカ社会のなかで生きていくなかで、彼は創作活動を自己発見の行為と考えている[39]。自己発見をしていくプロセスは、自分自身と社会に対する認識、行為主体性（agency）を再構築する。また、芸術家であるか否かは、周りが決めることではなく、自分で名乗ることだという[40]。ミリキタニも、映画のなかで何度も自分自身を「グランドマスター・アーティスト」と、名乗っていた。彼にとってアーティストであることは、すぐさま語れない戦争経験によってもたらされた悲しみや怒りの感情に対して、正気を保つための継続した抵抗であった。アーティストであるとは、終わりなき怒りと弔いとともに描き続けるという営みによって、彼自身の行為主体性を絶えず作り変えていたことなのである。また、彼が路上においてたった一人で絵を描き続けた行為は、記憶を想起し続けることにより、死者や不忠誠者として日系人コミュニティからも忘れ去られていった者たちを絶えず浮かび上がらせる運動であった。そこには、経験が時間の経過とともに歴史化され、言説になる一歩手前にとどまり続けるミリキタニの態度があった。それは従来の愛国主義的ナショナリズムやモデル・マイノリティ像にみられる模範的な日系人像、またそれに対して不忠誠者にあてはめられる否定的な日系人像のいずれをも大きく揺るがす。また、それは決して固定された別の日本人・日系人像を構成しない、遂行的なプロセスとしてあるのだ。それでは、このようなプロセスは、どのような社会性

を生み出していくのであろうか。これについては、別の機会にさらに詳しく検討するが、このプロセスによって、様々な人々を巻き込みながら新しい関係性が開かれ、上映運動という形で戦争の記憶が共有される。これらが重層的に展開される過程を考察することによって、その答えが浮かびあがるのであろう。このプロセスの出発点を、ドキュメンタリー映画『ミリキタニの猫』が作り出したのである。

注

1） *THE CATS OF MIRIKITANI*, Director: Linda Hattendorf, Stars: Linda Hattendorf, Jimmy Mirikitani, 1h 14min, Filming Locations: New York City, New York, USA, 2006.

2）「帰米」とは、アメリカで生まれた後、幼少期や青年期に日本で暮らし、教育を受けた経験がある日系アメリカ人のことを指す。

3）ツール・レイク強制収容所は、1943年9月に忠誠登録審査が実施されたのちに隔離センター（Tule Lake Segregation Center）に指定される。http://www.tulelake.org/history

4）マサ・ヨシカワ・ジミー・ツトム・ミリキタニ『ピース・キャッツ「ミリキタニの猫」』、（マサ・ヨシカワ編著・ジミー・ツトム・ミリキタニ（画・文・イラスト）、武田ランダムハウスジャパン、2007年）、30-37頁。

5）第二次世界大戦時、アメリカ国籍の有無に関わらず、出自が根拠となり強制収容所に送られたという歴史的事象を考慮したうえで、本章では、日本に出自を持つ人々を「日系アメリカ人」としている。また、国家レベルでアメリカ人として、同時にコミュニティレベルでコミュニティの構成員として認められるのかに関わる境界をめぐるポリティックスがある。よって、日系アメリカ人という存在は自明ではなく、常に国家権力や戦争状態の有無、コミュニティの政治によって影響されうるのである。

6）石井修「リドレスとリメンブランス—日系米人社会の歴史の記憶」、明治学院大学法学研究85、2008年、29頁。なお、司法省管轄の収容所に破壊分子の疑いをかけられた日系アメリカ人や中南米の日系人、イタリア系アメリカ人、ドイツ系アメリカ人が抑留された。http://www.janm.org/jpn/nrc_jp/q&a_jp.html#only

7）とりわけツール・レイク強制収容所では、1943年11月13日から1944年1月15日まで戒厳令が敷かれていた。他の収容所においての戒厳令は発表されていないが、アメリカ軍による監視が昼夜を問わず実行されていた。戒厳令については、以下のNational Park Serviceのリンクを参照。https://www.nps.gov/tule/planyourvisit/upload/segregation_center_6-10.pdf

8）柳田由紀子『二世兵士激戦の記録：日系アメリカ人の第二次世界大戦』、新潮新書、2012年、163-164頁。

9）E.L.ミューラーは、1943年にツール・レイクに収容された人々の集団の特徴を以下

のように３分類している。「第一の集団は、登録をめぐる論争の前かもしくは論争中に、日本への国外退去や本国送還を申請した収容者の集団であった。そして、第二は、「ノー・ノー」組と呼ばれ、登録用紙の第27問、28問に「ノー」と回答した者、もしくは質問事項に一切答えなかった者の集団であった。最後に、第一、第二の該当者の家族が第三の集団を形成していた……」。E.L. ミューラー『祖国のために死ぬ自由：徴兵拒否の日系アメリカ人たち』（刀水書房、2004年）、81頁。

10）ミューラー、前掲書。森田幸夫『アメリカ日系二世の徴兵忌避不条理な強制収容に抗した群衆』、彩流社、2007年、を参照。

11）和泉真澄「「ゴードン・ヒラバヤシ」キャンプ場について―カタリナ連邦刑務所と日系アメリカ人徴兵忌避者たち―」、同志社法学 64-7、2013年、622-631頁。

12）徴兵忌避とアメリカ市民権の詳細な分析については、以下を参照。山倉明弘「アメリカ市民権の使用と乱用―日系アメリカ市民戦時強制収容を中心として―」、関西学院大学社会学部紀要 104、2008年、14頁。

13）1943年、17歳以上の日系人は、"Statement of United States Citizenship of Japanese Ancestry" と題された一連の質問、通称 "loyalty questionnaire" への回答が義務付けられた。篠田実紀「二分法を越えて John Okada, No-No Boy の静かなる挑戦」、神戸外大論叢 3、2010年、10頁。

14）JACL は、1929年にアメリカ西海岸に住む二世の若者らによって、日系人の人権を擁護することを目的に設立された団体で、現在もアメリカと日本に支部をおき、活動を続けている。http://www.discovernikkei.org/ja/journal/2012/3/29/jacl-japan/

15）粂井輝子「戦時転住所からの「再定性」―日系アメリカ人の 忠誠をめぐる一覚書」、長野県短期大学紀要 47、1992年、178頁。

16）忠誠登録審査の質問27・28に「No」と答えた者はノー・ノー・ボーイと呼ばれている。また、日系アメリカ人のあいだで、コミュニティ内で通じる口語的表現として、ノー・ノー・ボーイを「ノー・ノー」と短縮形で呼ばれている。

17）主に日系アメリカ人で編成されたこの部隊は、ヨーロッパ戦線において勝利をおさめ、テキサス大隊を救出したことで数々の勲章を与えられる。日系アメリカ人社会だけではなく、大統領から勲章を与えられるなどし、しばしば英雄視されてきた。

18）Sundance Kabuki Cinema - A Celebration of Japantown December 11, 2007 - San Francisco, CA. Gerontological Society of America November 18, 2007 - San Francisco, CA. Asia Society Northern California October 18, 2007 - San Francisco, CA. The Roxie Cinema April 27 - May 3, 2007 - San Francisco, CA. San Francisco International Asian American Film Festival March 17, 2007 - San Francisco, CA March 24, 2007 - San Jose, CA. これらは上映運動の一部。http://www.thecatsofmirikitani.com/screenings.htm

19）山本剛郎「日系人の強制立ち退き・収容に関する実態分析」、関西学院大学社会学部紀要 104、2008年、24-25頁。

20）これまでの日系アメリカ人史、あるいは地域研究の実践に関わって学知を蓄積してき

たアカデミアの制度への批判が必要である。これに関しては、現在のポストコロニアルな状況において、地域研究における文化や民族を批判する営みが内包する困難性については『〈複数文化〉のために ポストコロニアリズムとクレオール性の現在』、冨山一郎「赤い大地と夢の痕跡」122-124 頁を参照せよ。地域研究の誕生、及び知識生産の営みに関する批判に対しては、Sandro Mezzadra and Brett Neilson, Border as Method, or the Multiplication of Labor (North Carolina: Duke University Press, Durham and London, 2013): 43-46 を参照。

21) 2 年に一度、7 月の第 1 週目に日系人主体のボランティアによって運営される非営利団体ツール・レイク・コミッティー (TLC) 主催によって、Tule Lake Pilgrimage がツール・レイク強制隔離収容所の跡地にて開催されている。

22) 日系人兵士の戦争動員について、ナショナリズムとレイシズムの関係性についての議論は、T・Fujitani の以下の論文を参照。T・Fujitani, Geoffrey M. White, Lisa Yoneyama, *Perilous Memories: The Asia-Pacific War(S)* (North Carolina: Duke University Press, Durham and London, 2001): 241-247.

23) メイ・ナカノ、サイマル・アカデミー訳『日系アメリカ女性、三世代の 100 年』、サイマル出版会、1991 年、123-124 頁。

24) 酒井直樹は、不忠誠と徴兵拒否に関わって「アメリカに対する否を通じて、何者かに回帰しうるという思い込みに対する否であり、内としてのアメリカから追放された者たちの間に成立する社会への強い肯定なのである」と述べている。酒井の理解から読み取るべきは、アメリカ国籍を持っているにも関わらず日本に出自を持つことを根拠に拘留され者たちが、別の社会性を獲得しようとする動きである。ここで意味する社会とは、近代性により措定された国民国家とは異なるのである。酒井直樹『死産される日本語・日本人―「日本」の歴史－知性的配置』、新曜社、1996 年、99-126 頁。

25) 日系アメリカ人二世のジョン・オカダ (John Okada) によって執筆された小説『ノー・ノー・ボーイ (No-No Boy)』は 1957 年に出版され、戦時から戦後における忠誠登録審査によって翻弄された日系アメリカ人二世の葛藤を描いた作品である。出版当初は、1500 部にも届かなかったが、公民権運動の高まりとともに評価されていった。出典、ディスカバー・ニッケイ、日本人移民とその子孫、第 1 回「『ノーノーボーイ』とは何か」川井龍介、2016 年 1 月 22 日 http://www.discovernikkei.org/ja/journal/2016/1/22/no-no-boy-1/

26) 前掲 24)、116-117 頁。

27) T・Fujitani は、日系人 442 部隊を表象した映画『Go For Broke』や、一連のメイン・ストリームメディアによって描かれた日系人部隊は戦時のアメリカ軍にはびこっていた人種差別を忘却すると同時に、モデル・マイノリティ言説と共犯関係にある点を指摘している。詳しくは、T・Fujitani, Geoffrey M. White, Lisa Yoneyama, *Perilous Memories: The Asia-Pacific War(S)* (North Carolina: Duke University Press, Durham and London, 2001): 251-255 を参照。

第 7 章　ドキュメンタリー映画『ミリキタニの猫』から問う日系アメリカ人の戦争の記憶　171

28）坂口博一「トゥール・レーク論」、早稲田人文自然科学研究 25、1984 年、19 頁。

29）粂井輝子「戦時転住所からの「再定性」—日系アメリカ人の忠誠をめぐる—覚書」、長野県短期大学紀要 47、1992 年、177-188 頁。

30）Dorothy Swaine Thomas and Richard S. Nishimoto, *The Spoilage Japanese-American Evacuation and Resettlement During World War II*, (University of California Press Berkeley and Los Angeles, 1969) : 322. トゥール・レーク強制収容所で起こった Hoshi-dan を含めた抵抗運動については、本章の限界を超えている。*The Spoilage Japanese-American Evacuation and Resettlement During World War II* を参照。

31）例えば、加藤好文「アメリカにおける史跡保存と「巡礼」の文化史的意義—日系アメリカ人収容所跡地をめぐって」、愛媛大学法文学部論集人文学科編、28、2010 年、67-81 頁、篠田左多江「日系アメリカ文学—強制収容所内の文学活動②トゥーリレイク収容者—」、東京家政大学研究紀要、29、1989 年、11-21 頁を参照。

32）1939 年にシアトルに生まれた日系三世のロジャー・シモムラ（Roger Shimomura）は、アーティスト、カンザス大学名誉教授である。幼少期をアイダホ州ミニドカ日系人収容所で過ごした彼は 1999 年ミリキタニと出会い、お互いに強制収容所の絵を描くアーティストとして親睦を深めてきた。鑑賞ガイド『猫とアートと戦争と…（そして尊厳）ミリキタニの猫《特別編》』、湖畔八丁目、2016 年、19 頁。

33）映画『ミリキタニの記憶』、監督・製作：マサ吉川、編集：出口景子、石田優子、杉田協士、撮影・スチール：御木茂則、芦澤明子、音楽：SKANK・スカンク、製作国：日本、上映時間：21 分、2016 年。

34）前掲 33）。

35）歌手の森山直太郎は、『ミリキタニの猫』《特別編》公開にむけて、以下の推薦コメントを寄せた。「彼はまごうことなく自らをアーティストだと言う。過酷にも見える人生の最中で亡くなった友のために "アーティストであり続ける" という行為が唯一の弔いの形なのだ」。出典、ミリキタニの猫《特別編》nekonomirikitani.com/comments.html

36）筆者によるリンダ・ハッテンドーフへのインタビュー。アメリカ合衆国ニューヨークのリンダの自宅にて。2014 年 3 月実施。

37）川村邦光は『弔い論』において、生者や死者といった区分けや序列がなく、ひたすら弔い続ける集団の存在について論じた。川村邦光『弔い論』、青弓社、2013 年、9-44 頁。

38）2016 年 9 月にスコット・ツチタニは、サンフランシスコ州立大学エスニック・スタディーズ研究科アジア系アメリカ人スタディーズのウエスリー・ウエウンテンのクラスで、ゲスト・スピーカーとして "What can art do?" と題した講演を行った。

39）前掲 38）、筆者による現地調査。

40）前掲 38）、筆者による現地調査。

> コラム

サンフランシスコ・ベイエリアの
在日コリアングループ

青木香代子

アメリカにおいて「在日コリアン」であるということ

　アメリカに在住する在日コリアン[1]は、日本において在日コリアンがどの
ような存在なのかを説明しなければならないことが多い。生地主義をとって
いるアメリカとは違い、日本に生まれ育った在日コリアンは、両親とも外国
籍の場合、生まれながらにして日本国籍を持たず、多くが日本名を使って生
活しており、日本語を母語として育つ。自分のエスニシティのことを話すと
き、在日コリアンは、単に「日本出身者」というだけでは文化的・民族的背
景までは説明できないため、「日本出身だが、コリアンである」という必要
がある（ただし、英語の「コリアン（Korean）」には、民族的・文化的背景も、
国籍も含まれる）。また、アメリカに在住している在日コリアンの統計は、
各々の国籍に吸収されてしまうため、その存在が見えなくされている。

　筆者は、留学期間を含め 2001 年から 2012 年までアメリカに滞在した。在
日コリアンに出会う機会は何度かあったが、すべて個人としての出会いで
あった。アメリカ在住の在日コリアンは、筆者の目からは地域社会に「点」
として存在しており、学生組織やエスニック・グループの団体を形成し、活
動しているような「見える存在」ではないという印象を持っていた。しかし
2008 年 5 月、在日コリアンのグループが、組織の立ち上げイベントをやる
ということを知り、そこに出向いた。それが Eclipse Rising (ER) である。

本章では、サンフランシスコ・ベイエリア（以下、SF ベイエリア）を拠点とし Zainichi Korean を名乗り活動する ER を取り上げ、ER の立ち上げの背景やその活動、他の組織との連帯を明らかにする。

Eclipse Rising の立ち上げ

ER が活動の拠点としている SF ベイエリアの特徴として、戴エイカは、多文化主義という考えが広く人々に浸透しており、様々なエスニック的背景を持ったアメリカ市民だけでなく、移民や留学生も多く、エスニシティを越えた社会関係性を持つことが可能であるという特徴を挙げている。そして、エスニック・マイノリティがアイデンティティの政治を活発に行い、マジョリティの文化や権力が常に挑戦されているという文化もこの地域の特徴と言える[2]。

また、この地域には黒人、中国系、メキシコ系等の学生連合組織によるストライキによって、全米で初めてエスニック・スタディーズ学部が設置されたサンフランシスコ州立大学があり、学生組織の活動が盛んである[3]。ER の立ち上げ時のメンバー 5 名のうち、3 名（立ち上げ後すぐにコアメンバーに加わった 1 名を含めると実に 4 名）がサンフランシスコ州立大学または大学院の在学生もしくは卒業生であり、うち 2 名はエスニック・スタディーズの修士課程を専攻していた。

さらに、ER 立ち上げメンバーの一人でもある O さんによれば、立ち上げ当時、クィアの日本人や沖縄系など、既存の日系アメリカ人コミュニティや在米日本人コミュニティから周縁化された人たちが「被差別日系」のネットワークを作りつつあり、このことも ER の立ち上げの背景となっていった[4]。

ER は、2008 年、SF ベイエリアに在住していた 5 人の在日コリアンを中心に、「国家という枠組みにとらわれない在日コミュニティの基盤を築くことと、一人ひとりのリーダーシップの育成を目的とし」設立された[5]。ER の立ち上げに関わったコアメンバーのうち、O さんと N さんはもともと、Okinawa Peace Fighters という沖縄の基地問題を中心とした運動をしていたグループの立ち上げに関わり、活動にも参加していた。その後、共通した社

会的な関心があったDさんと出会うことで、在日コリアンとしての活動を一緒にやっていきたいという共通の願いを持った仲間が集まり、やっと「組織を作るために十分な力、勢いができた」[6]。Oさん、Nさん、Dさんはさらに2名をリクルートし、引っ張っていく形でERを立ち上げた[7]。

ERでは、「在日コリアンの豊かでユニークな歴史の認識、在日コリアンコミュニティの発展、平和と統一の促進、日本におけるすべてのマイノリティの社会正義」をその活動の目的としているが、こういったERの方針や活動目的は、Eclipse Risingという名前の由来にも表れている。この名前には、「今なお在日コリアンを抑圧し続ける日本の帝国主義の象徴である『日の丸』(Rising Sun) の太陽を、すっぽり覆い隠してしまう日食 (Eclipse) という意味」、また「自分たちの意思で立ち上がる運動を起こして広げていく (Rising Up)」という思いが込められている[8]。つまり、日食は在日コリアンである自分たちを表しており、太陽 (日本の帝国主義の象徴) への見方・考え方を変えていくという意味が込められている。

ERには、グループの中心的役割を担うコアメンバー (6名) と、グループのイベントに参加しサポートするコミュニティメンバー (10数名) がいる[9]。コアメンバーは先述の3名のほか、3名の在日コリアンで構成され、1ヵ月から6週間に1回行われるミーティングを行い、プロジェクトやイベントの運営、アメリカ在住の在日コリアンについてのデータ収集や研究、ERの活動や在日コリアンについてのイベントにおける発表などを行う、いわばグループの「顔」となる人たちである。コミュニティメンバーは、在日コリアンに限らず、韓国系アメリカ人、日系アメリカ人、日本人、アフリカ系アメリカ人等様々である。

日本生まれ・日本育ちのメンバーの場合、幼少期あるいは青年期にアメリカに移住した者、もしくは大学進学の際に留学した者が多いが、コアメンバーのOさんは中学進学時に留学し、その後アメリカ国籍を取得している。Nさんは高校まで日本学校に通い、大学も日本の大学を卒業したが、大学院進学時にアメリカの大学院に留学した。Dさんは在日コリアン2世の母とユダヤ系アメリカ人の父を持つ「ダブル」の在日コリアンである。したがって、メンバーの国籍も韓国または朝鮮、日本、アメリカ等様々である。また、クィ

コラム　サンフランシスコ・ベイエリアの在日コリアングループ　　　175

ERのメンバー（https://sites.google.com/site/eclipserising/home）

アのメンバーもいる。メンバーの多様性について、Fischer は、「メンバー（の背景）に反映されるように、ER はアイデンティティの流動性と多様性の包括にオープン」であり、「その多様性のためにどこでも周縁化されてしまい、在日コリアンのアイデンティティの再定義が必要であると感じている人たちが集まった」グループである、と分析している[10]。

ERの活動と他組織との連帯

　ER は、前節で述べたような経緯から、長期的目標として、以下の3点を挙げている。
1) 個々人の解放：在日コリアンの歴史を学び、自分たちの内なる声を見つけ、それを表現する方法（自己表現、文章、スピーチ）を発展させること
2) 在日コミュニティの発展：コミュニケーションの手段、個々の在日コリアンの発展の場を提供する手段、アメリカの在日コリアンコミュニティのニーズに合わせた様々な支援サービスを促進する手段として ER を発展させること
3) 教育と意識向上：既存の教材の使用、リソース（映画、カリキュラム等）の開発を行い、日米の一般市民に対し、在日コリアンやアイヌ、沖縄人、被差別部落民等日本の周縁化されたグループの歴史や体験に関する教育

を支援するとともに、国際的な連帯運動を築くためにお互いの課題や歴史を学び合い、進歩的な社会的正義の活動を行っているグループと協働すること[11]

具体的な活動としては、①国境なき社会正義活動、②在日コリアン映画上映会、③大学や関係機関等での講演・講義、④国際交流（日本の学生との交流）、⑤エスニック・スタディーズ、アジアン・アメリカン・スタディーズ学会等の学会にて在日コリアンに関する研究論文の発表、⑥草の根在日コミュニティ基盤構築を行っている[12]。

これらの活動のうち、たとえば、「国境なき社会正義活動」では、U.S.-Japan Solidarity Tour がある。これは、1985 年からサンフランシスコ・ベイエリアで日米の市民団体間の交流プログラム等を実施してきた日本太平洋資料ネットワーク（Japan Pacific Resource Network, JPRN）を通して、日本のコミュニティリーダーとの交流を行うものである。2010 年 8 月に実施されたツアーでは、部落解放同盟や移住労働者と連帯する全国ネットワーク（移住連）、国立療養所長島愛生園、女たちの戦争と平和資料館（WAM）、川崎市ふれあい館、在日本韓国 YMCA アジア青少年センター等を訪問した。日本における歴史的な問題や差別問題だけでなく、行政の支援が届きにくい（あるいは支援からも隔離されている）国際結婚による女性移住者や外国人技能実習生を支援している団体と交流した[13]。

また、2011 年 3 月 11 日の東日本大震災後、ER は、前述の JPRN とともに、被災地のマイノリティを支援する団体に資金を集める日本多文化基金（Japan Multicultural Relief Fund, JMRF）を設立し、復興支援にいち早く動いた。JMRFは、Peace Development Fund やサンフランシスコ市管理委員会等から承認を受け、ベイエリアの団体や大学が主催するイベントで支援金を募り、2011年 5 月には支援する 7 団体に 50 万円ずつ寄付を行った。中には、政府の補助金よりも早く JMRF の寄付金を受け取った団体もあった[14]。

ER はベイエリアのほかの団体とも関係を築いている。朝鮮半島の統一を目指して活動している団体 HOBAK（Hella Organized Bay Area Koreans）や、米韓の自由貿易協定（FTA）に反対しより対等で公平な米韓関係を目指す Korean Americas for Fair Trade（KAFT）等の韓国系アメリカ人団体と共同でイ

ベントを催したり、朝鮮戦争終結を願う集会を共同主催したりしている[15]。これらのイベントで在日コリアンの経験を話すことによって、韓国系アメリカ人の活動家の中からERの活動をサポートする者が出てきた。

そして、ERは、サンフランシスコの日系アメリカ人が中心となって行っているイベントDay of Remembrance[16]に参加しているが、2011年のDay of Remembranceにおいて、敵性外国人として強制収容された日系アメリカ人の歴史と、日本と朝鮮半島の情勢により差別を受けてきた在日コリアンの歴史を重ね合わせ、共に声をあげ、差別に立ち向かうというERとしての声明を発表している[17]。無論、在日コリアンやERの活動に理解を示す日系アメリカ人ばかりとは限らない。NさんはJMRFをスタートさせるときに、日本人、日系アメリカ人から、JMRFが日本に批判的なため不安に感じたり、さらには脅威に感じたりした人がいた、と述べている[18]。

近年では、2015年9月にサンフランシスコ市議会で採択された慰安婦像設置決議案をサポートするために結成されたComfort Women Justice Coalition (CWJC) のパートナー組織として、前述のJMRFと共にERも名を連ねており、ERのコアメンバーもCWJCの活動に参加している。

「在日」から"Zainichi"へ

ERは、同じ問題意識を持った在日コリアンが集まって共に活動できる場であり、同時に自分のありのままを受け入れてくれる「ホーム」と感じられる人たちがいるコミュニティでもある[19]。「国家という枠組みにとらわれない在日コミュニティの基盤を築くこと」を目指すERは、ともすればその活動は「日本」「アメリカ」という国家にとらわれているように見えるかもしれない。それは、彼・彼女らがまさに日本やアメリカからあてはめられた枠組みに影響を受けてきているからである。しかし、在日コリアンは「国」という枠組みではどこにも属することができない、どこの国も背負っていないからこそ指摘できやすい立場にいる、とOさんは言う[20]。ERの活動は、日本のメインストリームからは見えにくくされている、あるいは抑圧されている人々の状況を訴え、声を上げるということではないだろうか。ERの活動

は、抑圧を生み出している日本の問題を浮き彫りにしているといえる。

ER は、「在日コリアン」あるいは Zainichi Korean という共通した背景を持つ人たち、そしてそれにつながる人たちが、これまでの経験や考え方、セクシュアリティや国籍、言語などが違っていても受け入れられる場所を作ろうとしている。鄭暎惠は、反差別の闘いについて「差別との闘いとは、とりもなおさず、言語構造や概念装置をも含めて、文化を基本的にトランスフォームすること。解放とは、文化をつくりかえていくことで、結果として、既存の構造を脱構築していくことである」[21]としているが、ER の活動を通して、日本、アメリカ、朝鮮半島の狭間にいる彼らが Zainichi Korean という文化を作り出しているのかもしれない。

注

1）本章では、植民地時代、朝鮮半島から渡日した歴史的背景を持つ人々の呼称として「在日コリアン」とする。ただし、文脈によってアルファベット表記の Zainichi Korean を用いることとする。

2）戴エイカ『多文化主義とディアスポラ：Voices from San Francisco』（明石書店、2005 年）。

3）木下昭『エスニック学生組織に見る「祖国」：フィリピン系アメリカ人のナショナリズムと文化』（不二出版，2009 年）。

4）O さんからの E メール、2017 年 6 月 25 日。

5）Eclipse Rising ホームページ https://sites.google.com/site/eclipserising/home、アクセス日：2014 年 1 月 14 日。

6）O さんへの聞き取り、2014 年 7 月 8 日。

7）当初のメンバーは在日コリアン 3 世 4 名に加え、在日コリアン 2 世の女性 1 名も立ち上げに関わっていたが、事情があり活動を続けられなくなった。ほどなくして、1 名がコアメンバーに加わった。現在のコアメンバーは 6 名。

8）Eclipse Rising ホームページ、同上。アクセス日：2014 年 1 月 14 日。

9）2014 年 7 月聞き取り時点。

10）Kei Fischer, *Uri Transnational Movement Building: The Zainichi Korean Handbook to Making Home* (Unpublished MA Thesis, San Francisco State University, 2011): 62.

11）Eclipse Rising ホームページ、同上。アクセス日：2014 年 1 月 14 日。

12）さらに、Facebook やホームページ等で活動を広報している。

13）Kei Fischer、同上。

14）Japan Multicultural Relief Fund, http://relief.jprn.org/、アクセス日：2014 年 7 月 8 日。

2011 年に JMRF から基金を支給した団体は次の通り。東北関東大震災・共同支援ネットワーク事務局、特定非営利活動法人ネットワークオレンジ、特定非営利活動法人しんぐるまざあず・ふぉーらむ・福島、移住労働者と連帯する全国ネットワーク、ホットライン "チャメ" ／被差別日系研究所、TRAI、特定非営利活動法人ウリハッキョ、在日の慰安婦裁判を支える会。

15) Kei Fischer、同上。

16) 1942 年 2 月 19 日に発令された大統領令 9066 を記憶するためのイベント。毎年 2 月にサンフランシスコやロサンゼルスで行われる。

17) Kei Fischer、同上。

18) N さんからの E メール、2014 年 9 月 18 日。

19) D さんからの E メール、2014 年 9 月 21 日。

20) O さんへの聞き取り、2014 年 7 月 8 日。さらに、O さんはそれぞれに元来のルーツがあり、近代国家ができるまでのルーツに戻ることができると主張する。

21) 鄭暎惠『〈民が代〉斉唱　アイデンティティ・国民国家・ジェンダー』（岩波書店, 2003 年）、7 頁。

Ⅲ

アジアでの日本文化

第 8 章

日本と韓国の文化交流

いけ花とコッコジの相関を通して

小林善帆

I　はじめに

　朝鮮戦争 (1950-53 年) 後の韓国社会において、植民地期[1]や光復[2]後、い
け花を習得した韓国人女性たちにより、いけ花[3]を意識しつつも朝鮮挿花文
化の伝統を再認識しつくられた、韓国の「華藝」[4]文化がある。この少なく
とも外見上「いけ花」に似る存在は、コッコジ (꽃꽃이)[5]とよばれ、多くの
韓国人女性に支持され流行し、韓国社会に一定の定着をみた。

　今日、韓国の学会誌[6]や大学院修士課程の学位論文において、コッコジが
取り上げられることがあるが、それはデザイン、園芸、福祉といった観点か
らである。いっぽう日本においては、その存在はほとんど知られることはな
い。そして、いけ花が出発点であろうコッコジの草創期 (1956-76 年)[7]は、
曖昧にされたままである。

　いけ花は、近代日本社会において、茶の湯とともに女性が嗜むものと位置
づけられ、高等女学校・女学校において学科目外、放課後にではあるものの
取り入れられることが多くあった[8]。それを受けて帝国日本の植民地として
あった朝鮮においても、宗主国日本の女性を表象するものとして、いけ花は
茶の湯[9]とともにあり、同地の朝鮮人を対象とする高等女学校・女学校[10]に
おいて、日本人女性としてあるために教えられた。日本人としての生活を余
儀なくされた朝鮮人の目に、いけ花、ひいては日本人はどのように映ってい

第8章　日本と韓国の文化交流　　　　　　　　　　183

たのであろうか。コッコジ草創期の検討からは、いけ花文化にみる日韓の相違と類似、さらに光復後（戦後）の日韓関係を読み解くことができると考える。

　以上のことを踏まえ本章は、コッコジ草創期について、当該期のコッコジに関する記事が掲載された『女苑』[11]を中心に『새가정（新家庭）』[12]の記事を考え合わせ、またコッコジを牽引した人物について明らかにすることからこれらの様相を俯瞰し、同じく帝国日本の植民地としてあった台湾との相互参照も交え、いけ花という観点から、日本と韓国の文化交流を考える。

II　女性雑誌にみるコッコジの様相

1.『女苑』とコッコジ

　最初に『女苑』（写真1）[13]におけるコッコジの記事をみていく。『女苑』にコッコジの記事が掲載されたのは、1958年11月号からであった（第1表）。それは女苑社が1958年11月号に、任華公（イムファゴン）を講師に「実習其他経費一切本社負担」という、無料講習会の案内記事を以下のように掲載したことに始まる（第1図）。「持参品」は「ノート、鉛筆」のみで、翌月から同女史の紙上講座「今月のコッコジ」が始まった。

写真1『女苑』1962年5月号　表紙（カラー）、ハングル

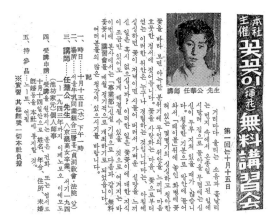

第1図　『女苑』1958年11月号　コッコジ無料講習会の記事

第1表 『女苑』コッコジ記事一覧（1958年 - 1962年）

掲載年月		タイトル	ページ	筆者
1958・11		広告꽃꽂이（コッコジ）無料講習会案内	127	（記者による記事）
	12	12月의 꽃꽂이（12月のコッコジ）	287-288	任 華 公
1959・1		正月의 꽃꽂이	251-253	任 華 公
	2	二月의 꽃꽂이	281-283	任 華 公
	3	三月의 꽃꽂이	280-282	任 華 公
	4	四月의 꽃꽂이	278-279	任 華 公
	5	五月의 꽃꽂이	226-227	任 華 公
	6	六月의 꽃꽂이	232-234	任 華 公
	7	이달의 꽃꽂이（今月のコッコジ）	223-225	任 華 公
	8	이달의 꽃꽂이	231-233	任 華 公
	9	이달의 꽃꽂이	232-234	任 華 公
	10	十月의 꽃꽂이	282-284	任 華 公
	11	十一月의 꽃꽂이	266-268	任 華 公
	12	十二月의 꽃꽂이	272-274	任 華 公
1960・1		一月의 꽃꽂이	268-270	任 華 公
	2	二月의 꽃꽂이	267-269	任 華 公
	3	三月의 꽃꽂이	268-270	任 華 公
	4	四月의 꽃꽂이	254-256	任 華 公
	5	五月의 꽃꽂이	254-256	任 華 公
	6	六月의 꽃꽂이	254-256	任 華 公
	7	七月의 꽃꽂이	266-267	任 華 公
	8	なし		
	9	이달의 꽃꽂이（今月のコッコジ）	340-342	高 霞 水
	10	이달의 꽃꽂이	340-343	高 霞 水
	11	이달의 꽃꽂이	351-353	高 霞 水
	12	이달의 꽃꽂이	354-356	高 霞 水
1961・1		이달의 꽃꽂이	315-317	高 霞 水
	2	이달의 꽃꽂이	364-366	高 霞 水
	3	이달의 꽃꽂이	308-310	高 霞 水
	4	이달의 꽃꽂이	354-356	高 霞 水
	5	五月의 꽃꽂이	358-361	高 霞 水
	6	이달의 꽃꽂이	307-309	高 霞 水
	7	이달의 꽃꽂이	295-297	高 霞 水
	8	꽃꽂이의 線과 뭉치（コッコジの線とかたまり）	341-343	高 霞 水
	9	이달의 꽃꽂이（今月のコッコジ）	338-340	高 霞 水
	10	이달의 꽃꽂이	344-346	高 霞 水
	11	이달의 꽃꽂이	328-330	高 霞 水
	12	이달의 꽃꽂이	184-186	高 霞 水
1962・1 - 1962・3：なし ただし1962・3は「造花つくり」の記事掲載				
1962・4		이달의 꽃꽂이	314-315	嶋元恵美子
	5	이달의 꽃꽂이	320-321	嶋元恵美子
	6	이달의 꽃꽂이	285-287	嶋元恵美子
	7	이달의 꽃꽂이	322-323	金仁順・朴松薫
	8	이달의 꽃꽂이	306-307	嶋元恵美子

＊（　）内に適宜、日本語訳を施した。　　　　　　　　　　（筆者作成）

第8章　日本と韓国の文化交流　　　　185

【第1図本文の日本語訳】

　ちまたに響く騒音と、ごみが吹きまく中で、一日中疲れに追われ家に帰るころは、心身がぐったりと疲れきるのが常です。沈鬱な気分で部屋に入ったとき、テーブルの上に置かれた花瓶にいけている、生き生きとして清らかな花を眺めるとき、こじんまりした雰囲気に無言の慰めを感じながら、しんみりとした情緒がわき起こります。花を愛する気持ち、花から受けるこのような慰めは、誰もが経験することですが、朝生き生きとしていた花が、夕べにはしぼんでしまったという軽い失望を感じたことはなかったでしょうか。こんなことはコッコジに対する知識が少しでもあるなら、手安く解決できるはずと思うため、このたびの当社における「事業部」新設記念に、次のように無料コッコジ講習会を毎月定期的に開催するようになりました。皆さまの多くの聴講があらんことを望みます。

　この案内記事からコッコジ講座の目的が、草花に癒しを求め、その扱い方を学ぶというものであったことがわかる。また女苑社においては事業拡張にともない、流行の兆しのあるコッコジを掲載すれば、『女苑』の販売部数が伸びるという企画であったと考える。

　以後、紙上で任華公の講座が同年12月号から1960年7月号まで、およそ1年半掲載された。次に1か月空けて高霞水（コハス）の講座が1960年9月号から1961年12月号まで、同様に1年半掲載された。しかし、その次に3か月空けて日本人・嶋元恵美子[14]の講座が1962年4月号から4回掲載されたものの、1962年8月号で打ち切りとなっている（任華公、高霞水、嶋元恵美子については次章で詳しく述べる）。この間7月号の講座のみ、金仁順と朴松薫が担当したが、これまでになかった造形的な作品[15]の掲載であった。

　この1958年10月に始まる女苑社による無料講習会、ならびに以後の一連の紙上講座は、コッコジの成立にとって大きなできごとであったと考えられる。なぜなら高霞水は、1956年に自らが主宰するコッコジの集まりである霞水会を創立したといい、いっぽう任華公が具体的な教授活動をはじめたのが1958年7月であったことからわかるように、コッコジは芽吹いたばかり

の存在であった。『女苑』はこのそれほど知られることのなかったコッコジの存在を、韓国全土の不特定多数の読者へ発信、さらに紙上講座により、具体的にそのありようを伝えたといえるからである。同社はその後も女性を対象にコッコジ講座や料理講座を開催している。

留意したいのは、11月号の無料講習会見出し（第1図参照）のコッコジを括弧書きで「挿花」としているものの、コッコジ紙上講座では任華公の所属先を「東和百貨店　生花部　生花家」[16]、高霞水を「生花家」[17]というように「センファ（生花）」と発音するとはいえ、「生花（いけばな）」と何度も記されたことである。

また、この講座を担った3人の履歴[18]には、日本の流派のいけ花を修得（習得）したことと、任華公・嶋元恵美子は京城（現在のソウル）の名門高等女学校を卒業したこと、高霞水については最終学歴の日本の短期大学名が記された。高霞水も植民地期に難関の高等女学校を卒業している。ここで日本のいけ花の修得が明記されたことは、コッコジの教授が、いけ花の修得によるものであることの明記を意味する。次に高等女学校卒業という履歴は、近代日本社会において女性の最高学歴と言って過言ではなかった。まして韓国人にとって、高等女学校に入学できたのは学力、家の経済力、親の社会的地位など、その多くが揃った、いわばほんの一握りの存在といえた。それゆえこの学歴の明記がコッコジの付加価値を高めるものであるならば、一面においてコッ

第2表　『女苑』コッコジ記事一覧（1962-1967年）

掲載年月	タイトル	ページ	筆者
1962・9-11	なし		
12	食卓を위한 꽃꽂이 （食卓のためのコッコジ）	382-384	김인순（金仁順）・전은옥・오인숙　研美会員
1963・1-2	なし		
3	早春의 꽃꽂이	378-380	尹得漢 꽃꽂이研究家
1963・4-11	なし		
12	63年 꽃꽂이의　決算 ―研美會展에서―	338-339	리틀・김인순（金仁順）・유성천・김숙자
1964・1-6	なし		
7	研美會꽃꽂이展	358-359	金仁順 研美會長
	（コッコジと料理無料講習会） 女苑社の講習会のお知らせ	343	コッコジ講師：任華公
1964・8-1965・2	なし		
3	3月의 꽃꽂이	357-358	任華公

掲載年月	タイトル	ページ	筆者
4	4月의 꽃꽂이	344-345	任華公
5	우리집의 꽃꽂이 (我が家のコッコジ)	356-357	李弼順 新世界社長夫人 評：任華公
6	우리집의 꽃꽂이②	354-355	趙英淑 中小企業銀行長夫人 評：金仁順
7	우리집의 꽃꽂이③	352-353	南鮮祐 大韓石油公社社長夫人 評：任華公
8	우리집의 꽃꽂이	370-371	鄭充熙 靑瓦臺秘書室長夫人 評：金仁順
9	꽃을 꽂는 마음（花を挿す心）	56-57	洪淑華
	〔コラム〕省墓할 때 꽃다발을 （墓参りのとき花束を）	420-421	任華公
10	꽃꽂이 巡礼②꽃을 꽂는 마음	72-73	오인숙
11	꽃꽂이 巡礼③꽃을 꽂는 마음	80-81	김진화
12	꽃꽂이 巡礼④꽃을 꽂는 마음	落丁（ページと筆者は確認できない）	
1966・1	正月을 위한 꽃꽂이	19-21	任華公
2	꽃꽂이 巡礼　꽃을 꽂는 마음	58-59	金苑廷
3	なし		
4	別冊附録に 「원예와 꽃꽂이（園芸とコッコジ）」		
5 - 8	なし		
9	（取材記事） 韓國 꽃꽂이 協會의 創立	284-285	韓国コッコジ協会会長 金仁順インタビュー
		285	洪淑華女史와　雅歌會
10	女苑家政学園十月中講座一覧	350-351	
11-12	なし		
1967・1	正月의 꽃꽂이	371	任華公
2	2月의 꽃꽂이　窓辺の対話 （窓辺の対話）	371	洪淑華
3	3月의 꽃꽂이　봄이여 어서오라 （春よ早くきて）	371	高霞水
4	食卓の꽃꽂이 해피・버즈데이 （ハッピーバースデー）	375	李相金 （後に韓国コッ芸術作家協会第三代理事長歴任）
5	なし		
6	이달의 꽃꽂이 戰場과 꽃 （戦場と花）	272-273	金倫田 任華公꽃꽂이同友会副会長
7	이달의 꽃꽂이 空間에 메아리지는 꽃의 合唱 （空間にこだまする花の合唱）	243-245	金晴明 霞水会꽃꽂이講師
8	이달의 꽃꽂이 여름의 한낮, 꽃과 물의 속삭임 （夏の真昼、花と水のささやき）	247-248	趙在仙 趙在仙꽃꽂이研究会長
9	새로운 꽃꽂이（新しいコッコジ） 플라워 디자인 （フラワーデザイン）	251-252	金貞子
10	〈女流名士　50人의 人生과 名言〉 健全한　精神은	134	任華公
11-12	なし		

＊（　）内に適宜、日本語訳を施した。 （筆者作成）

コジは、植民地期の日本社会のありようを引きずるものであったといえる。

　以後、3か月を空けて1962年12月から、再びコッコジが取り上げられるようになる（第2表参照）。まず同年7月号に一度登場していた、研美会の金仁順の作品が掲載された。金仁順[19]は戦前、日本の大阪に居住していた。1939年、大阪府岸和田市立の女学校を卒業し、1941-45年までの間、未生流[20]を習得した。帰国後、1956年第一回個展をソウル中央公報館で開催し、以後活動を続けた。先の「生花」の記述といい、このような日本をよく知る人物であるという履歴は、コッコジを牽引するものとして、むしろ相応しいと捉えられた感がある。

　次に、コッコジを学ぶ政財界の夫人たちの作品が取り上げられた。作品にはコッコジ研究家の批評（「評」）が付けられ、ここからコッコジが上流階級の趣味であることが印象づけられたといえよう[21]。またコッコジ研究家を名乗る者により霞水会（会長：高霞水）、任華公コッコジ同友会（会長：任華公）、研美会（会長：金仁順）、雅歌会（会長：洪淑華）、真善美会（会長：金苑廷）、趙在仙コッコジ研究会（会長：趙在仙）などの「会」が結成されている。

　留意したいのは、コッコジはいけ花と異なり「会」（集まり）を組織したのであり、日本のように家元制度に基づく「流派」を組織したのではなかったことである。さらに1966年、韓国コッコジ協会[22]（初代会長：金仁順、同副会長：洪淑華・金苑廷）が設立されている。コッコジの専門家や団体が『女苑』というメディアに登場したことから、これら一連の動きもまた韓国全土の不特定多数の読者に発信された。先の1958年に始められた無料講習会からおよそ10年の時を経て、コッコジ熱の高まりが感じられるとともに、コッコジは1968年ころには、確実に韓国社会に根付き始めていた。そこに韓国の高度成長期による経済的ゆとりが拍車をかけ、コッコジはさらに流行していった。

2. 『새가정（新家庭）』とコッコジ

　次に『新家庭』（写真2）であるが、同誌では1964年2月号からコッコジ作品の掲載が始まっている（第3表参照）。1968年7月からは尚美コッコジ会主宰、李仁徳[23]の作品が掲載され、やがて尚美コッコジ会会員の作品も掲載され

るようになったことからは、本誌においてもコッコジの広まりが感じられる。しかし、やはりコッコジの内容は任華公や高霞水と同様、日本のいけ花のように決められた型にそって学んでいくものではなく、自らの花の挿し方を説明するものであった。

　ここで注目するのは1968年度掲載作品から、コッコジにテーマが付けられていることである。『女苑』（第2表）においても、ほぼ同時期の1967年2月号から、作品にテーマが付けられている。近代いけ花には管見の限りテーマを付けるということはなく、現代いけ花では、場合によっては付けることもないわけではないが一般的

写真2 『새가정（新家庭）』1964年1月号　表紙（カラー）、ハングル

ではない。なぜなら、いけ花は基本的には型（形）、ひいては礼儀作法の修得としてや、日本の伝統的な行事の場に置かれるものとして学ぶものであるから、テーマを以っていけ花を作るという作業は取り立てて必要ないからである。

　1974年から1年間は、キリスト教系雑誌ならではといえる「祭壇のコッコジ」についても掲載され、コッコジの置かれる場所がさらに広がりを見せていることがわかる。言うまでもないが、いけ花の場合、仏前（御仏）や神前（天神）に供えるものとして発展[24]したもので、キリスト教の祭壇に飾るという設定は原則としてなかった。

　1975年5月号には前年、高霞水がコッコジを始めて20年目の節目に『韓国コッコジの歴史』を出版したことを受け、歴史的な考証を通じて学術的に研究した本として、コッコジ界では初めてのことであると紹介し、同氏に対するインタビューの内容を掲載した（Ⅲ-2高霞水(1)参照）。そこには1969年ころにコッコジ史を手がけ始めたことが記され、先の『女苑』においても指摘したように、このころにコッコジが韓国社会に根付き始めたことがいえる。その後『新家庭』1975年8・9月合併号、1976年11月号に、コッコジに関して「趣味を生かし副業」「このような副業どうですか」と、コッコジを教えることを副業と捉える記事が掲載されていることからは、コッコジのさらなる流行が窺える。

III アジアでの日本文化

第3表『새가정（新家庭）』コッコジの掲載一覧（1964-1976年）

掲載年月	タイトル	ページ	筆者
1964・2	이른 봄의 꽃꽂이（早春のコッコジ）	106-109	권현숙
4	4월의 꽃꽂이（4月のコッコジ）	100-101	권현숙
1968・7	차와 휴식（お茶と休息）	29	李仁德
10	10월의 꽃꽂이 ― 만추（晩秋）	132	李仁德
11	11월의 꽃꽂이 ― 기다림（待つこと）	132	李仁德
12	이달의 꽃꽂이（今月のコッコジ） ― 성탄절（聖誕祭）	108	李仁德
1869・1	이달의 꽃꽂이 ― 출범（出帆）	86, 108	李仁德
2	이달의 꽃꽂이 ― 미래상（未来像）	125, 150	李仁德
3	이달의 꽃꽂이 ― 봄의 소리（春の音）	8, 150	李仁德
4	이달의 꽃꽂이 ― 신화（神話）	8	李仁德
5	이달의 꽃꽂이 ― 모정（母情）	57	李仁德
6	이달의 꽃꽂이 ― 믿음（信頼）	8	李仁德
7	이달의 꽃꽂이 ― 초하（初夏）	8	李仁德
8-9	이달의 꽃꽂이 ― 사색（思索）	58	李仁德
	〔コラム〕美的見地から見たコッコジ	99	李仁德
10	이달의 꽃꽂이 ― 흑백（黒白）	8	李仁德
11	이달의 꽃꽂이 ― 연정（恋情）	8	李仁德
12	이달의 꽃꽂이 ― 성탄절（聖誕祭）	8	李仁德
1970・1	이달의 꽃꽂이 ― 신정（新正）	8	李仁德
2	이달의 꽃꽂이 ― 소망（希望）	8	李仁德
3	이달의 꽃꽂이 ― 봄의 소리（春の音）	8	李仁德
4	이달의 꽃꽂이 ― 봄의 찬가（春の賛歌）	8	李仁德
5	이달의 꽃꽂이 ― 계절의찬가（季節の賛歌）	8	李仁德
6	이달의 꽃꽂이 ― 첫여름（初夏）	8	李仁德
7	이달의 꽃꽂이 ― 밤（夜）	8	李仁德
8-9	이달의 꽃꽂이 ― 정（情）	8	李仁德
10	이달의 꽃꽂이 ― 가을（秋）	8	李仁德
11	이달의 꽃꽂이 ― 추정（秋情）	8	李仁德
12	이달의 꽃꽂이 ― 크리스마스 이브（クリスマスイブ）	8	李仁德
1971・1	이달의 꽃꽂이 ― 출발（出発）	8	李仁德
2	이달의 꽃꽂이 ― 축복（祝福）	8	李仁德
	〔コラム〕（現代人のコッコジ）	116-118	李仁德
3	이달의 꽃꽂이 ― 조춘상（早春想）	8	이준실／解説 李仁德
4	이달의 꽃꽂이 ― 훈풍（薫風）	8	李仁德
5	이달의 꽃꽂이 ― 모정（母情）	8	이신자／解説 李仁德
6	이달의 꽃꽂이 ― 산길（山道）	8	李仁德
7	이달의 꽃꽂이 ― 휴가（休暇）	8	이경표（尚美꽃꽂이회원）
8-9	이달의 꽃꽂이 ― 태양（太陽）	7	李仁德
10	이달의 꽃꽂이 ― 가을（秋）	8	전영숙（尚美꽃꽂이회원）

第8章　日本と韓国の文化交流　　　191

掲載年月	タイトル	ページ	筆者
11	이달의 꽃꽂이 ― 첫눈（初雪）	8	李仁徳
12	이달의 꽃꽂이 ― 한국의 아침（韓国の朝）	8	전성결（尚美꽃꽂이회원）
1972・1	이달의 꽃꽂이 ― 새해（新年）	55	李仁徳
2	이달의 꽃꽂이 ― 축복의 날（祝福の日）	5	李仁徳
3	이달의 꽃꽂이 ― 아빠의 생일（父の誕生日）	5	李仁徳
4	이달의 꽃꽂이 ― 부활절（復活祭）	5	李仁徳
5	이달의 꽃꽂이 ― 어머니날（母の日）	5	李仁徳
6	이달의 꽃꽂이 ― 새마음（新しい心）	58	李仁徳
7	이달의 꽃꽂이 ― 성하의 계절（盛夏の季節）	57	李仁徳
8 - 9	이달의 꽃꽂이 ― 영원（永遠）	8	장옥자（尚美꽃꽂이원）
10	이달의 꽃꽂이 ― 추정（秋情）	55	李仁徳
11	이달의 꽃꽂이 ― 만추（晩秋）	5	李仁徳
12	이달의 꽃꽂이 ― 새아침（新しい朝）	6	李仁徳
1973・1	이달의 꽃꽂이 ― 출범（出帆）	5	李仁徳
2	이달의 꽃꽂이 ― 봄의 소리（春の音）	5	李仁徳
3	이달의 꽃꽂이 ― 참사랑（真の愛）	5	이신자／解説 李仁徳
4	이달의 꽃꽂이 ― 기다림（待つこと）	5	이준실／解説 李仁徳
5	이달의 꽃꽂이 ― 봄비（春雨）	5	유경자／解説 李仁徳
6	이달의 꽃꽂이 ― 첫여름（初夏）	5	이경표／解説 李仁徳
7	이달의 꽃꽂이 ― 다정한 사람들（優しい人々）	5	함승아／解説 李仁徳
8 - 9	이달의 꽃꽂이 ― 숲속의 노래（森の歌）	7	李仁徳
10	이달의 꽃꽂이 ―만추（晩秋）	7	위홍전／解説 李仁徳
11	이달의 꽃꽂이 ― 행복한 약속（幸せな約束）	7	엄앵란／解説 李仁徳
12	이달의 꽃꽂이―성탄절（聖誕祭）	7	李仁徳
1974・1	제단의 꽃꽂이（祭壇のコッコジ）	7	이경숙（雅歌会）
2	제단의 꽃꽂이	7	이경숙（雅歌会）
3	제단의 꽃꽂이	7	이경숙（雅歌会）
4	제단의 꽃꽂이	7	최정순（雅歌会）
5	제단의 꽃꽂이	7	최정순（雅歌会）
6	제단의 꽃꽂이	69	최정순（雅歌会）
10	제단의 꽃꽂이	7	한시동（華公会）
11	제단의 꽃꽂이	7	박남순（華公会）
12	제단의 꽃꽂이	7	김영숙（ヤングフラワーデザイン協会長）
1975・5	〔記事〕꽃꽂이연구가 고하수씨（コッコジ研究家 高霞水氏）	54-55	―
8 - 9	〔コラム〕취미를 살린 부업（趣味を生かした副業）	57-59	李仁徳
1976・2	〔記事〕관심 높아가는YWCA규수반（関心高まるYWCA閨秀クラス）	68-69	―
11	〔記事〕이런 부업 어떨까요?꽃꽂이（このような副業どうですか）	134-135	―

＊（　）内に適宜、日本語訳等を施した。　　　　　　　　　　　　　（筆者作成）

Ⅲ 『女苑』の朝鮮人講座担当者と講座内容

1. 任華公

(1) 講座担当者の経歴

任華公[25]は1924年、江原道に生まれた。祖父が四季を通して庭で草花を栽培し、通信販売でタキイ種苗から花の種を取り寄せるほどであったというように、草花のある環境で育ち、花好きになったという。京城へは1930年代に任華公の高等女学校入学のため、一家で移り住んだ。

1941年に京畿公立高等女学校[26]を卒業したが在学中に、いけ花や茶の湯を実際に習った記憶はない。しかし学校で教えていたのは知っていた。なぜなら茶の湯は和室で教えられていたが、いけ花は和室ではなく正座でなかったことを知っていたためである。卒業後2年間、池坊[27]のいけ花を習い、先生は日本人の女性であった。日本人に交じって習い、朝鮮人は自分ひとりであった。茶の湯よりもいけ花を選んだのは正座を嫌ったためであったが、残念ながらこの教室は正座での稽古であった。

1943年に19歳で結婚したが、1950年、朝鮮戦争で夫と生き別れとなり、娘二人をつれてソウルに戻った。当時の仮住まいは日本式の家屋で床の間があった。花屋で気にいった花があれば買い込み、床の間にいける、花束にして友人に持っていく、東洋蘭[28]を自分流にいけ、また作品の参考にするため徳寿宮の美術館の朝鮮王朝時代の絵を見て歩いた。さらに東和百貨店と新世界百貨店でフラワーショップを始めたものの、うまくいかなかった。

1958年7月から、韓国銀行の女子行員約50人に教え始めた。同年10月、初の個展「任華公コッコジ・生花(センファ)小品展」をアメリカ公報院で開いた。同時期『女苑』紙上講座「今月の花」(表1参照)を連載し、女苑社の定期講習会講師となり、コッコジ作家として出発した。またソウルに滞在する外国人女性はコッコジへの関心が高く、外国人の弟子が多くできた。いけ花はそれまで「センファ(生花)」と呼ばれていたが、講習会を開催するにあたり韓国式の名称で呼ぶ必要から、『女苑』編集部が「コッコジ」という言葉を使い始めたのであった。

1960 年、「任華公コッコジ同友会」を発会した。第 1 回「華公会会員展」を開催し、それはのちに「華公会華芸展」となり、1973 年、「社団法人華公会」に改組した。いっぽう 1961 年、陸英修（後に朴正煕大統領[29]夫人）のコッコジの先生となる。1962 年 11 月、日韓国交以前に陸英修の取り計らいにより、日本へいけ花留学をした。陸英修を知ったのは、京畿高等女学校時代の恩師の紹介によるものであった。

1963 年、朴正煕大統領[30]の大統領府（青瓦台）の花の担当が始まり、玄関、執務室、応接室、食堂などに花を活け、それは 18 年間に及んだ。さらに駐韓外交官夫人、在韓商社員夫人に教えるようになった。また主婦の友社の協力を得て、再びいけ花を日本で学んだ。このころ梨花女子大学校等で教えた。子育て後の女性たちの間でもコッコジの流行があり、弟子も多くなった。駐韓外交官夫人のクラスを持つようになり、世界各国で展示会、デモンストレーションを行った。

1970 年、華公苑を造る。ソウル北西の山のふもとに一万坪の土地を購入し、桜、鈴蘭、竜胆など数十種類の草花を植え、栽培を行ったほか、1974 年からは、その華公苑の一隅に朝鮮伝統の白磁の窯を築き、陶工による花器の制作を行い、以後それを使用した。1979 年以降、個人作品集（韓国語・英語）や会員との作品集も発行している[31]。1984 年「フィラデルフィア・フラワー・ショー」に出品、ライフ・メンバーになり、イタリアでの活動も行った。またいけばなインターナショナル[32]のソウル支部に所属した。

2011 年まで、ウエスティン朝鮮ホテルで「（社団法人）華公会　華芸展」を年 2 回開催した。2015 年現在の教授活動等は、外交官夫人の教室・展覧会のみ継続中である。コッコジの会は後継者に譲渡したという。韓国に日本のような家元制度は見られない。

以上の活動軌跡から任華公が、植民地期にいけ花を習得し、戦後も日本へいけ花留学をしたことがわかる。またいけばなインターナショナルのソウル支部にも所属している。このことは、任華公自身のコッコジのルーツがいけ花にあることを意味すると考える。しかしそのいっぽうで朝鮮王朝時代の絵画を作品の参考にしたり、白磁花器の制作・使用をはじめとして、朝鮮文化をコッコジに取り入れ、大統領府の花を担当し、コッコジとして商社員夫人、

外交官夫人等に教え、海外へも積極的に活動範囲を広げたことがわかる。

(2) 講座内容

　毎回、2～3作品の花の挿し方を解説している。冒頭に花材についての話があり、次に(a)メッセージ、(b)花材と用具、(c)花材を挿す要領、(d)置き場所の4点について述べている。

　一例として1959年2月のコッコジについてみていく。この回は椿の作品と猫柳（ねこやなぎ）の作品の、2作品であった。以下、猫柳の作品をみる。

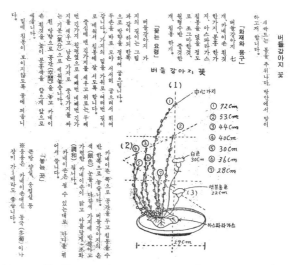

第2図　『女苑』1959年2月号　任華公「2月のコッコジ」

(a)「猫柳の花」新しく芽を吹く春を、寒いながらも部屋の中で迎えたいと思います。

(b)「花材と用具」猫柳（の芽）7枝、カーネーション白色1枝、桃色1枝、アスパラガス・剣山を覆う程度の小さいもの。円形水盤中くらいの1つ。剣山1つ。

(c)「挿す要領」猫柳の芽、枝の長さは絵のようにして、方向を一方にきめて曲げます。両手をまっすぐに合わせ、徐々に曲げていきます。枝の下をはさみで何度もたたいて直し、剣山によく立つようにします。

第8章　日本と韓国の文化交流　　195

中心に一番長い枝を立て、うしろに二番目に長い枝、右側の方に三番目、四番目の長い枝を立て、残りの枝で中心の枝を包む気持ちで立てておきます。まがった方面に空間を置き、カーネーションの白いものを高く、桃色のものを低く立てます。下の方、<u>剣山が見えないように、アスパラガスを水に浮かべます。カーネーションの方に空間を置き、剣山を水盤の片方に置きます。</u>猫柳の銀色の芽が茶褐色の枝に輝き、可憐なカーネーションが美しく澄んだ調和を見せます。カーネーションはなるべく節を折って使います。

(d)「置くところ」大部屋、洋室、応接間等。応用には、カーネーションの代わりに冬菊とかバラ、ガーベラもかまいません。

　　（以上、第2図の日本語訳。傍線、括弧入りアルファベットは読みやすさを図るため、筆者の加筆）

　コッコジの、いけ花と異なる点は、基本的な決められた型がなく、自らが考えた実際の花材の扱い方と、形の作り方を説明していることである。いけ花と同様と言えるのは剣山・水盤という、いけ花用具と、その剣山の水盤の中での隠し方・配置のし方であり、いわば外見としては同じといえる（傍線部参照）。

2. 高霞水

(1) 講座担当者の経歴

　高霞水[33]は1927年、慶尚南道の宜寧に生まれた。馬山（マサン）公立高等女学校[34]を卒業、同校は日本人中心の学校で、韓国人は8名程度だった。「家事」の時間に料理、被服、茶道、いけ花の授業があった。しかし当時は、いけ花などにはあまり興味がなかった。同氏の父親は医師で、母親はこの父との結婚のため、官立京城女子高等普通学校（後、京畿公立高等女学校）を中退したという。同氏は父親のように医師になる夢もあったが戦時中でもあり諦めた。

　朝鮮戦争後、京都外国語短期大学（現、京都外国語大学）英語学科を卒業した。日本留学中に京都や東京で池坊や草月流[35]のいけ花を学んだ。以後、草月流関係者との交流が続いた。帰国後、1956年霞水コッ芸術会（霞水会）

を創立し、1974年『韓国コッコジの歴史』を出版した。

同書について、『新家庭』1975年5月号に掲載されているインタビュー記事に高霞水は、「我が国のコッコジが、日本の影響をうけていたのは事実、日本から逆輸入した状態で、内容的に独創性が欠如していることは否認出来ない。日本のものだけまねをすることがもどかしくて、美しい花に我固有の精神を入れ込んで創造してみようという決心で、5年間苦労した結晶が、『韓国コッコジの歴史』の発刊」と述べ、「今（1975年）になって、コッコジはその活動も多様化して、家庭内だけではなく、舞台装飾や庭園などの屋外への進出で活動の幅を広めている。しかし今、わが固有のコッコジを発展させ、我々のものとして土着化させたい」と述べている。

また、「コッコジは、単純に花を器にさす行為だけではない。花の美しさに個人の教養と人の品格を入れる、1つの芸術を生むように創作する心が重要」といい、子らへの優しい環境つくりに役立つとも述べている。

（以上、「」のなかの文章は、ハングルで書かれた記事の日本語訳）

これらの記事から、高霞水のコッコジが「上流層の社交」というよりも、「内的な研究が忠実に結実」するものをめざしたことがわかる。事実として、同氏はコッコジの学問的研究を志し、コッコジ史に関する研究や著作も多い[36]。いっぽうコッコジを「日本から逆輸入した」ものであることを指摘していることも見逃せない。さらに「わが固有のコッコジを発展させ」、韓国独自の文化に育てたいという考えであった。

当初、いけ花とコッコジの差異は問題にされなかった。むしろ実際の内容はともかく、状況的にはコッコジ＝（イコール）いけ花であったと言って過言ではない。しかし高霞水の言説から、いけ花の影響を認めつつも韓国独自のものにするという、強い意志が感じられる。実際に近年の著作である『韓国伝統花藝：思想と歴史』（ハス出版社、2006年）、『韓国꽃꽂이歴史』（民俗院、2011年）、『하수꽃꽂이（高霞水コッコジ作品集）1958-2011』（民俗院、2012年）は、同氏のコッコジ研究の集大成ともいえる大著である。これらはたとえば花との関わりを、韓国思想史や民俗文化のありようから捉え直している労作であるが、その反面、コッコジ作品そのものの出発となった、いけ花との関係が曖昧であることは否めない。この点は今後、コッコジが「日本から逆輸入し

た」ものであるという言説とともに、検討を重ねたい。

(2) 講座内容

　毎回、3作品前後の花の挿し方を教えている。冒頭に花材についての話があり、次に(a)素材（花材）、(b)花器、(c)処理法、(d)挿す方法の4点について述べている。

　ここでは一例として、1961年1月号のコッコジについてみていく。この回は、つた蔓とキンセンカ、菊の作品と、猫柳と蘇鉄、菊の2作品であった。任華公と同じ花材を扱ったものとして、以下、猫柳の作品「作例B」を見る。

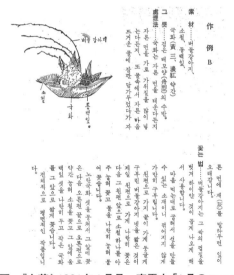

第3図　『女苑』1961年1月号　高霞水「1月のコッコジ」

(a)素材（花材）…猫柳、蘇鉄、冬椿の葉、菊（黄色3本、濃紅少し）

(b)花器…黒い舟型の水盤

(c)処理法…菊は切り口を焼いたり、切り口を横に挟み切りして、水に浸したり、また水の中で切った後、熱い湯にしばらく浸した後、切り口に灰をぬっておいたら、葉が長持ちします。

(d)挿し方…猫柳は、その芽の皮をはがして白い面がきれいに剥けたら使います。意のままに曲げて線が作れる素材ですから、折れないように

やさしく曲げます。左側に枝の先が行くように丸くまげた猫柳4枝を、短いのが一番左の方に行くように揃えて挿した後、その左側前に蘇鉄1つを横に寝かしてさし、二つを寝かせ近づけてさします。黄色い菊3本を固めてその前に挿して、次に右側の先に右側に少し寝かせて蘇鉄をさし、その前に冬椿の葉三つを揃えて並べ、小さい菊を前の方に短く挿します。全体的に平面的な作品です。

　　　（以上、第3図の日本語訳。括弧入りアルファベットは読みやすさを図るため、筆者の加筆）

　両者の作品を照らし合わせると、任華公は常に作品を置く場所を明記したが、高霞水は記していない、しかし任華公が記さなかった花材の処理法（水揚げの方法）を、高霞水は毎回記している。任華公は作品を含めた空間を大切にし、高霞水は作品そのものに視点を置いている。共通点は、いけ花のように、伝えられてきた型に当てはめるような方法では教えていないということである。両者はただ、自分の挿し方を教えている。決められた型を持たず、許状、免状という考えも見当たらない。家元制度によらないありようは、コッコジの特徴といえる。

IV　『女苑』の日本人講座担当者・嶋元恵美子と講座内容

1.　講座担当者の経歴

　嶋元恵美子は、植民地期朝鮮の京城に生まれた。南大門国民学校（小学校）を卒業後、京城公立第一高等女学校へ進学したが、同校4年で終戦を迎え、帰国後京都府立京都第一高等女学校に編入学、卒業した。卒業後に池坊、草月流を学んだ。結婚後、夫のソウルへの転勤に従い、ソウル梨泰院の外国人住宅に住み、『女苑』の紙上コッコジ講座を担当した。

　ここで注目するのは、この夫とは1961年ころから日韓の賠償交渉に関わり、1962年12月の賠償問題決着に尽力し、1965年6月の日韓基本条約締結の蔭の功労者とされる、読売新聞ソウル特派員嶋元謙郎[37]であったことである。

　1984～1988年に読売新聞ソウル支局支局長を勤め、嶋元夫妻と交遊のあっ

第8章　日本と韓国の文化交流

た山岡邦彦[38)]の談話によれば、「1962年当時、日本と韓国には国交がなく大使館もなく外交官もおらず、日本人在住者は皆無といってよかった。嶋元夫妻はともに戦前、京城の小学校を卒業し、中等教育までを朝鮮で受けており、朝鮮人の知人友人も多く、民間外交官のような立場にあった。このコッコジ講座の嶋元恵美子の登用は、日韓国交正常化に向けて、日本との距離感を読者層に訴えるものであったのではないか。本物のいけ花からノスタルジーを与え、一方で最新事情である経済協力という意図を感じさせるものだったのではないか」、という。1962年4月から4回のみであるものの行われた嶋元恵美子のコッコジ講座への登用は、日韓賠償交渉に絡む政治的な意図が働いていたことも考えられるが、現時点で確証は見いだせない。

2.　講座内容

　講座は1962年の4月、5月、6月、8月の4回であった。毎回A・B2作品の花の挿し方を解説している。注目するのは、第1回講座の「作品B」で以下のように解説していることである。

　　この作品では、日本の瓢(ふくべ)を使いました。
　高く伸びている連翹(れんぎょう)は、伸びていく韓国
　を象徴しているし、椿は春を意味します。
　素材…連翹8枝
　　　　椿3枝（一枝は蕾のあるもの）
　　　　茅の枝2枝
　花器…瓢（中くらいの大きさ）、水枕1、剣
　　　　山1
　挿し方…瓢の中に水枕を入れて固定させ、
　　　　その上に剣山を置いて、連翹8枝を長
　　　　短付けて、短い枝からまず右側から後
　　　　方に回しつつ生けます。椿の大きい枝
　　　　は左方後ろに、中枝は左側に、小さい

第4図　『女苑』1962年4月号
嶋元恵美子「今月のコッコジ」
第1回講座　作品B

枝は蕾が見えるように左前に生けます。茅の枝は、左前に2枝を並べて生けます。

(以上、第4図の日本語訳)

ここからは花器が日本、連翹が伸び行く韓国、椿が春を象徴的に表すというように、日本と韓国が1つになり、暖かな関係となっていくことを願うというメッセージが見出せる。

いっぽう5月号では作品解説の前に、「コッコジの基礎」として草月流「基本立真型（りっしんけい）」を使用して以下のように解説し、いけ花をコッコジと記している。

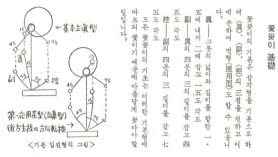

第5図 『女苑』1962年5月号　嶋元恵美子「今月のコッコジ」

コッコジの基礎

コッコジの基本は、三角形を基本にして〈真〉〈副〉〈控〉の三点を定めてこれに準じて変型〈応用型〉も作りえます。

真—器の広さと深さを合わせ、1.5倍ないし2倍として15度の角度。

副—真の4分の3の長さとし、45度の角度。

控—副の4分の3の長さとし、75度の角度。

すべてのコッコジの基礎は、このような基本型に従いますが、花なるゆえに、美しく挿すべきです。

(以上、第5図の日本語訳)

さらに6月号では作品解説の前に「コッコジの基礎」として、同じく草月流「基本傾真型（けいしんけい）」の図等を使用して解説している[39]。

第8章　日本と韓国の文化交流　　　201

　嶋元の講座はいずれもコッコジと記しながら、草月流いけ花の役枝名称、花型図を使用して、いけ花を解説している。ここから嶋元が、いけ花は型の踏襲であると考えていたことがわかる。また嶋元がコッコジを日本のいけ花を倣うものと捉えていたといえる。しかし流派名は出していない。草月流教授者の談話によれば、当時、この花型図は外部には出さないようにといわれていたという。このことはいわば秘伝の公開といえ、嶋元の、いけ花を伝えたいという強い思いから来たものと捉えられよう。

　講座が4回で打ち切られたのは、コッコジと記しながらも内容として、明らかに日本のいけ花が教えられた[40]ことによるものと推察する。それは反日感情が強くあったことがあろう[41]。また日韓賠償交渉に絡む政治的な意図により企画されたといえども、嶋元自身がコッコジ講座への寄稿を好まなかったことも考えられるが[42]、いずれにしろすでに当時を語れる者もなく判然としない。

V　おわりに

　いけ花を習得した韓国（朝鮮）人女性により、コッコジは始められた。それゆえ少なくとも当初のコッコジは、いけ花であった。さらに嶋元恵美子の『女苑』コッコジ紙上講座は、コッコジの内実が日本のいけ花であることを明白にしている。

　草創期のコッコジを担った者は、今日出版されているコッコジ関連出版物にある著者履歴や聞き取り調査から①植民地期朝鮮で朝鮮（韓国）人女性が、高等女学校卒業後いけ花を習い、朝鮮戦争後教えた（例：任華公）。②韓国人女性が、光復後日本に滞在、そこでいけ花を習い、韓国への帰国後教えた（例：高霞水）。③植民地期に日本に居住した朝鮮人女性がいけ花を習い、戦後、韓国に帰国し教えた（例：金仁順）。④朝鮮戦争後、韓国への夫（日本人）の駐在にともない、日本人女性も渡韓、いけ花を教えた（例：嶋元恵美子）。⑤朝鮮戦争後、韓国への夫（朝鮮人）の帰国にともない、日本人女性も渡韓、日本で修得していたいけ花を教えた（例：大邱の事例・脚注40参照）。以上、およそ5つのパターンに分けられる。④⑤の場合は、日本人の教えたいけ花

が、韓国人にとってはコッコジと捉えられたとも考えられる。

いっぽう植民地期朝鮮の学校では、朝鮮人は日本人としての生活を余儀なくされたが、家に帰れば朝鮮人としての暮らしがあった[43]。学校内では日本語の使用しか許されなかったが、日本人と朝鮮人との居住区は異なり、日本人との会話は学校外では全くと言っていいほどなく、日本人の生活は見聞きする程度であった。いけ花も、選ばれた少女のみが通うことができる高等女学校でわずかに行われていたにすぎない。このようななかで、コッコジを牽引した任華公、高霞水らは、日本人に接することが多い場所にいたことが履歴ならびに聞き取りからわかる。

また韓国人女性への聞き取り[44]から、以下のような証言も得ている。1960年前後に駐日韓国外交官夫人が、日本で草月流を習得し帰国した。その外交官宅の隣に住んでいて、近所の人たちと一緒にその夫人からいけ花を習うとともに、戦後日本の復興の様子を聞いた。さらにその女性は子どものころ、日本の女子専門学校に留学経験のある母親が読む日本の女性雑誌で見た、いけ花というものがどのようなものであるかやってみたかったので習った。その雑誌のいけ花の記事にあった草月流・勅使河原蒼風という名前をどのように読むのかがわからなかったため、いけ花のことが印象に残ったという。また当時、戦後の日本がどのようになっているかを知りたかったともいう。数年してその外交官が南米チリへ赴任したため止めることになった。その後、その女性が中心になり、高等女学校時代の友人5～6人でグループを作り、任華公のコッコジを習った。同氏に習おうと思った理由は、そのころすでにコッコジで名を成し、また高等女学校の先輩であったからという。

この韓国人女性を含め10年余にわたる聞き取り・史資料調査をふまえ、筆者は以下のような考えを持つ。かつての宗主国日本ならびにその文化に対する拒絶と、それとは裏腹に宗主国という存在への畏怖を伴う憧れ、自らの民族が持つものとは異質なものへの興味が、民族としての生活が以前に戻ったからといって簡単に消え去るものではなく、いけ花は、コッコジと名を変えてまで行われ、流行したのではないだろうか。また、日本語で話すこと、物事を考えることを余儀なくされた韓国（朝鮮）の女性たちは、否定しきれない日本人として生きたアイデンティティを、コッコジと名を変えたいけ花

第8章　日本と韓国の文化交流　　　203

をすることで、満たしたのではないか[45]。ここからコッコジ草創期の朝鮮人に、日本人女性はいけ花をするものである、という思いがあったと考える。

　しかし問題にすべきことがある。このコッコジと名を変えた日本のいけ花は、それが朝鮮（韓国）の人々にどこまで理解されていたのかと、疑問に思うことが多いのである。例えば、草創期のコッコジの教授者は女性のみであり、またその受容対象も女性である。それは植民地期朝鮮の朝鮮人に、いけ花は女性の嗜みと教えられたためと考えるが、日本のいけ花の歴史において、それは実際には男性の嗜みでもあった[46]。教授者（師匠）は、むしろ男性であることも多かった。

　さらに、いけ花の場合通常、数年学んだ程度で教授はしない。家元制度があり、家元や師匠の許しも必要である。しかしコッコジの場合は、個人的な努力やその後も来日するなどのいけ花習得を行ったというが、数年のいけ花習得でコッコジ講座を担当している。その講座内容も、日本のいけ花を習得したことを履歴に書きながら、独自の観点をもって行うもので、型の継承もない。管見の限りコッコジに家元制度というものを見ず、日本において、いけ花が今日に続く、家元の存続という本質的な部分は見過ごされていると考える。しかしいっぽうで花（植物）を素材として形作ることの楽しさ、花そのものの普遍的な魅力もあり、コッコジは流行したと思われる。

　最後に、同じく帝国日本の植民地であった台湾における、第二次世界大戦後のいけ花の受容[47]との相互参照を試みると、台湾においてもいけ花は、植民地期に高等女学校・女学校で教えられ[48]、当該期の日本人社会に深く根付いていたが[49]、今回の聞き取り調査からは、これまでの家に帰れば台湾人としての生活があり、いけ花を高等女学校で習っても家ではすることはなかったという証言に加え、高等女学校で習ってきたいけ花を、家で生けることが行われていたとの新たなる証言を得た[50]。また日本の流派のいけ花は、第二次世界大戦後も台湾で行われており池坊、小原流[51]等が引き続き行われ、日本のいけ花の家元制度に則って師弟関係が結ばれ、習得が行われている[52]。流派家元からの講師派遣による定期的な講習会や、デパートでの大規模な展覧会も催されている[53]。

　しかし台湾でも韓国におけるコッコジのように戦後、いけ花から台湾（中

国)独自の「花藝」「挿花」を再考し、台湾におけるいけ花を、中国挿花の歴史として捉えなおす流れもある[54]。コッコジ史の例と同様に、ここからは、いけ花という日本の伝統的文化が朝鮮・台湾・中国という東アジアの国々の文化形成に一石を投じたことが見いだせる。今後さらにこの点をふくめ、いけ花を通した東アジアの文化交流について検討を加えたい。

付記

　　本章は、拙著「コッコジ（韓国いけ花）草創期にみる日本人観」『立命館言語文化研究』第28巻3号　2017年、拙著「コッコジ꽃꽂이（韓国いけ花）の成立」（関西部会2017年6月例会報告）『朝鮮史研究会会報』第210号を、加筆修正したものである。

注

1）日本の統治期間は、1910年8月韓国併合から1945年8月15日天皇「戦争終結」の詔書の放送まで。植民地期朝鮮における高等女学校教育は、高等女学校令（勅令第31号、1899年）に準ずるものであった。

2）1945年8月15日、大日本帝国（帝国日本）の植民地支配から解放されたことをいう。

3）以下、いけ花については、小林善帆「いけ花史試論」前編『いけ花文化研究』創刊号　国際いけ花学会　2013年：3-23頁、同「いけ花史試論」後編『いけ花文化研究』第2号　国際いけ花学会　2014年：2-22頁を参照されたい。

4）日本では1970年代、「花芸　安達流」というように、いけ花を「花芸」ということがあったが、それほどこの言葉は普及していない。韓国においては、1980年ころからの使用がみられる。韓国では「華藝」、日本では「花芸」と記される。

5）コッコジ（꽃꽂이）とは韓国語で、花を挿すという意味。

6）韓國園藝學會、韓國花藝デザイン學會、韓國コッ藝術學會ほか。

7）1956年ころにコッコジの会が結成されはじめ、1976年ころにその普及が見出されるため、1956年〜1976年の20年間とする。

8）小林善帆『「花」の成立と展開』和泉書院、2007年、386頁。

9）小林善帆「近代女子教育における茶の湯―植民地朝鮮の女学校・高等女学校の事例をふまえて」『女性研究者による茶文化研究論文集』茶文化研究発表会実行委員会（茶学の会内）2013年。

10）①前掲注9、②小林善帆「植民地朝鮮の女学校・高等女学校といけ花・茶の湯・礼儀作法―植民地台湾との相互参照を加えて」『日本研究』第47集、国際日本文化研究センター、2013年。

11）『女苑』（ハングル）は、1955年10月に創刊された月刊女性総合雑誌。発行人は金益達、

第8章　日本と韓国の文化交流　　　　205

発行は学園社（1956年から女苑社）。同社は、料理やコッコジなどの講習会を開催し、女性たちの共感を得た。1970年4月号（第175号）で廃刊。

12）『새가정（新家庭）』（ハングル）は、1954年1月に創刊したキリスト教系月刊女性雑誌。発行人は金春培。発行は大韓基督教書会の中の새가정社。同誌のコッコジに関する記事は、1964年に始まる。大韓基督教書会とは、1890年キリスト教書籍の出版や販売及び普及を目的にして設立した超教派的連合事業団体で、1890年6月長老宣教会とメソジスト宣教会が連合して作った朝鮮聖教書会が起源である。韓国の主要キリスト教派には長老教、メソジスト教、浸礼教、聖潔教、ルーテル教、大韓聖公会などがある。

13）韓国において『女苑』に関する論文は何本もあるが、そこにコッコジについての考察、言及は見当たらず、コッコジ自体に関する論文も見当たらない。

14）『女苑』1962年4月号、315頁「筆者紹介」によると、4年まで「京畿高等女学校」に在学したとあるが、卒業生の証言から当時そのような日本人が同校に在籍した事実はないといい、さらに同校は朝鮮人の通う学校であったため、日本人の通うトップ校であった京城公立第一高等女学校（戦後廃校）の誤記と考える。2017年5月、嶋元家への聞き取り調査からも、京城公立第一高等女学校の卒業との証言を得た。また、同号314頁は「嶋元美恵子」と記されているが、これも誤記である。

15）水盤花器・剣山を使用するのでなく、花器と花材を一体化させたオブジェ的作品。

16）初出は『女苑』1959年4月号、1960年6月号においても使用している。

17）『女苑』1960年9月号、342頁。

18）任華公：京畿高等女学校卒業、1941-43年に池坊を学ぶ。高霞水：馬山高等女学校卒業、日本京都外国語短期大学卒業、池坊、草月流入門。嶋元恵美子：京城公立第一高等女学校・京都府立京都第一高等女学校卒業、池坊、草月流を学ぶ。

19）研美会編著『꽃꽂이　四季詞』集賢閣発行　1977年によれば、1921年慶南金海で出生、1966年韓国コッコジ協会創立、同会初代会長。研美会主宰。1976年には梨花女子大、淑明女子大、徳成女子大、YWCAなどでも教えている。

20）日本のいけ花流派の一つ。江戸時代後期、19世紀初め、未生斎一甫によって創流された。大阪・関西を中心に発展し、多くの会派に分かれている。

21）高霞水により、「コッコジが上流層の社交」と指摘されるのは、このようなことを指すと考える。

22）高霞水は参加したが、任華公は参加しなかった。以後も任華公は、いずれの協会にも参加せず、独自の道を歩み続けたという。

23）李仁徳著『꽃藝術總論』1993年によれば、1934年生、1954年明知大学校卒業、1965年尚美꽃꽂이創立、1981-83年韓国コッコジ協会第6代理事長。また1981年、韓国コッコジ協会東京支部・釜山及び嶺南支部・湖南支部を開設した。

24）前掲注8、3-143頁。

25）任華公女史への聞き取り調査は、2010年12月（於ソウル鐘路、華公会会館）、2012年2月（於ソウル華公苑、同近隣レストラン）において行った。両調査ともに同行者、

柳壽仁（華公会）氏。また、任華公『華藝』主婦の友社、1979年に掲載された「著者略歴」を参考にした。

26）京畿公立高等女学校は1908年4月、純宗勅命により官立漢城高等女学校として設置された、植民地朝鮮で最も伝統ある、朝鮮人のみを対象とした名門高等女学校であった。同校については、前掲注10②、小林善帆編著『植民地期朝鮮の教育資料』Ⅱ、国際日本文化研究センター、2016年、107-180頁に詳しい。

27）日本のいけ花の流派の一つ。最も古い伝統を持つということから、「流」という名を使用していない。特に「立花」様式を現代に伝えることに特徴を持つ。

28）東洋蘭とは、東アジア（主に中国、台湾、日本）で産するシンビジウム系のラン。

29）朴正熙大統領（1917-79年）：韓国第5-9代大統領（任：1963-79年）。1961年、将校団を率いてクーデターに成功。独裁政治のもとで日本との国交再開、ベトナム参戦、経済開発などを推進した。

30）韓国學中央研究院山本浄邦氏の談話（2016年2月）によれば、朴正熙大統領は、造園ならびに草木花に関して造詣が深い人物であったという。

31）任華公の、1980年代から1990年代、主婦の友社からの出版物に『華藝』『華藝百人輯』Ⅰ-Ⅴ、『華藝』Ⅰ-Ⅲなどの作品集がある。

32）一般社団法人いけばなインターナショナルは、1956年東京に設立された国際的な文化団体。国籍も所属流派も多様な会員が、いけ花とそれに関連した日本の文化・藝術の紹介を通して相互理解と友好を深める活動をしている。2017年現在、韓国には釜山支部とソウル支部がある。以上、http://www.ikebanahq.org による。

33）高霞水氏への聞き取り調査は、2015年8月ソウル、高霞水会館において行った。同行者、金仙花氏（博士（人間・環境学）、京都大学）。この聞き取り調査に先駆けて2015年5月、高霞水氏への事前調査説明（於ソウル高霞水会館）を金仙花氏にお願いした。8月の聞き取り調査に至るまでの一連の金仙花氏のご尽力を記して深謝する。

34）馬山公立高等女学校は1915年3月、馬山実科女学校2年制として認可され、1921年4月馬山公立高等女学校4年制となる。

35）日本のいけ花流派の一つ。1927年、勅使河原蒼風により創流される。同氏は「盛花」「投入花」という近代に作られたいけ花の様式により、安達潮花（安達流初代家元）とともに戦中戦後のいけ花界を牽引した。

36）一連の労作は、韓国国立中央図書館に収蔵されている。

37）1927年鹿児島県種子島生まれ。父嶋元勤が戦前の京城で『京城日報』勤務であったため、京城で育つ。三坂小学校卒、旧制中学校卒業まで京城であったという。1973年8月、金大中拉致事件でKCIAの関与をスクープして、一時国外退去・支局閉鎖になる。1961年から1981年まで断続的に読売新聞ソウル特派員を勤める。2010年逝去。

38）2017年現在、北海道教育大学函館校教授。

39）この図等は、小林善帆「コッコジ（韓国いけ花）草創期にみる日本人観」『立命館言語文化研究』第28巻3号、立命館大学、2007年、133頁に掲載している。

第8章　日本と韓国の文化交流　　　207

40）しかし蔚山大学校教授魯成煥氏からのご教示によれば、1960年ころから近年まで、日本の東北地方で韓国人大学教員と結婚した日本人女性が、その夫の帰国にともない韓国大邱（テグ）に住み、小原流のいけ花を教えたが、同地の人々に非常に人気を博していたという。

41）反日感情に関して、岸信介・矢次一夫・伊藤隆『岸信介の回想』文藝春秋、2014年、271頁（単行本　1981年文藝春秋刊）において、矢次は、「韓国側からすれば、国家の主権をかつて日本に奪われたという恨みは簡単に忘れることはできない、ということです。（中略）私はこれを何百人もの人からいわれた」と述べている。また、反日感情を扱ったものとして、朴裕河著・安宇植訳『反日ナショナリズムを超えて　韓国人の反日感情を読み解く』河出書房新社、2005年、等がある。

42）嶋元恵美子（故人）と親しかった山岡邦彦氏夫人の談話によれば、「いけ花講座は良い思い出でないので記録も残さず、話にものぼらずであったと思われる」という。嶋元家への聞き取りからは、嶋元謙郎の妹と嶋元恵美子の妹、両者によれば、恵美子遺品にはコッコジ関連のものは何も残されていない。良い思い出ではないのではないか、晩年はいけ花にかかわらずソウル時代の話は出なかった。当時4歳くらいであった謙郎の次男は、うっすらとソウルで母恵美子がいけ花をしていたことを、覚えているという（この件については、朝鮮史研究会関西部会2017年6月例会で報告した）。

43）前掲注10②216頁。

44）2016年2月・同年3月、於ソウルロッテホテルロビー、韓一食堂・同ビルコーヒーショップにて、柳壽仁氏からの聞き取りによる。

45）重村智計『韓国人はほんとに日本人が嫌いか』講談社、1987年、183-184頁において、重村氏は日本語教育を受けた世代に対し、「建前では、「反日」を誰よりも強く主張しながらも、心の中では日本への理解と青春時代を過ごした日本への郷愁が複雑に交錯する」と述べている。

46）植民地期朝鮮で、いけ花が男性の嗜みでもあることは、全く知らされなかったわけではない。京畿中学校（旧制・朝鮮人対象の男子中等教育名門校）では、文化祭の園芸部の展示に、いけ花も展示されている。小林善帆編著『植民地期朝鮮の教育資料』Ⅰ、国際日本文化研究センター、2015年、10頁。

47）詳細については今後、稿を改める。

48）小林善帆「植民地台湾の高等女学校と礼儀作法空間」『民族藝術』第25号、2009年、小林善帆「植民地台湾の女学校といけ花・茶の湯」『芸能史研究』第189号、2010年に詳しい。

49）やまだあつし「日本統治時代台湾の神社例祭における奉納いけ花―『台湾日日新報』記事を資料として―」『いけ花文化研究』第4号、国際いけ花学会、2016年。

50）2017年3月12日、小原流台北支部支部長・廖美容氏、元役員・遊金足氏、元役員・黄美智氏への聞き取り調査、於台北シェラトンホテル。

51）日本のいけ花の流派の一つ。明治中後期、小原雲心により創流される。「盛花」を創

始したことで知られる。廖美容「以自然物件為媒材　小原流挿花藝術研究」国立台湾藝術大学美術学院造形藝術研究所美術組碩士論文のように、小原流を習得している者による小原流の研究がある。

52）2017 年 7 月 7 日、池坊高雄支部前支部長・郭秋絹氏への聞き取り調査、於高雄カインドネスホテル。2017 年 9 月 23 日小原流高雄支部支部長・李淑貞氏、元役員・黄梅花氏への聞き取り調査、於高雄アンバサダーホテル。

53）前掲注 50、52 の聞き取り調査から。また各流派、支部において記念誌も出版されている。一例として李淑貞『高雄支部創立 35 周年紀念花展　秋韻』小原流高雄支部 2017 年がある。

54）欧秀珍「従臺灣近現代花藝発展歴程（1895～1986）論「中華花藝」成立之時代意涵」南華大学視角興媒体藝術学系碩士班碩士論文、2010 年（民国 99 年）によれば、1986 年に「財団法人中華花藝文教基金会」が設立され、それは「台湾生花」の主体性が明確化したものであるという。

コラム

現代の在日コリアン社会における
チェサの変容

李裕淑

チェサと在日コリアンのアイデンティティ

在日コリアンの歴史も 100 年を超えた。その間、1 世の多くは祖国への強い帰属意識を持ち、祖国へ帰る意志の如何を問わず、祖霊を祀るチェサ[1]を行ってきた。チェサとは、祖霊を祀る慣習である。祖先祭祀の習俗は三国時代[2]以前から行われてきたが、高麗末期に儒教儀礼が導入された[3]。その後の朝鮮王朝時代 (1932 年～1910 年：ただし 1897～1910 は大韓帝国)、朱子家礼[4]に則った儒教的なチェサが広まった。小倉紀蔵は、「朝鮮は新羅の時代から中国化の度合いを深め、高麗時代 (918～1392) には庶民の姓名も中国式になった。科挙が取り入れられたのも、高麗時代である。そして、朝鮮王朝になると、朱子学によって国造りを推進する[5]」と記している。そのため、在日コリアンも中国、南宋時代に成立した朱子家礼に則ったチェサを行ってきた。

しかし、一世の減少などもあって、祖国との関係をはじめ在日社会も大きく変貌しつつある。今や将来的に祖国への帰還を考えている人はごく少数になり、日本への定住が自明となった[6]。当然、このような傾向は祖先崇拝の祭祀にも変化をもたらし、それは在日のアイデンティティと連動している。このような状況について本コラムでは在日コリアン、特に女性たちがチェサについてどのように考えているかについてのインタビュー調査を通して彼ら

のアイデンティティについて考察する。

　2011年6月に始めたインタビュー調査は、現在も継続している。インフォーマントは、女性が9割を占める。実施地域は在日コリアンの集住地区を中心に、京都市南区（東九条）、京都府宇治市伊勢田（ウトロ）、大阪生野区（猪飼野）や東京足立区などである。インタビューでは、チェサの実践の有無など、簡単な質問を設定したが、チェサについての全般的な考えを聞くため、自由に話して貰うように心がけた。チェサは親族または家庭内というプライベートな祭祀なので、インフォーマントを得るのはあまり容易ではないし、家族のプライバシーに抵触することは聞きにくい。そのため、必然的に知人の紹介でインフォーマントを探さざるをえなかった。本章では、在日コリアンが集住し、チェサが顕在化している東京都足立・荒川区に住んでいた2世の在日コリアン女性A氏にインタビューをした。彼女は長男の嫁として、現在もチェサの祭需の準備をしている。

写真1　準備されたチェササン（祭祀床）―向かって右奥には伝統的な韓国の餅などが、左奥には現代風の菓子が供えられている―

写真提供：B氏　撮影日：2012年11月8日　撮影場所：大阪市生野区

女性の語りに表れる日本化

　1953年に東京都荒川区西日暮里で生まれたA氏は、本籍を韓国済州道とする看護師である。彼女のインタビューの一部は次のようなものである。

　　チェサにはコモ（夫の叔母）たちや近所に住んでいる親戚もみんな来るし、山形や群馬に住んでいる従妹も来ていた。準備もそのあとの後片付けもあったので、寝る時間もなかった。苦労したわ。私が50歳になる前にハラボジ（祖父）、ハルモニ（祖母）も亡くなって、60歳になった時、夫に「私はもう足立に住むのは嫌だ」といった。引っ越しと同時に、チェサのやり方を変えることにした。「正月は子どもたちも来るし、孫たちにチェサを見せたいから家で簡単にする。親戚は呼ばない。旧盆とチェサの日は家でチェサをしないで墓参りだけをする。墓でチェサのようにお供えをして礼（チョル）[7]をするつもり。供えたものは家にまで持って帰ってはだめだというから、簡単に少しだけ持っていくことに決めた」と宣言すると、夫はただ「うん」と言った。男なんてチェサの日はただ座って食べて飲んでいるだけなんだから、何も言わせないわよ。私も働いているのにチェサの料理の準備も全部して、祭祀床（チェササン）[8]を調えるのは男の仕事なのに早く帰ってこなかったりするので、私が供えるのも全部して、仕事が忙しくてどうしてもお客用の料理を作れないときは、知っているお店にチャップチェ[9]などを頼んだりしていたわ。

　幼少のとき、A氏の夫は父親を亡くした。未亡人になった母親は、一人息子である夫を連れて東京から大阪に戻った。しかし、チェサは長男が代々継いでいくものだと、ハラボジたちは幼い夫を連れ戻した。ハラボジが43歳、ハルモニが42歳のときだから、ハルモニはまだ子どもを育てる元気があったようだ。その後に母親は再婚したので、縁が切れた状態である。A氏が嫁いだ足立区関原は済州島の為美里[10]の人たちが多く住み、1世たちは互いに知り合い同士である。在日コリアンのほとんどの家庭が、チェサをしていた

という。このような在日コミュニティでは、チェサを一生懸命するのは当然で、チェサをしなければならないという無言の抑圧をA氏は感じていたが、息子や嫁にはチェサを継がせないと決心したという。A氏の語りは、次のように続く。

> 韓国でもチェサは簡単にしているっていうじゃない。だから、息子にもちゃんと言ったわ。「あなたたちにはチェサは譲りません」って。「チェサはしなくてもいいよ」。ではなくて、私が息子にチェサをさせないのよ。あの子たちも、チェサがあったら大変じゃない。だから、チェサはさせないの。嫁は日本人だから、チェサをやれと言っても無理よ。可哀想じゃない。だから、私の代ではっきりさせておくのよ。息子と嫁に墓だけは守ってね、と言ったの。

彼女は見合い結婚をした。夫は長男だと聞いたので、彼の父親のチェサをすることは分かっていた。夫を育てたハルモニは、厳しい女性で結婚生活は大変だったという。彼女は、チェサでは女性ばかりが大変な思いをするので、疑問を感じていた。息子も娘も、日本人と結婚した。子どもたちは日本で生きていくのに、チェサをさせるのは可哀想だと思っている。そこで、自分の代でチェサは終えようと考えた彼女は、チェサをしなくてよいと伝えるだけではなく、「チェサは譲らないからしなくていい」と話した。墓を建てたので、子どもたちが墓を守って、くれればいいと彼女は考えている。その墓参りも、旧盆の日に行くので、平日の場合にはサラリーマンの息子は一緒に行けないことが多い。その時は、夫婦だけで行く。日本に定住していく子孫は日本の慣習に合ったように生きて行けばよいと考えている。さらに、A氏は儒教について、以下のように話した。

> 私は儒教が嫌い。仏教の方がまだまし。身分制度が厳しいし、上の者が下の者を押さえつける。縦の線が強い、圧力というか。年上が絶対で下は何も考えないで上に従えっていうのが嫌。息苦しくって、そんなの自分で考えないと発展しないんじゃないの。昔のままに守らないといけな

写真2　祖霊にチョル（礼）をしている祭主
写真提供：中山和弘氏（写真記者）　撮影日：2016年5月10日　撮影場所：京都府宇治市

いなんて、時間も夜中にするなんて、昔は農耕社会だからできたのよ。今の日本社会では無理よ。「親を大切にする。孝を尽くす」というけど、どこの宗教でも親を大切にしなさいというんじゃない。仏教も親孝行しなさいというでしょ。仏教は何回忌ってやるから、毎年しないでしょ。私が死んだら仏教式でいいの。

　A氏は若い頃、チェサに祖霊が来訪しているのではないかとも考え、この祭祀を守っていかなくてはならないと考えていたという。しかし、儒教の男尊女卑的な側面に、彼女は納得できなかった。また、子供たちが日本人と結婚し、日本社会のなかで仕事をしていることから、儒教式のチェサを継がせるのは息子に負担をかけると考えた。自分自身も看護師として勤めながらのチェサの準備は負担が大きかった。そして、日本に産まれ育ち、日本の仏教式葬礼を目にしてきた彼女は、自分が死んだときは子どもたちに日本式の葬式をしてもらい、死後には日本の仏式で法事をしてくれたら一番よいと思うようになった。しかし、在日コリアンのアイデンティティの拠所として、A氏は子どもや孫の集まる正月だけはチェサの形式を残しているという。

さまざまなチェサのありかた

 1世が中心であった在日コリアン社会では、チェサによって親族、同郷者や民族団体の結束が維持されてきた。チェサは民族的アイデンティティを表出する場であり、それを次世代に継承する場でもあった。民族団体も、チェサを民族の伝統文化として行うことを奨励してきた。そのため、儒教的チェサの家父長的で男尊女卑的な側面を指摘するのは、アイデンティティを非難することと捉えられていた。1世たちは、自分たちが経験してきたチェサの形態を守ろうとした。しかし、在日コリアンは日本社会で定職を得るようになったり、日本での生活が長くなったりして、日本文化の仏教的な葬儀や法事に馴染むようになった。そうすると、自分たちの生活スタイルに合うようにチェサは変容されるようになった。それは、女性たちの社会的地位が上がり、家庭内での立場も強くなったことも大きい。彼女たちは、チェサの存在意義そのものを考えるようになった。つまり、チェサの変容や継承の有無まで決定する時代が訪れたのである。それは、女性にかかる負担が大きく、自

写真3　墓でのチェサ―墓参りを兼ねる―

写真提供：C氏　撮影日：2016年5月15日　撮影場所：茨城県坂東市

コラム　現代の在日コリアン社会におけるチェサの変容　　　215

分たちが辛かったという理由だけではない。

　日本社会での定住が自明となり、日本国籍の取得や国際結婚も増加した。日本で生まれた在日コリアンの母語は日本語で、名前も通名を使っている場合が多い。在日のアイデンティティは、より複雑で多層化している。1世に育てられ、その影響も強い2世は自分たちのルーツが朝鮮半島にあることを意識している。しかし3世以降が韓国・朝鮮と一体化するアイデンティティを保つのは実際のところ難しい。2世の在日コリアン女性はそのような時代の流れを察し、朱子家礼に則ったチェサが時代に合わなくなっているのを感じとっているのである。彼女たちは儒教的な世界観を持たず、家父長的な秩序を受け継がない次世代にチェサをそのまま引き継がせることにも疑問を持っている。1世が姿を消しつつある現在、次世代がチェサを継承しない場合、朝鮮民族としてのアイデンティティを継ぐのは、極めて難しい時代になったといえる。

　一方、日本語を話せず通名を名乗っていても、在日コリアンも祖先の繋がりにおいて朝鮮民族と一体化し、そのことに誇りを抱いている人も多い[11]。1世の思いを継いで祭需を作り、旧来の形態でチェサを守り継いでいる在日コリアンもいる。本章では、1人のインタビューしか取り上げられなかった。チェサをやめた人、反対にアイデンティティのよりどころとしてそれを変容させながらも守り継いでいこうとしている人たちについては、稿を改めて論じたい。

注

1）チェサとは、一定の方式で飲食を調えて一定の形式に従って心霊や亡くなった祖先の神に礼をして祈る儀式。『延世韓国語辞典』（トゥサントンア出版、1998年）。

2）朝鮮史上の三国時代とは、4世紀初から7世紀中頃までの高句麗、百済、新羅が鼎立していた時代である。『古事記』や『日本書紀』によれば、とくに4世紀後半から日本との関係も密接になった。姜在彦『朝鮮儒教の2千年』（朝日新聞社、2001年）、38頁。

3）金花子「韓国の人生儀礼」、片茂永編『韓国の社会と文化』（岩田書院、2010年）、133頁。

4）朱子家礼とは中国の冠婚葬祭の儀礼に関する朱子の学説を集めたもので、別名「文公家礼」と呼ばれる。

5）小倉紀蔵『創造する東アジア―文明・文化・ニヒリズム』（春秋社、2011年）、293頁。

6）在日本大韓民国居留民団（民団）は、1994年4月に日本に定住する意味で「居留」

の文字を削除し在日本大韓民国民団と名称を変更したことからも、定住志向がうかがえる。

7）他人に恭敬の意味で体を曲げてする挨拶。程度や状況及び対象によって行う方法が違う。『国立国語研究院　標準語国語大辞典　中巻』国立国語研究員編（斗山東亜出版、1999 年）5379 頁。

8）祭祀をするために食べ物を準備して調えた膳。

9）茹でた春雨と炒めた野菜、キノコ、肉などを醤油ダレで和えて作った料理。来客があると、宴会などでよく提供される。

10）南元邑為美里は、済州島南部に位置する西帰浦市にある。温暖で、ミカンなどが栽培されている。

11）谷富夫「定住外国人における文化変容と文化生成」、宮島喬・加納弘勝編『変容する日本社会と文化』（東京大学出版会、2002 年）、215 頁。

第9章

フィリピンにおける
日本語学習者の対日イメージ

日系学生・非日系学生と日本のコンタクト・ゾーン

木下　昭

I　はじめに

　海外において、日本がどのように見られているのかは、今日でもさまざまな場面で話題になる。当然のことながら、多種多様な答えがあるが、なかでも注目すべき対象の一つとして、日本語学習に取り組む人々の見解をあげることができる。というのは、日本人とのコミュニケーションや日本語情報の受容や発信を目指す彼らは、日本と海外を結ぶキーパーソンとなりうるからである。

　実際、特定の国家の公用語となっている言語を学ぶことは、現代においてもその国家と結びついた作業になることが多い。日本語も日本という国民国家との紐帯ゆえに、日本の存在が日本語学習の契機となるし、また日本語学習のなかで日本に触れると考えられる。その場合、日本語学習者は、具体的にどのような日本を見ているのだろうか。この問いから得られる示唆は、海外の日本語学習の現状を分析する上でも、さらには日本語学習と深く結びついた日本と海外との関係を考察する上でも、貴重な手がかりを与えてくれよう。

　この日本語学習と日本との関係については、これまでも議論が重ねられてきた。近年盛んに論じられたのは、日本語教育のなかで日本人ないし日本文化が固定的に描かれ、学習者に日本への同化を強いていることである。これらの議論は、「一民族一国家」を前提として単一文化を強いがちな国民国家

の論理が、「実用的」といった観点から日本語教育に浸透していることを、授業のエスノグラフィや教科書分析などを用いて問うてきた。この背景には、1990年代にとりわけ熱を帯びた国民国家批判がある[1]。多文化共生社会日本を目指すという視点からは、こうした議論は重要である。

　しかし、留学であれ就職であれ、より具体的な目的を持って日本語学習に取り組むものは、特定の日本人像や日本文化に対する見解を前提として、日本語を学んでいるのではないだろうか。明確な目的を持つ学習者の典型は、海外の大学で日本語を核とするコースに在籍し、多大な時間と労力、そして費用を費やし、人生を左右しうるような形で言語学習を行っている人々である。そのような教育機関が限定されているため、彼らは日本語学習者の多数派ではないであろう。しかし、彼らの多くが職場や学校、コミュニティにおいて、日本文化や日本人と関わることを想定していると考えられる。そして、彼らは日本と出身国を中心に、相対的にレベルの高い日本語能力を生かして、多方面で影響を与えてゆく可能性がある。そこで、彼らが日本語を学ぶに至る過程、そしてそれと密着している彼らの日本観（対日イメージ）の内実や形成要因を探りたい。

　この種の研究は、中国や台湾といった日本語教育が盛んな地域にある大学を対象に、おもにアンケート調査によって行われてきた[2]。本章では、これらに新たな知見を加えるために、フィリピン南部ミンダナオ島の主要都市ダバオにある「ミンダナオ国際大学（Mindanao Kokusai Daigaku）」の学生を取り上げる[3]。ミンダナオ国際大学には日本語教育を中核とするコースがあり、創立から10年を越えて、多くの卒業生を送り出してきた。この大学に注目するのは、一つにはフィリピンの公用語が英語であるため、その「世界共通語化」の影響をこの国が直接受けていることである。したがって、英語の重要性がさらに高まっている現代に、日本語学習者がどのように日本語に取り組んでいるのかについて、この大学での調査が一定の示唆を与えうる。

　ミンダナオ国際大学を研究対象とすべきもう一つの理由は、一般のフィリピン人学生とともに、日系人が学んでいることである。日系人は、いわゆるニューカマーの在日外国人の中心となっており、日本との関係において重要性は高い。そのこともあって、南米を中心に日系人は、日本語学習者研究の

第9章　フィリピンにおける日本語学習者の対日イメージ　　　219

一つの焦点で、これまで多くの調査が行われてきた[4]。本章では、彼らの日本語との関わりや日本観を、一般学生と比較しつつ考察したい。同じ教育機関において学ぶ両者の比較研究は、まだ希有である。

　この学生たちを研究するにあたっては、彼らの日本観が形成される場を、コンタクト・ゾーンと見なし、それに影響を与えているさまざまな要素を考察したい。「コンタクト・ゾーン」という概念は、植民地支配者と被支配者とが邂逅する空間を意味しており、近年ではこれを踏まえて、幅広い事例を扱うために用いられる[5]。日本とフィリピンの間には、この概念を用いるのにふさわしい力の不均衡が存在する。

　本章の議論は、2011年9月と2013年9月、そして2015年9月に、ミンダナオ国際大学とこれを運営する「フィリピン日系人会 (Philippine NikkeiJin Kai, Inc.)」で行った調査にもとづいている。まず、学生たちに対するインタビューを一対一の準フォーマルな形式で、大学の主に図書室で30分から1時間半にかけて行った。また教員やフィリピン日系人会の役員に対しても聞き取りを行うとともに、資料収集もすすめた。加えて、当地の日系人を支援してきた東京の「日本フィリピンボランティア協会（以下、日比ボランティア協会）」における資料収集とインタビュー調査（2009年9月と2010年12月）、および日本に滞在していた、この大学の現あるいは元関係者に対する調査の結果も用いる。

　本章では、まずダバオを軸にフィリピンにおける日本語教育の変遷と現状を概観する。次に、獲得したデータをもとに、学習者たちがどのような経過で日本語と関わり、どのような日本観を保持しているのかを明らかにする。そして、そのような日本観を生み出す場である、日本語学習者と「日本」とのコンタクト・ゾーンが形成される背景やその実情について考察する。

Ⅱ　フィリピンにおける日本語教育の歩み

1.　日本人移民と占領政策

　今日に至るまでのフィリピンにおける日本語教育の歴史を、ここで簡単に振り返ってみたい。当地で日本関連の教育が本格化したのは、1930年代と考

えられる。この時代になると、マニラ麻の栽培を目的としたダバオへの日本人の移住が拡大し、ダバオは東南アジア一の日本人の集住地となった。そして二世の誕生がはじまり、これに対応して、海外移住した日本人子弟の教育を担う日本人学校（小学校）が設置された。1930 年代末には、就学する生徒は 1899 名いたが、これには現地先住民族を母親に持つ子供たち 208 名も含まれていた[6]。ただ 1939 年の統計でみると、フィリピン全体において、全人口約 1,600 万人のうち日本語話者は、約 0.2％にすぎなかった[7]。

　フィリピン人一般に対する日本語教育が本格化するのは、1941 年 12 月のアジア太平洋戦争開戦後である。日本の支配圏下の南方において、日本語教育は、占領政策の主軸の一つになった。これは、占領実務の遂行、大東亜共栄圏思想の普及、そして欧米思想の一掃といった課題の克服に不可欠であったからである。フィリピンでこれを実行するために、約 180 名の日本語教員たちが送り込まれたが、戦局の悪化とともに頓挫した[8]。この戦争によって多くの日本人が当地で死亡し、生き残った人々は日本に送還されることになった。フィリピンに残留したのは、先住民族を母親に持つ子供たちで、彼らが今日いわゆる旧日系人と呼ばれる人々の源にあたる。彼らを待ち受けたのは、日本の軍事占領が生み出した反日感情であった。日本語は表には出せない、学ぶことができない言葉となった[9]。その影響は 1960 年代になっても続き、学習者数は伸びなかった。

2. 日本語学習熱の高まり

　日本が高度成長期を経た後、とりわけ 1990 年代以降、フィリピンの日本語教育は急速に拡大してきた。これは、反日感情が希薄化する一方、日本の経済力のフィリピンへの浸透に伴い、日系企業での就労や対日ビジネスといった点で、日本との関わりが積極的な意味を持つようになったことがある。フィリピンにおける日本語教育の現状を、2013 年度の国際交流基金の調査から確認したい。日本語学習者は 50038 人で世界 9 位になった。日本語を教える教育機関は 209 あり、教員数は 721 名であった。学習者のうち高等機関で学ぶものが約 60％を占める[10]。しかし、その大部分は、選択外国語科目としての履修である。2012 年度の調査から、フィリピン人の日本語学習理

第9章　フィリピンにおける日本語学習者の対日イメージ　　221

由をみてみると、全世界的傾向といえる、「歴史・文学等への関心」、「マンガ・アニメ・J-POP 等が好きだから」、「日本語そのものへの興味」といった理由を 60％以上の人があげるとともに、「日本語でのコミュニケーション（80.2％）」、「将来の就職（57.6％）」、「今の仕事で必要（41.8％）」といった実利的な理由が世界全体の数値よりも 15％以上高く、フィリピンの特徴といえよう[11]。

3. ミンダナオ国際大学の誕生

　ミンダナオ国際大学は、日本語教育を軸とした単位の取得により、学位が獲得できるフィリピンでは希有な大学である。この大学は幼稚園から大学まで、小さいながらも一通そろった教育機関の一部で、この機関ではほぼすべての学年で日本語の授業が原則として行われている。この世界的にも珍しい教育機関がダバオで設立されたのは、戦前にあった日本人社会の遺産による。戦後約 40 年たち、日本への引揚げ者が要となって日系人支援に乗り出したのだが、その核に日本語教育があったのである。その最初の成果が、1980 年代半ばに四カ所で開設された、日本語教室であった。これを出発点として、1992 年に幼稚園が設立され、小学校、そして高校へと学年ごとに拡張され、今日のフィリピン日系人会国際学校（以下、国際学校）が形作られた。その施設の建築や日本語教師の日本での研修は、日比ボランティア協会を中心とした日本からの支援によって可能になった。国際学校の重要性は、日本語を必修科目としつつも、フィリピン教育省に認可された私立学校として、一般に開かれた教育機関となったことである。この結果、非日系人という意味での一般フィリピン人が、生徒の多数を占めるようになった[12]。

　上記のような経過の延長線上で、2002 年に設立されたのが、ミンダナオ国際大学である。この教育機関も国際学校と同様、主要な資金は日比ボランティア協会のメンバーが拠出し、フィリピン日系人会が運営を担った。この大学は、これまで紆余曲折を経て、2015 年には国際学科、心理学科、高等教育学科・初等教育学科、起業家育成学科、社会福祉学科、情報技術学科によって構成されるようになった。これらのなかで、これまで中心となってきたのは、社会福祉学科と国際学科である。社会福祉学科は、2006 年に日本・

ミンダナオ国際大学（筆者撮影）

フィリピン間で結ばれた経済連携協定（Economic Partnership Agreement、以下EPA）にもとづく、日本の介護士の受け入れ拡大に対応する存在になるはずであった。しかし、実際には日本の施設で働くことが困難であることがわかると、所属学生数も著しく減少し、国際学科がこの大学の生命線となっている。例えば2015年の場合、173名の新入生のうち約61.3％が国際学科、社会福祉学科が約16％である。国際学科は実質的に日本語科であり、40単位を超える日本語関連のコースが準備され、読解・会話・作文だけでなく、日本語教授法や日本社会を学ぶ授業も備えている[13]。国際学科の卒業生は、在比日系企業を中心に就職先を比較的容易に手にしてきた。

Ⅲ　日本語学習の契機

　では、ミンダナオ国際大学において、学生たちが現在保持している日本観を、調査の結果から考察してみたい。現役の学生に対するインタビュー調査は、79名に対して行った。この調査対象者の概要をまず確認しておきたい。彼らほとんどがフィリピンの生まれで、その大部分がダバオ出身である。日本生まれは2名だった。自らをフィリピン人と規定するものが75人で、そのうち41人が日系人としてのアイデンティティを保持している。自分が日

本人であるとしたのが2名、そして日本人とフィリピン人双方をアイデンティティとしてあげたのが2名である。日系人は大学全体で多くても15%前後と推定されるので、本調査での比率はそれに比べて高い。日本への渡航経験者が40名、日本に親族や知人がいるものは、71名である。ここでは、彼らを日本人との血縁の有無から分類して、日本語や日本との関係を論じたい。

1. 日本人の血縁と日本語

　日本人との血縁の有無、すなわち日系人であるか否かは、人間関係だけでなく、法制度上でも日本との関係を左右する。フィリピンの場合、日系人は旧日系人と新日系人に区分することができる。まず、旧日系人の学生たちから見てみよう。

(1) 旧日系人

　旧日系人は、戦前の日本人移民の子孫で、今日大部分が三世ないし四世である。終戦から1980年代半ばまで日本語教育が途絶えた影響で、家族間での日本語継承は、ほとんどおこなわれていない。しかし、1990年の日本の入国管理法改正によって、日系人は三世まで日本での就労に制約がなくなり、学生たちの親世代の多くが日本に赴くようになった。その結果、彼らの家族・親族の大半が、日本に滞在しており、彼ら自身も日本での居住経験があることが多い。したがって、その体験が、彼らの日本観の基盤になっている。たとえば、学生Aは、渡日前日本人は怖いという印象を持っていた。しかし日本では、学校で当初はいじめにあうものの、5年間の滞在経験を経て、日本は「きれいで」「静かな」いい国で、日本人は、「よい」「おもしろい」「楽しい」「優しい」「時間を守る」というおおむね肯定的な印象を得た。一方、否定的なイメージとしては、「忙しい」そして個人主義的な態度を指摘している[14]。

　多くの旧日系人学生は帰国後、国際学校を経て、あるいは直接ミンダナオ国際大学に進学してきた。日本との関わりが日本滞在の時期や期間などの点で多様であるため、その日本語レベルも様々である。そして日本に居住する

家族・親族の存在が進路を規定しており、卒業後の日本での就労を前提とした大学選択が行われている。

(2) 新日系人

　1980年代以降とりわけ、フィリピンに仕事や観光で日本人男性が、日本にエンターティナーとしてフィリピン女性が、それぞれ赴くようになった。新日系人とは、この日比間の交流拡大により、日本人男性とフィリピン人女性の間に生まれた子供たちである。彼らは日比双方に居住し、フィリピン育ちのものもいれば、日本育ちのものもおり、今日の複雑化する国際移動を明示する存在である。文化的特徴（言語や生活習慣）も多様で、日本国籍を所持するものも、フィリピン国籍を持つものもいる。フィリピン日系人会の教育機関では、相対的に豊かな新日系人が、2000年を過ぎたころから存在感を増すようになった。

　彼らの家族形態には、いくつかのパターンが存在する。初期からみられる形態が母子家庭で、母親が日本に残って働き、子供の世話をフィリピンの親族に任せる場合である。この事例にあたる学生Cの場合、幼い頃は父親からの日本語の指導があったが、離婚後父親が連絡を絶った9年間、日本語と日本との関係は消滅した。しかし、自らが大病を患ったことを契機に連絡をしてくるようになった父親と彼の再婚後の日本人家族と会話することが、彼女の日本語学習への動機づけとなり、地元の別の大学からミンダナオ国際大学に転校することになった。現在の彼女の日本観は、大学の授業で得た「勤労、まじめ、時間に厳格」といったイメージと、「厳しくて怖い」父親像との重なりのなかにある[15]。

　これまで新日系人としては、上記のような母子家庭が注目されてきたが、近年この大学では、婚姻関係が維持されている事例が増えている。代表的なのは、両親ないし片親が日本に残って働き、子供をダバオに滞在させている場合、あるいは、日本人の父親の定年退職により家族全員でフィリピンに移住してきた場合である。これらの家族が子供をダバオで学ばせる理由としては、子供の英語習得をあげる親が少なくない。しかし、日本での生活環境の悪化や日本の高額な教育費を捻出できないことも影響していると想定される[16]。こ

の例にあたる新日系人Sは、日本生まれで、日比双方の国籍を保持している[17]。小学4年生の時に英語を学ばせるという親の意向でフィリピンへ移住した。国際学校に編入し、フィリピンで一度大学進学した後、彼は病気が原因で一時日本に滞在した。現在は将来の日本での就業に備えて、日本語力を保持し、英語力を高めるためにミンダナオ国際大学で学んでいる。彼にとって日本語は母語であり、「勉強に関しては、フィリピン人に負けたくない」という言葉からも、日本人としての意識は色濃く現れる。そんな彼にとって、日本は文明国であり、フィリピンと異なる人材のクオリティの高さを指摘する。一方で、老後はフィリピンで過ごすことを考えている。これは彼が日本でアルバイトをしたときの「パートと派遣の差別とか。すごく息苦しかったですね。気まずい感じもしましたし」といった体験に基づいている。

上記のように新日系人の学生は、家族、とりわけ父親との関係や状況に応じて、日比間の間を行き来し、日本語と日本に触れている。

2. 一般フィリピン人にとっての日本語

日本人と血縁関係のない一般のフィリピン人学生たちにとって、日本語そして日本との最初の接点は、日本制作のアニメである。しかし、それが日本語を大学で専攻する要因になったものは、ごくわずかである。では、彼らはなぜミンダナオ国際大学に進学したのだろうか。

この大学への入学者は、系列校の国際学校の出身と、外部出身に分けることができる。国際学校に進学した場合、それは基本的に親の希望である。そして、その理由は通学の利便性や私立としては安価な学費であることが多く、日本語習得がまったく念頭に置かれていないことも少なくない。それでも、在学中に日本語や日本文化に触れたことが、ミンダナオ国際大学への進学の動機になる学生がいる。一方外部出身者の場合はどうだろうか。学生Zを例に見てみると、彼女の場合もアニメなどで日本に関する知識はあったものの、進学理由として大きいのは、大学が高校に出向いて行う進学ガイダンスであった。したがって、彼女は入学前には日本のことを詳しくは知らなかった。そして入学後、お辞儀の仕方や料理、テクノロジーといった対日イメージを、授業を核とした大学生活から得ている[18]。彼女のように、入学

後日本への関心を高めていくことが、日本語学習継続とつながっている[19]。この結果得られる日本観は、「先進国」「勤勉」「本音と建て前」「時間に厳格」「かわいい」といった言葉、あるいはいけ花や茶の湯に代表される伝統文化にまとめることができる。彼らの日本観の特徴は、日本でも一般的な日本人論や日本文化論に沿った見解が多くを占めていることである。

3. 日本人との疑似血縁

　学生たちのなかに、日本人の血を引いてはいないが、家族関係のなかで日本人との関わりが深い学生たちがいる。彼らのことをここでは「準日系人」と呼ぶことにする。彼らは、日本人配偶者を持つ家族・親族が間近にいる人々で、状況は日系人、なかでも比較的恵まれた新日系人と類似している。たとえば、学生Ｏの母親は、日本人と再婚して日本に居住し、その男性との間に女児をもうけている[20]。Ｏ以外の家族が日本に定住するなか、将来日本で働くこと、そして日本語しか話せない継父と妹とのコミュニケーションの確立が、外国語である日本語を学ぶ強い動機になっている。そして家族を支える継父や周辺の日本人が彼の日本観、すなわち「規律正しい」、仕事のために「家で家族一緒に過ごす時間が短い」といったイメージを下支えしている。このように準日系人の場合、血縁関係のない家族・親族である日本人、ならびに彼の家族が「日本人」を代表し、日本語学習の契機になることが多い。

IV　重層化する「日本像」

　前節で触れたように、ミンダナオ国際大学の大部分の学生たちの日本語学習にとって、アニメ・漫画の影響力は大きくないし、彼らの日本観を左右することも希有である。また、漠然とした日本についての印象に影響を与えているのかもしれないが、日本関連のニュースやテレビドラマ・映画のようなメディアから、日本について意識的に情報を得ている学生も非常に少ない。

　そこで、これまでの調査結果から重要性が見えてきた、学生たちが日本との接点を持つ場をコンタクト・ゾーンと見なして、そのうち主要な三つを抽出したい。それは、大学の教室、ダバオでひらかれる日本人・日系人による

祭り、そして日本である。これらの場を中心に組み立てられるトランスナショナルな関係を、本節では論じたい[21]。

1. 教室が表す「日本」

　教育の場として「日本」とのコンタクトを生み出すのは、本章の事例の場合、ミンダナオ国際大学である。ここでの授業や教職員、そして日本経験のあるクラスメイトからの情報は、とりわけ訪日経験のない一般フィリピン人学生の対日イメージの形成に寄与している。

　なかでも、もっとも大きな役割を果たすのが、日本人教員による授業である。これは、日本語の使い方を教えるなかで、日本人や日本社会の特徴を説明として織り込んでいるためである。例えば、漢字の授業で、「急」の説明のときに、日本人が自動改札機を通るときの様子を、教員が身振り手振りを交えて、「日本では、みんな急がないと、クイック、クイック、そんな感じ」と日本社会の解説を加えていた[22]。こういった情報が、彼らの日本人像に組み込まれていくのであろう。加えて、日本の現状や歴史を教える授業がカリキュラムとしてあり、そこから「侍精神」、「明治時代や鎖国政策」といった知識が、学生の日本観の形成に寄与している。

　ミンダナオ国際大学の日本語教育を担当する日本語センターには、10名前後の教員が所属し、その約半数が日本人である。彼らのなかには、国際学校の創設初期にみられたような、偶然ダバオに滞在していたために、日本語教

ミンダナオ国際大学の授業風景（筆者撮影）

育を依頼されたという人はいない。現在大学側は、教員の応募にあたって、フォーマルな日本語教育資格、すなわち大学の主専攻または副専攻での日本語教育の学習、日本語教師養成講座修了、日本語教育能力検定試験合格、以上のいずれかの取得を基本的に求めている。

　この条件が重要になったのは、ミンダナオ国際大学における日本語教育が、日本の設定した評価基準を指針とするようになったからである。なかでも重視されるのは、外務省所管の独立行政法人国際交流基金が主導する日本語能力試験 (Japanese-Language Proficiency Test、以下、JLPT) とスピーチ・コンテストである。JLPT は、日本語を母語としない人を対象として、日本語能力を測定・認定する試験である。ミンダナオ国際大学は、その合格者を出すことを明確な目標としており、国際学科では、いずれかの JLPT の合格を原則義務付けている[23]。一方スピーチ・コンテストは、国際交流基金マニラ日本文化センター主催で毎年行われ、所属学生が上位入賞の常連となることで、ミンダナオ国際大学は知名度を上げることができた。こうした実績が、大学にとって重要なのは、学生の就職先の確保に直結するからである。実際、日本留学経験者に加えて、コンテストの入賞者や JLPT 合格者は、就職に苦労することは少ない。この就職状況がある程度認知されているために、国際学科は学生を集めることができる。歴史の浅い小規模大学の場合、就職状況はその死命を制するため、日本語教育能力に関して日本の公的機関から認定を得ることは、大いに意味がある[24]。上記の教育方針により、これに対応できる担い手、公的な資格を持つ日本人が採用されるようになったのである[25]。

　したがって、ミンダナオ国際大学の日本語教育は、いわば日本基準に則った担い手とカリキュラムによって行われるようになっている。本章冒頭で述べたように、日本語教育と日本との関係については議論がある。しかし、国際交流基金が日本語教授法シリーズの一冊として『日本事情・日本文化を教える』を出版していることでもわかるように[26]、日本に関する情報を組み込むことを重視する考えが、日本発の日本語教育のなかにあるのは間違いない。実際、インタビューしたミンダナオ国際大学の教員のすべてが、授業を進める上で日本の「実情」と結びつけることは不可欠であると考えていた。もちろん、今日の日本語教育界では、ステレオタイプ的、あるいは固定的日

本観を乗り越える工夫がなされている場合もある[27]。

しかし、日本に関する情報が限定的なダバオの学生たちに対しては、日本で試みられているような教員から学生への一方的な情報の流れを是正する手法には、限界がある。また授業中に事例として日本社会を取り上げる場合に、時間が限られたなかで、いわゆる「平均的」と信じられている日本人像が用いられるのも避けがたい。日本人教員の中心となっていた一人も、「我々、日本のネイティヴを通して、日本人を知ってもらう」という役割を任じ、具体的に教えるべきこととして、「日本人の行動・マナー」「日本人の考え方」をあげている。こうした方針に、日本社会への同化に資するという観点での批判がありうる。しかしさまざまな制約のなかで行われるこの種の授業が、日本での勤務を前提に学ぶレベルの高い学生には、意義あるものとして受け取られていることも事実である[28]。

こうしてみると、この大学では、日本社会で受け入れられている一般的な日本観が、教員から学生たちに伝播する環境があるといえる。

2. 祭りがつなぐ「日本」

学生たちと日本との関係は、教室内の授業や教員との交流に留まらない。学生たちの日本観の源として重要なのが、この大学を中心に行われる地域に開かれた行事、「日比友好祭り (Philippine-Japan Festival)」である。このイベントは「フィリピン日本祭り」として2002年に始まり、現在は10月に3日間行われることが通例となっている。日本語のスピーチ・コンテストや盆踊り・神輿に加えて、日本人が講師となって書道、折り紙、浴衣の着付け、伝統的な遊びなどの学習機会を学生たちに提供する日本文化紹介授業が行われる。この行事全体が、学生たちにとって日本体験の場となっており、「伝統を大切にする

日比友好祭り：折り紙体験
（日比ボランティア協会提供）

日本」といった対日イメージが出てくる源になっている。

　このイベントは、戦前に日本とダバオ日本人社会との間で積み上げられてきたトランスナショナルな歴史の延長線上にある。戦後一時断絶したこの関係は、先述したように引揚げ者を核とする日本人と現地日系社会との関係として再構築され、これによって、ミンダナオ国際大学をはじめとする教育機関が創られた。この過程で重要な役割を果たしたのが、慰霊旅行である。なぜなら、この旅行によるダバオ引揚げ者の現地再訪が、ダバオと日本との交流の再興を促したからである。そして、1980年代後半に現地に日系人のための日本語教育の場ができると、これを支援してきた引揚げ者を中心としたボランティア団体主催の慰霊旅行に、教室訪問や生徒たちとの交流が組み込まれるようになった。そして、この慰霊旅行と日本語教育支援を引き継いだ日比ボランティア協会が企画したのが、日比友好祭りである。実際、このボランティア団体が、日本文化紹介授業の講師となる日本人を募集するツアーを企画している。2003年の第二回日比友好祭り参加のためのツアーが、ダバオ移住100周年と組み合わされ、その記念式典やパーティへの参加、日本人墓地参拝が日程に盛り込まれていたことは、この行事のもともとの性格を明示している。

　しかし今日、日比友好祭りの性格には変化が見られる。近年ではこの祭り

日比友好祭り：神輿（日比ボランティア協会提供）

のための日本発のツアーが行われない年もしばしばあり、日系社会の支援に携わってきた人たちよりもむしろ、ミンダナオ国際大学やフィリピン日系人会が主導する行事となってきた。さらにそこに、新しいトランスナショナルな関係が組み合わされるようになってきている。それは、ダバオの日本領事館、日本人会や日本人商工会議所といった現地滞在の日本人と日系社会との関係の発展である。ダバオをはじめとしてフィリピン各地には日系企業が進出しており、そのことが就職先として、大学に影響を与えていることは、先述したとおりである。それだけでなく、この日比友好祭りをはじめとする日系社会に関連するイベントを介して、両者の関係が構築されている。そこには、個人でダバオに滞在している日本人も加わっている。事実、文化紹介授業の講師の多くも、当地に移住ないし長期滞在している、とりわけ高齢の日本人になってきた。彼らのネットワークの核が、日比ボランティア協会が大学近隣に設けている「JPVA メンバーズ・サロン」である。日本の経済力の相対的優位性を前提に、高齢の日本人が海外に居住するのは、近年の日本発の国際人口移動の一形態だが、フィリピンは彼らの移住先ないし長期滞在先の一つとなっている[29]。そうした人々が、ダバオで学生たちに日本との新たなつながりを生み出しているのである[30]。

3.「日本」経験（職場、学校、家族）

　学生たちのなかに、日本に滞在した経験を持つものがおり、その経験が生み出した先進国日本の総体的に肯定的なイメージは、日本語学習への動機づけの中核をなしていることが多い。留学を除けば、日本での長期滞在を経験しているのは、新旧の日系人、そして一部の準日系人たちである。彼らの大部分が日比間の移動を繰り返すトランスナショナルな存在だが、この基盤には、片親ないし両親を中心とした家族が日本に居住していることがある。彼らは日本に居住する以上、日常生活のなかで日本と接点を持つ。しかし、居住地のコミュニティにおいて、日本人との交流はあまりないことでもわかるように、日本社会との関わりには、場ごとに濃淡がある。彼らの日本体験で大きな意味を持つのは、学校と職場であり、そこに家族の存在が絡んでいる。

　学校はコンタクト・ゾーンとして、彼らに影響を与える基幹である。ここ

での体験は、個々人の性格や家族の教育方針、いじめのあるなしや担任教員の対応を含めて、一般化できない。要となるのは、日本語能力である。旧日系人の場合は、日本語を両親から継承しておらず、日本の学校に入学当初は、誰もが日本語力の問題に直面し、多大な苦労を経験している。新日系人の場合の学校体験の多様性は、旧日系人と類似しているが、さらに幅広い。というのも、彼らの日本語能力は父親との関係によって、ほぼ日本人と大差ないレベルから、初歩的なレベルまで、大きな相違があるからである。付言すると、新日系人の場合、日本人である父親とその近親者、準日系人の場合、日本人の義父や義伯父・義叔父が、彼らの日本観に大きな意味を持ち、彼らがミンダナオ国際大学への進学を勧めたり、学費を支援したり、その存在が日本語学習の動機になったりもする。

　一方、短期的ではあるものの、日本滞在中に就労経験がある日系人学生がいる。その場合、職場は親や親族が働く工場である。そこで差別を経験しようとしまいと、その労働条件の厳しさは彼らの日本観、日本における将来の希望に影響を与えている。学生本人に就労体験がない場合でも、その両親の就労体験が伝播していることもしばしばある。たとえば、国際学校で勤務するミンダナオ国際大学の卒業生は、この大学に入学した理由を、親から「日本に来て自分のように工場労働者にならないために、日本語を習うように言われた」ことをあげている[31]。このように、親の日本での就労経験の共有は、彼らの日本観と進路に影響している。日本での出稼ぎ労働に貧困から脱する活路を見出した親世代と異なり、相対的に恵まれた環境にあり、日本の工場労働の現実を知っている学生たちは、日本では事務職や専門職に就くことを目指している[32]。ここに、日系人と日本との距離感の変化が見て取れる。

　これに対して、日本体験がない一般フィリピン人の卒業生が、フィリピンでの事務職ではなく、研修生として日本で労働者になる事例が近年増えている。背景には、日本社会の人手不足による研修生の受け入れ拡大がある。そして、研修生制度や工場労働における問題点や過酷さがこれらの学生たちに十分理解されず、過大な期待が日本での生活でイメージされていることも、この要因である。

　こうして学生たちの日本観を分析すると、日系人の歴史の蓄積、少子高齢

化が進む日本社会の現状、そして日比間のトランスナショナルな関係の深化によって、日本や日本人との接点が、日本とダバオで生み出されていること、そしてそれが彼らの日本観に大きな影響を与えていることが示された。

V　コロニアリズムと日本

1.　日本語とヘゲモニー

　教育や就職などの手段として、どの言語が選択されるかは、言語間の力関係が影響する。これはヘゲモニーという言葉で理解することができる。ヘゲモニーとは、「自発的同意」の結果、支配的地位を自明のものとして受け入れさせる力で、支配の正当性の支柱となるものである。複数の言語間の関係にも、言語ヘゲモニーと呼びうる現象が見出せる[33]。フィリピンでは、英語とフィリピン語が公用語としてヘゲモニーを握っている。そのためフィリピン社会全体からみれば、日本語の影響は限定的で、通常ならば日本語使用者に会うことも、マスメディアで日本語に触れることもあまりなく、生活上で実用性がほとんど感じられない。アニメに代表される日本のポップカルチャーの影響も、これを覆すものではない。

　これは、学生たちの高校時代の同級生で、ミンダナオ国際大学に進学するものが、ごくわずかであることでもわかる。ミンダナオ国際大学と同じフィリピン日系人会傘下で、日本語がカリキュラムに組み込まれている国際学校の生徒でさえ、これがあてはまる。なぜなら、フィリピンでの名門校を目指すのが、卒業生の主流だからである。実際、同校教員によれば、日本語学習に熱意がない子供たちが目につく。日本語が自己のルーツとも関係せず、当座自分の将来の便益に直結する実感もない大部分の生徒たちには、その学習が重荷と感じられることがしばしばある。そもそも、先述のように国際学校への進学は親の意向である[34]。

　こうした状況下にあるが故に、高等教育で日本語を専攻する学生を生み出しているミンダナオ国際大学の存在を、ヘゲモニーの点から検討する必要がある。前節で論じたように、学生たちの日本観は、三つの空間での「日本」とのコンタクトから主に形成されてきた。これらのコンタクト・ゾーンで、

日本語学習にヘゲモニーを生み出してきたのは、日本・フィリピンの間のコロニアルな関係（植民地的な支配・被支配の関係）である。そのひとつは、過去日本が保持した政治的経済的影響力の遺産である。戦前の旧日本人社会とそれを引き継ぐ旧日系人、および日本への引揚げ者を要としたその支援者の存在により、当地に日本語教育機関が発達した。ここに、もう一つの日本・フィリピン間のコロニアルな関係、戦後の日本の経済成長のなかで生まれた、フィリピンの日本に対する社会的経済的従属性が組み合わさる。これは、1960年代以降、日本からの政府開発援助や投資、日比間の貿易、フィリピン側の労働力輸出政策、研修生制度・EPA・入国管理法といった日本側の労働力輸入政策、以上のような事象の蓄積により形成されてきた。結果として、フィリピンにおける日本人向け観光産業や日系企業、および日本国内の企業や施設といった就業先の存在が、日本語学習の意義を具体化してきた[35]。そしてこれらが、上記の三つのコンタクト・ゾーン、すなわち日本側の求める日本語教育を提供する教室、日本を表象するダバオの祭り、そして就業や就学を中心とした日本体験の基盤となっているのである。

　フィリピン全体で見れば、日本語のヘゲモニーは、先述したように小さい。しかし、二つのコロニアルな関係から誕生・存続してきたミンダナオ国際大学（および国際学校）は、限界はあるものの、日本語のヘゲモニーを明示する存在となり、そのヘゲモニーを広げる役割を果たすようになっている。すなわち、①大学による高校での宣伝活動、②学生や卒業生による地元での日本語を使ったボランティア活動、③日本語学習の意義の具体化、④日本との関係の可視化である。これらは大学の存在感を高め、日本語学習の意味を理解させ、学習者を生み出すことに貢献している。実際、本章の調査協力者のなかで、日常において日本との関係が薄かった一般フィリピン人で、①や②への関わりが、ミンダナオ国際大学進学のきっかけになった学生がいる。③は、在校生や卒業生の実績、すなわちスピーチ・コンテスト入賞や教育機関との提携による日本留学、そして日本関連の就職である。④は、日比友好祭りのような行事、そして日本企業関係者、ダバオ日本領事のような日本の公的機関の関係者や日本語教育研究者など、さまざまな日本人の日常的訪問は、この教育機関が「日本の学校」「日本に行くチャンスが得られる学校」という

第9章　フィリピンにおける日本語学習者の対日イメージ　　　235

印象を与えている。これら事象は、ダバオとその周辺で、限定的とはいえ日本語の影響力を広げている。

2. フィリピン側からの視点

　これまで、学生たちは主に三つのゾーン、すなわち教室、祭り、そして滞日経験のいずれかで「日本」との接点があり、それが彼らの日本観を形成させていることを示してきた。そこには、日本で一般に流布している日本人像や対日イメージも浸透しており、これが日本社会への同化を強いていると捉えることができるのかもしれない。しかし、彼らの日本観を、日本から一方的に植え付けられた見解とするのは、一面的である。コンタクト・ゾーンは、植民地における「支配する側」と「支配される側」との間の非対称的な関係のもとでの交流を前提としつつも、権力が一方向的に発動される空間ではなく、むしろ双方向的な作用が働く領域とされている[36]。ここで扱っている国のイメージについていえば、従属している側の自国イメージの影響が、考慮すべき点として浮上する。

　フィリピンにおける日本観の場合、先進国日本と対比される発展途上国である自国の位置を、まず議論する必要がある。日本について出てくるイメージとして、「クリーン」や「きっちりしている」といった言葉は、特に日本に滞在経験のある学生がしばしば口にする。そして、それは先進国には存在する規律や衛生設備が自国に存在しないことから生じる、否定的フィリピン観が裏にある。

　一方、フィリピンおける価値観との対比から出てくる日本観もある。それが、「自立 (independent)」である。例えば「日本人は、ほんと自由だよね。フィリピンの私たちも自由だけど、日本人は行き過ぎてるよ。やりたい放題だから。他人にとらわれないことは悪いことではないよ。でも、若い人までがそうなのはどうかと思うよ」[37]といった言葉である。こうした、日本人のなかに「自立」を見いだす学生たちは、日系人であれ一般フィリピン人であれ、珍しくない。日本人は「集団主義的」というイメージが広く受け入れられている日本社会では、こうした日本観を保持する人は少ないであろう[38]。

　この見解の基盤には、家族関係の違いがある。つまり、進学のような人生

の岐路での決定に家族が口を挟むことが、フィリピンでは日本よりも一般的である[39]。この家族が個人、とくに若い個人の人生を左右することがしばしばあるフィリピン社会から見れば、日本人の「自立」は注目されるのである。しかも、それは先の引用が示唆するように、日本に関する否定的な側面として指摘されることが多い。このことでも明示されるが、学生たちの日本観は、日比間のコロニアルな接点に基づいているものの、フィリピン側の視点から形成されている部分もあるのである。

VI　おわりに

　本章では、ダバオにあるミンダナオ国際大学を事例に、高等教育機関において日本語を専攻している学生たちの日本観を論じてきた。「日本に興味がなかったら、やっぱり日本語に興味がないと思いますね」という長年この大学に勤めてきた教員の言葉は、日本と日本語教育との関係を端的に示している[40]。調査した、ほとんどすべての学生たちが、卒業後に日本での、あるいは日本関連の就職を意図している。そこで念頭にあるのは、フィリピンとは違う先進国である日本の姿である。彼らにとって、日本のポップカルチャーの影響は小さく、日本人教員が教える教室、日本人と日系社会が運営する祭り、そして学生自身や家族の日本滞在といった、日本とフィリピンとの間の多面的な交流が作り出す三つのコンタクト・ゾーンが大きな意味を持っていた。アジアの大学で行われた先行研究と比較すると、居住地域の日本人と日系社会の存在、そして日本滞在の重要性が、この事例の特徴といえる。そこには戦前、戦後、そして今日の日比間の交流が複雑に交差している。

　2017年現在、英語の影響力が拡大し、中国は日本に代わってフィリピン最大の貿易相手国になろうとしている。しかし、日比の経済的紐帯そのものは発展しており、日本は最大の援助供与国であり続けている。この不均衡な日比関係の存在が、戦前の日本人の移住先に花開いたミンダナオ国際大学、そして日本の基準に沿ったダバオの日本語教育を下支えしている。学生たちの日本観には、フィリピン社会におけるこの日本の存在感が接続しており、二つのコロニアルな関係がこれをとらえるにあたって重要である。しかし、

こうした力関係だけでは説明できない対日イメージ、すなわち日本人をフィリピン的価値観から見た日本観も、広く共有されていることも明らかになった。こうした日本観の相補性や多様性と日本語教育との関係をさらに探ってゆくことが、今後の課題の一つであろう。また、同じ教育機関に学ぶ日系・非日系の学生の相違を示したこの事例は、日系・非日系の棲み分けが揺らぐ南米での日本語教育の展開に示唆を与えるかもしれない。

　今後少子高齢化により、日本の人手不足の深刻化と経済力の縮小が予想される。これが日比間の従属関係に変化をもたらせば、ダバオの日本語教育にも影響しよう。それがいかなる結果をもたらすのか。海外の日本語教育の未来に示唆を与える事例として、その動向には目が離せない。

付記

　執筆にあたって協力してくださった、ミンダナオ国際大学の学生並びに教職員の皆様、フィリピン日系人会の皆様、日比ボランティア協会の皆様にあつく感謝申し上げます。

　本研究は、科学研究費補助金基盤研究C「日系人教育機関を事例とする海外日本語教育と現代日本との関係についての社会学的研究」(16K04120 研究代表者：木下昭) の助成を受けたものである。

注

1) 「21世紀の『日本事情』」編集委員会によって1999年から2003年まで発行された『21世紀の「日本事情」：日本語教育から文化リテラシーへ』が、関連論文を多数収録している。このほか、以下のような著作がある。佐藤慎司、ドーア根理子編著『文化、ことば、教育：日本語／日本の教育の「標準」を越えて』(明石書店、2008年)；細川英雄編著『日本語教育と日本事情：異文化を超える』(明石書店、1999年)。

2) 例として、以下のような業績がある。纓坂英子、内藤伊都子、張恵蘭「台湾における大学生の日本語学習動機と対日イメージ」『比較生活文化研究』17号 (2010年)、77-87頁；本間理恵「中国の日本語学習者の対日イメージとその情報源について：中国浙江工業大学の学生を対象に」『日本語教育論集』21号 (2012年)、50-57頁。

3) この教育機関には、これまで日本語教育関係者が多数訪れ、海外における日本語教育の場の一つとして注目されてきた。その歴史社会学的研究を行ったものとしては、以下の著作がある。木下昭「日本語教育のトランスナショナル化：ダバオ日系社会の変遷と植民地主義」蘭信三編著『帝国以後の人の移動：ポストコロニアリズムとグローバリズムの交錯点』(勉誠出版、2013年)、867-906頁。

4）たとえば、サンパウロ人文科学研究所『ブラジル日系社会における日本語教育：現状
と問題：報告書』(サンパウロ人文科学研究所、1997 年)；田村景一『南米における日本
語教育の実情調査報告 (昭和 56 年 7 月 24 日 - 8 月 10 日)』(海外日系人協会、1981 年)；
日系人と日本語教育の考え方に関する検討委員会『日系人と日本語教育の考え方に関す
る調査報告書』(国際協力事業団、1996 年) がある。

5）① Mary Louise Pratt, *Imperial eyes: travel writing and transculturation* (London and New
York: Routledge, 1992)；②田中雅一「コンタクト・ゾーンの文化人類学誌へ：『帝国の
まなざし』を読む」『コンタクト・ゾーン』1 号 (2007 年)、31-32 頁。

6）米田正武「在比島邦人子弟の学校教育に関する調査」『拓殖奨励館季報』1 巻 4 号 (1940
年)、127-186 頁。

7）Bureau of the Census and Statistics, *Statistical abstracts* (Manila: Bureau of Print, 1942),
33-35.

8）木下昭「占領地日本語教育はなぜ『正当化』されたのか：派遣教員が記憶するフィリ
ピン統治」『東南アジア研究』52 巻 2 号 (2015 年)、208-234 頁。

9）国際協力事業団『フィリピン日系人実態調査報告書』(国際協力事業団、1986 年)。

10）国際交流基金『海外の日本語教育の現状：2015 年度日本語教育機関調査より』(国際
交流基金、2017 年)、13、24-26 頁 (https://www.jpf.go.jp/j/project/japanese/survey/result/
dl/survey_2015/all.pdf, 2017 年 8 月 18 日閲覧)。

11）国際交流基金「日本語教育　日本語教育国・地域別情報　2013 年度フィリピン」(2014
年)(http://www.jpf.go.jp/j/japanese/survey/country/2013/philippines.html, 2015 年 3 月
21 日閲覧)；国際交流基金編『海外の日本語教育の現状：2012 年度日本語教育機関調査
より』(くろしお出版、2013 年)、52-53 頁。

12）前掲 3) 874-883 頁。戦前の日本人居住地のカリナンに、分校が近年整備された。

13）前掲 3) 883-887 頁；山上亜弥「ミンダナオ国際大学入学式」『日本フィリピンボラン
ティア協会報』82 号 (2015 年)、6 頁。

14）ミンダナオ国際大学 (以下、調査対象者表記では MKD) 学生 A とのインタビュー (2013
年 9 月 10 日)。

15）MKD 学生 C とのインタビュー (2013 年 9 月 11 日)。

16）高畑幸「在日フィリピン人社会の現状分析：第一世代の加齢・高齢化と新日系人の流
入を中心に」『部落解放研究』17 号 (2011 年)、67-83 頁。

17）MKD 学生 S とのインタビュー (2015 年 9 月 9 日)。

18）MKD 学生 Z とのインタビュー (2013 年 9 月 10 日)。

19）フィリピンの大学では一般的に、学業不振や学費負担の問題で、半数前後が退学する。

20）MKD 学生 O とのインタビュー (2015 年 9 月 9 日)。この他、両親の姉妹の婚姻相手
に日本人が存在する場合がある。

21）他にも、インターネットによる情報収集、ソーシャル・ネットワークによる日本人と
の交流などがあるが、本文で取り上げた三つのゾーンと無関係に学生たちに影響力を

持っていることはほとんどない。

22) この授業は基本的には英語で行われていた。ミンダナオ国際大学における授業参観の記録より（2013 年 9 月 13 日）。

23) 本調査協力者の JLPT のレベルは、N1 が 2 名、N2 が 1 名、N3 が 5 名、N4 が 11 名、N5 が 16 名（記入漏れ 2 名）、そして資格のない学生が 42 名であった。

24) 三宅一道「ミンダナオ国際大学入学式＆卒業式：過去最悪の失業率を記録　大学選びは就職を見据えて」『日本フィリピンボランティア協会報』69 号（2010 年）、7-8 頁。

25) 国際学校のフィリピン人教員たちの多くは、ミンダナオ国際大学の卒業生で、国際交流基金の日本語国際センターや関西国際センターで、研修を受けている。

26) 国際交流基金『日本事情・日本文化を教える（国際交流基金　日本語教授法シリーズ第 11 巻）』（ひつじ書房、2010 年）。この書籍は、「日本事情・日本文化」を授業に組み込むための素材や計画などに関して、具体的な示唆を与えることを意図している。また国際交流基金は、この書籍を使った日本語講師向けの研修会を開催している。

27) 松本明香「対話によって展開する『日本事情』クラスの実践報告：ステレオタイプの伝授に陥らないために」『東京立正短期大学紀要』38 号（2010 年）、128-141 頁。

28) MKD 教員 D とのインタビュー（2015 年 9 月 10 日）；MKD 学生 N とのインタビュー（2015 年 9 月 9 日）。

29) フィリピン退職庁の発表によると、1985 年から 2016 年 10 月までの期間に、特別居住退職者ビザを取得した日本人は、3442 人（ビザ取得者全体の 7％で第五位）である。"More Chinese retire in the Philippines," *Sun Star Cebu*, June 14, 2017, (Retrieved August 26, 2006, http://www.sunstar.com.ph/cebu/business/2017/06/15/more-chinese-retire-philippines-547456).

30) ミンダナオ国際大学の卒業生を、通訳あるいは通訳兼介護士として雇用することも可能なようだ。足立恭一郎『年金 de リッチに暮らす in ダバオ』（星雲社、2015 年）、56 頁。

31) 国際学校教員 T とのインタビュー（2011 年 9 月 12 日）。

32) 出稼ぎ希望者のための短期日本語教育も、ミンダナオ国際大学で行われている。

33) 糟谷啓介「言語ヘゲモニー：〈自発的同意〉を組織する権力」三浦信孝、糟谷啓介編『言語帝国主義とは何か』（藤原書店、2000 年）、275-292 頁。

34) 前掲 3) 887-890 頁。

35) 前掲 3) 894-899 頁。

36) 前掲 5)-②、35-41 頁。

37) MKD 学生 J とのインタビュー（2015 年 9 月 9 日）。

38) 杉本良夫、ロス・マオア『日本人論の方程式』（筑摩書房、1995 年）、28 頁。

39) 菊池京子「フィリピンの家族・親族」北原淳編『東南アジアの社会学：家族・農村・都市』（世界思想社、1989 年）、87-93 頁。

40) MKD 教員 C とのインタビュー（2015 年 9 月 10 日）。

大連をめぐる歴史記憶と観光開発

佐藤 量

移民の町・大連

　かつてロシアや日本の統治を受けた中国・大連では、近年拡大する都市再開発のなかでロシアや日本統治時代の老建築をめぐる保存と解体が進んでいる。本文では、2000年代以降大連の街並みが大きく様変わりするなかで、大連の歴史がどのように記憶され、忘却されているのか考察する。

　大連市は遼東半島の先端に位置する中国の都市である。大阪から飛行機で約2時間半の距離で、日本との関係も深い。大連の都市としての歴史は、1890年代に帝政ロシアが港を建設したことにはじまる。日露戦争以後、日本はロシアから大連の租借権を受け継ぎ、1904年から1945年までの40年間にわたって植民地統治を続けた。ロシアから都市計画を引き継いだ日本は、港と鉄道を基盤とした商業都市を建設した。1999年に市制誕生100周年を迎えた大連は、その半分は植民地統治の歴史であった。

　植民地都市である大連は、移民都市でもある。日本人移住者も多く、1940年当時の日本人人口は18万人を超えていた。もっとも、大連に移住したのは日本人に限らず、大連の中国人もほかの土地から移住してきた人がほとんどだった。現在の大連人の多くは、19世紀後半から20世紀前半におもに山東省から移り住んだ人々の子孫であるという。現在大連で話される大連方言には山東訛りがあることもその名残といわれている。また日本統治期大連の

中国人人口の増加率は著しく、1906 年には 24,000 人ほどだったが、1930 年には 25 万人、1940 年には 43 万人まで増加しており、とりわけ 1932 年に「満洲国」が建国されて以降の人口増加率は顕著である[1]。

ロシアと日本による植民地統治の歴史からはじまった大連は、1949 年に中華人民共和国が成立したことによって中国の都市となったが、短期間に大連を統治する主体はめまぐるしく変わり、ロシア人や日本人、中国人だけでなく、朝鮮人、ユダヤ人、モンゴル人など様々な移住者がこの地に暮らしてきた。多様なアクターによる重層的な歴史は、大連の特徴であるといえよう。

日式建築物の保存と観光

大連にはロシアや日本時代の街並みが残されている箇所がいくつかある。ロシア統治時代に建設が開始された場所は「ロシア風情街」として整備され、日本統治期の建物が多く残る代表的な場所として「中山広場」などがあり、これらは大連のガイドブックに必ず掲載される有名なエリアである。「中山広場」は、日本時代には「大広場」と呼ばれた場所であり、円形の広場を取り囲むように旧大連市役所、旧ヤマトホテル、旧横浜正金銀行、旧東洋拓殖会社大連支店などが設置され、その建築群が「歴史遺産」として保存されて

中山広場 (2016年、筆者撮影)

いる。

　旧ヤマトホテルの建物は、現在でも大連賓館というホテルとして利用され、横浜正金銀行も中国銀行の社屋となっている。いずれも欧風建築であり、日本を連想させるような様式ではない。それぞれの建物には、案内プレートやQRコードが設置されており、建物の歴史や由来を知ることができる。しかしそこには「植民地期の建築」という文言が刻まれているものの、ことさら愛国的、抗日的文脈がアピールされているわけではなく、むしろ「観光資源」として活用されている。

　たとえば、「満洲国」の首都があった長春（旧・新京）や瀋陽（旧・奉天）、また日露戦争の激戦地となった旅順などでは、「偽満洲国」や「屈辱の歴史を忘れない」という言葉を目にすることがある。これらと同様に、帝国日本による大陸侵略の出発点であり、植民地経営の中枢を担った満鉄の本社が置かれていた大連の歴史を振り返れば、そうしたフレーズが目立ちそうだが大連ではほとんど見かけることはない。

　このような特徴的な歴史表象の背景には、戦前から現在にかけての大連と日本の経済的および人的なつながりがあげられるだろう。戦前から戦後にかけての大連と日本の人的交流は、戦前大連の学校関係者を介して日中の国交がない時代も継続しており、例えば、1950年代から大連の学校同窓会が媒介となって日中合弁企業の設立が計画されたり、新中国の工業化に向けた日中の技術者交流が行われたりしていた[2]。国交のない時代に水面下で継続されていた人的交流は、1972年の日中国交回復や1980年代以降の改革開放政策によって活発化する[3]。

　改革開放政策によって大連は、大連港を中心とした経済産業都市として発展が見込まれ、大規模な都市改造が始まった。1984年には中国政府の後押しによって「沿海開放都市」[4]に指定され、これにより大連市は経済・産業都市として再開発が始まり、中国でも有数の港湾都市として中国東北部の経済をリードするようになる。そして1990年代になると大連市は日本との経済協力を加速させ、多くの日系企業が大連で事業を展開した。現在でも多くの企業の日本語コールセンターが大連に置かれるなど、大連では日本語教育も盛んで、大連市内の大学や専門学校には中国各地から教育機会を求めて

コラム　大連をめぐる歴史記憶と観光開発　　　243

人々が集中し、日本語の高い運用能力を有する「日本語人材」を多数輩出している。

　1990年代以降、大連と日本の経済交流が最盛期を迎えるころ、大連では日本時代の歴史建築をめぐる保存活動が本格化する。大連市や遼寧省が主体となって積極的に保存事業を進め、2010年までに130件以上の建築を保護指定建築対象となった。ちなみに、この時期に歴史保存事業が中国各地で見られるが、それは中国政府が1980年代以降「歴史文化名城」[5]の指定をはじめたことと関係する。これは歴史文化の豊かな都市を政府が主体的に保護してゆく国家政策で、西安や北京など数ある歴史都市のなかで特に歴史的重要性が高いとみなされた都市が「歴史文化名城」として指定され、積極的な歴史文化の保存・修繕を実施する国策である。

　大連市は都市の歴史が浅いことから「歴史文化名城」には指定されていないが、将来的には「歴史文化名城」の指定を受けることを目指している[6]。そのため1990年代以降大連独自の歴史文化保存ガイドラインを作成しており、数多くの近現代建築群を保存対象としてきた背景にはこうした意図もあるという。「歴史文化名城」に指定されることは、国内外の観光客増加も見込めるからだ。2001年以降、観光業やIT産業の拡充に力を注ぐ大連市には、すでに「きれいな海と清潔な街並み」というようなクリーンなイメージが定着しているが、そこに近現代の歴史的建築群を「観光資源」として加えながら「異国情緒」が感じられる大連イメージの構築を目指している。大連市外事弁公室も「大連の都市建築は風格があり、ローマ式建築、ロシア建築などがある」と表現するように、その建築物そのものの歴史的価値を大連の「観光資源」として重視していることがうかがえる。

　しかし、大連行政が日本統治期の「歴史遺産」を「異国情緒」を醸し出す「観光資源」と位置づけることに対して、大連住民はあまり関心があるようでもなく、なかには冷ややかな意見もある。日本統治期の大連を知る大連住民は、インタビューのなかで「大連はロシア人、日本人、中国人によって築かれた特徴的な歴史があるし、とくに日本人にとっては懐かしい思い出があるかもしれませんが、中国人にとっては日常です」と冷静に話していた[7]。

　たしかに、これらの「歴史遺産」に対して「懐かしさ」や「ノスタルジア」

を強く感じるのはおもに日本人だろう。それも戦前大連に暮らしていた日本人であって、現在の大連の日系企業で働く日本人ビジネスマンや日本人留学生のような戦後生まれの日本人にとっては、懐かしい対象とは言えない。また、他地域からやってきた中国人観光客にとっても同様だろう。

例えば上海の外灘エリアのように、欧米列強による統治期の歴史建築を観光資源として活用するケースはあるが、上海の場合、歴史建築の内装を活かしたレストランやバー、ギャラリーや美術館が入っているため、人々が自由に出入りすることができ、「歴史遺産」と現代空間のコントラストを楽しむことができる。一方大連の場合、歴史建築に入ることができる建物は少なく、上海のように建物内部を改装して「観光資源」として活用しているわけでもない。たしかに建物の外装は修繕が施されているが、単に建物そのものを保存しているようにも感じられる。

さらに、戦前大連にゆかりのある日本人観光客の数は、高齢化の影響もあって減少傾向にある。戦前大連の学校同窓会も急速に閉会が進み、現在でも活動している同窓会は数校に限られる。2000年代前半ころまでは、大連で学校同窓会を開催して「歴史遺産」をめぐるツアーに参加し、その様子が同窓会で報告されることもあった。大連市内にも、「歴史遺産」をめぐるツアーの案内や呼び込みをよく目にしたが、最近ではあまり見かけなくなった。誰のために、何のために日式建築物を保存するのか。大連における「歴史遺産」を活用した観光政策は転換点を迎えているのかもしれない。

解体される日式建築物と「生活空間」

他方で、行政によって保存される「歴史遺産」もあれば、再開発によって解体される「歴史遺産」もある。その一つが、大連の一等地に立ち並ぶ旧日本人住宅である。日本統治期の大連には民族別の居住分化があったため、日本人住宅は大連で最も利便性のよい中心地に集中していた[8]。日本人が引揚げた後、これらの旧日本人住宅は戦後住宅政策の一環として当局によって接収され、1946年7月7日中共旅大地区委員会による「大連住宅調整運動の展開に関する決定」など基づいて、低所得者層や移民労働者の住居として割

コラム　大連をめぐる歴史記憶と観光開発

「連鎖街」の風景（2016年、筆者撮影）

り当てられた[9]。これにより、旧日本人住宅は「生活空間」として大連住民に活用されてきたのだが、インナーシティ化していった旧日本人住宅は再開発の波にさらされ、住民の立ち退き問題などが発生している。

「生活空間」として活用されてきた「歴史遺産」の現状はどのようになっているのだろうか。大連各所にある旧日本人住宅地のうち、「連鎖街」と「文化街」についてみてみよう。

「連鎖街」とは、大連駅前に広がる商業エリアで、日本統治期の1930年に建設された。3階建ての集合建築で、鎖のように商店が連なっていることからこの名前がつけられており、モダンな外観は随所にアールデコ様式の装飾が施されている。日本統治期には、ブティックや雑貨、食堂のほかにも、映画館、ホテル、ダンスホール、共同浴場、郵便局、銀行などが軒を連ね、先端的なショッピングモールであった。

現在は小さな金物屋がひしめく雑多なエリアとなっている。建物の老朽化は顕著だが、当時の建物がそのまま使用されている。2008年2月に、筆者は知人を介して現在の「連鎖街」の住民に建物内部を案内してもらった。この住民によれば、「連鎖街」は日本人が引揚げたあとに山東省からの移民労働者に分配されたという。この住民も山東省からの移民であり、日本人が引揚げたあと家族で「連鎖街」に住みはじめたという。

「むかしはもっときれいだったよ」と、住民は「連鎖街」を歩きながらそう呟いていた。建物の入口は狭く、玄関からすぐに急勾配の階段が伸びている。外装は鉄筋コンクリートだが、内装は木造であった。内部は暗くて、小さな白熱灯だけで足元がよく見えない。しかし日本語で書かれた配電盤が戦前と変わらないことを物語る。みしみしときしむ階段を上ると、部屋の入口がいくつも並ぶ。そのひとつがこの住民の家であった。

リビング兼ベッドルームの部屋と台所の2部屋でとても狭い。ベッドはオンドルになっていて、ここで食事もとる。天井は高く壁は厚い。大連の冬は厳しいため窓は分厚く二重だ。窓ガラスは当時のままだった。ここに孫と2人で暮らしていた。

しかし再開発が迫っているようで、そのうち立ち退かなければいけないという。住民によると、立ち退き料は1㎡あたり7000元〜10000元ほどで、この部屋は25㎡ほどだから、多くても25万元程度である。大連駅周辺の同程度の家の相場は安くても80万元ほどで、そこからさらに税金等が引かると、25万元では到底足りない。「だから開発区の向こうに引っ越さなければいけないんだ。あそこにはここより安い家がある。でもここから遠くてとても不便だ。できればこの場所から離れたくない」。仕事場のこと、生活費のこと、孫の学校のこと、問題はたくさんあるが、彼女たちが立ち退いたあとの場所には、清潔で近代的な街が広がっていることだろう。

2017年10月現在、「連鎖街」はまだ解体されていない。この住民もまだここに暮らしている。しかし、「連鎖街」のすぐ隣には大連で一番高い高層ビルが建設され、地下鉄の駅も併設された。再開発の波は確実に近づいている。戦前は日本人の住居兼ショッピングモールとして、戦後は移民労働者の住居として機能してきた「連鎖街」は、多様なアクターによって築かれてきた大連社会を象徴するような「歴史遺産」であろう。将来「連鎖街」が解体されることは、大連の重層的な記憶の一部が忘却されることを意味し、大連における「歴史遺産」の保存活動ではこのような場所の記憶にこそ注目すべきではないだろうか。

もうひとつの旧日本人住宅地である「文化街」についても紹介したい。この場所は、もともと満鉄の高級社員が暮らしていた山の手エリアであり、丘

文化街にある旧日本人住宅をリノベーションしたカフェ（2016年、筆者撮影）

陵地帯を切り開いた道路沿いに位置する。道路の両岸からは坂道が伸びており、その坂道に沿って家々が立ち並び、坂を上っていくにしたがって意匠を凝らした大きな家屋が増えていく。「連鎖街」と同様に、戦後当局に接収されたのち低所得者層に分配されたため、家屋は当時の状態のまま利用されてきた。現在は再開発が進められており、高層マンションが建設ラッシュを迎えているが、それでもまだ多くの旧日本人住宅が残っている。近年このエリアでは、旧日本人住宅がリノベーションされてレトロなカフェができはじめている。

　そのひとつの店舗に入ってみると、エントランスから庭に至るまできれいに樹木が剪定されたきれいな空間が広がっていた。もともとの状態を保ちつつも現代的にリノベーションされ、客層も若く繁盛しているようだった。店舗内の大きなガラス窓の外には同じく旧日本人住宅が広がっており、不思議な感覚を覚える。

　この店の店主は30代の青島出身者だった。山東省から大連に移住してきた店主は、この家屋が旧日本人住宅であることは知っていたものの、とくに歴史的なことは考えなかったようだ。それよりもこの建物の魅力に惹きつけられ、友人たちと共同経営しているという。店でアルバイトをしていた若者に聞いたところ、この家屋が旧日本人住宅であることを知らなかった。少し驚いた様子だったが、それ以上に気に留める様子はなかった。大連以外の地域の出身者や若い世代の中国人にとって、大連のなかの「日本」はよく知らない出来事なのだろう。

このようなリノベーション空間は、上海や台湾などでもみることができる。日本からの視点だと奇妙に映るであろうこうした現象も、若い世代の中国人にとっては自分たちの解釈によって都市を読み替えていく自然な行為といえるかもしれない。

　将来的には再開発によって消えていくことが予想される「連鎖街」「文化街」だが、これらの場所には大連の特徴である重層的な記憶がつまっている。「移民の町」大連の重層的な生活の記憶がもっと注目され、都市の変遷をたどることができるような保存活動がなされることで、日本と大連の歴史的関係性や大連の歴史を継承することが可能なのではないだろうか。

注
1）『関東局第三十五統計書』、1941 年、8-18 頁。
2）佐藤量『戦後日中関係と同窓会』（彩流社、2016 年）。
3）佐藤、前掲書。
4）「沿海開放都市」とは、改革開放政策の一環として 1984 年に中国中央政府が指定した経済産業都市である。中国沿岸部の都市をいくつか指定して、経済技術開発区を建設し経済発展を優先的に実施した。大連のほかにも、秦皇島、天津、煙台、青島、連雲港、南通、上海、寧波、温州、福州、広州、湛江、北海などがある。
5）1982 年、1986 年、1994 年と三次にわたって公布された後、順次増補されながら 100 以上の都市が指定されている。
6）張海燕「大連市における都市観光資源の活用の意義と課題―歴史的遺産の観光活用による都市魅力の増進を中心に―」『名城論叢』第 16 巻第 4 号、2016 年、233-234 頁。
7）戦前大連にあった大連第二中学校の中国人卒業生である A 氏へのインタビュー調査より。2008 年 5 月大連にて筆者実施。
8）水内俊雄「植民地都市大連の都市形成― 1899 〜 1945 年」『人文地理』第 37 巻第 5 号、1985 年、50-67 頁。
9）董志正『大連・解放四十年史』新評論、1988 年、67-68 頁。

移民研究の進展をめざして

おわりにかえて

　立命館大学では、比較的早くから日本人（日系）移民の歴史や彼らの輩出・受容地の地域性、そして彼らが創造・伝承した文化などに関わる研究者の交流があった。それは、1989（平成元）年における立命館大学国際言語文化研究所（以下、言文研）の設立と同時に発足した「日系文化研究会」に遡る。この研究会の歴史については、その後に学内で継承された「日本人の国際移動研究会（以下、移動研）」による研究成果である米山裕・河原典史編『日系人の経験と国際移動—在外日本人・移民の近現代史—』（人文書院・2007年）と、米山裕・河原典史編『日本人の国際移動と太平洋世界—日系移民の近現代史—』（文理閣・2015年）の「あとがき」に記されている。両書を編んだ移動研は、おもに歴史学や地理学などのフィールドワークによる移民社会の復原を目的とした活動を続けてきた。

　一方、かつての「日系文化研究会」のメンバーをもとに、2007（平成19）年に「マイグレーション研究会（以下、マイグレ研）」が新たに組織された。大学内の研究会から発展的に再編された当研究会は、おもに関西地方で活動する移民研究者で組織され、新たな歴史を刻み続けている。その成果はマイグレーション研究会編『来日留学生の体験—北米・アジア出身者の1930年代—』（不二出版・2012年）と、同編『エスニシティを問いなおす—理論と変容—』（関西学院大学出版会・2012年）として結実された。両書には、文学や社会学などからの「言語」や「表象」など、移民をめぐる「文化」を中心とする論考が収められている。つまり、マイグレ研は前述した移動研とは異なるアプローチから移民研究を重ねている。このように、立命館大学の言文研における「日系文化研究会」を母体とする二つの研究会は、相互補完的に移民研究を深化・展開させてきた。

　このようななか、言文研との協力で、日比嘉高（名古屋大学）を中心としたマイグレ研では、河原を介して新たに「メディアと日系人の生活研究会」が

組織された。メディアと移民との関わりをめぐるこの共同研究は、2013（平成25）年度から言文研の重点研究に採択された。そして研究成果は、河原典史・日比嘉高編『メディア―移民をつなぐ、移民がつなぐ―』（クロスカルチャー出版・2016年）として刊行された。同書は、マイグレ研による3冊目の共同研究の成果になったのである。

　日本人移民とメディアについて、マイグレ研は共同研究を発展的に継続した。さまざまなメディアによって育まれる日本文化、いわば「日本観」に関する共同研究が、編者の一人である木下の発案により立ち上げられた。「メディアと日本観」と改称した研究会は、再び中堅・若手研究者へ参加を呼びかけた。その結果、大学院生を中心とする新進気鋭の移民研究者が集まった。2013（平成25）年5月にはワークショップが開かれ、木下から共同研究の主旨と今後の方針が説明された。12月には最初の報告として、デイ多佳子「"Little Brown Man"を考える―環太平洋ネットワークを恐れたアメリカ人の視点から見る日系移民史―」、小林善帆「日本と韓国のいけ花文化交流―いけ花とコッコジの相関を通して―」が発表された。2014（平成26）年3月の合宿研究会では、山本剛郎（関西大学名誉教授）「日本観研究に関する一考察」の発表を得て、共同研究のテーマがより明確になった。2014年度には7月に青木香代子「「在日」から"Zainichi"へ―サンフランシスコ・ベイエリアの在日コリアンのグループ活動を例として―」、10月に野﨑京子（京都産業大学名誉教授）「グローバルな視点からの『和食ブーム』―日本観の変遷と言語で伝えられないもの―」、山口知子（関西学院大学非常勤講師）「戦後「外国映画」にみる日本表象の変遷―戦後復興期、日本経済黄金期、そしてクールジャパンの時代へ―」の報告が得られた。

　2015年度は、前著『メディア』の編集・発行の最終段階と重なり、本共同研究は休眠となった。再開された2016年度では、最終目標である書籍出版に向けて参加メンバーがさらに研究成果を積み重ねた。まず5月例会では、志賀恭子「大ボストン都市圏における市民の日本観」、佐藤麻衣「1920年代のアメリカ美術界とニューヨークの日本人画家―美術作品に描かれた日本観―」と、木下昭「日本語教育と日本観―ダバオの日系大学を事例として―」がその先陣を切った。以下、7月に李裕淑「儒教的祖先祭祀の変容―在日コ

リアンのチェサザン（祭祀床）と供花―」、12月に野崎京子「日系アメリカ人作家が描く日本―イメージと現実―」、高橋侑里「ドキュメンタリー映画『ミリキタニの猫』から問う日系アメリカ人の戦争の記憶」の報告があり、恒例の3月合宿では、河原典史「新・旧新渡戸庭園をめぐるカナダ日本人社会」の報告が得られた。

　共同研究の進展のなか、その中間報告として編者の河原は『立命館言語文化研究紀要』26巻4号（2015年）において「日本人移民をめぐるメディア研究」、同28巻3号（2017年）には「日本観を問いなおす」という特集を組んだ。前号に収められた論文のいくつかは、先に前著『メディア』に収められた。その一方、本書のテーマに近い前号のデイ論文、ならびに後号での小林・李・志賀・高橋論文、そして両号に収録できなかった論考が加筆・修正され、本書の出版準備が進められたのである。

　本書は言文研の多大なる協力を得て刊行され、マイグレ研の4冊目の成果になった。前著に比べ、より若手の研究者による新しい移民研究への挑戦が特徴である。言文研のバックアップにより、かつての日系文化研究会、そしてマイグレ研が多くの有望な若手研究者を育成していることは嬉しい限りである。日系文化研究会を母体とするマイグレ研は、移民研究を推進していると信じたい。そして、移民に関する研究者、特に次代を担う若手研究者に本書を手に取って頂き、ご意見を賜れば幸いである。

　最後になりましたが、本書の出版にあたっては2017年度立命館大学国際言語文化研究所の出版助成を活用しました。出版をお引き受けいただいた文理閣の黒川美富子代表と、山下信編集長をはじめとする同社の皆様に深謝いたします。また、本書に収められた地図作成の一部についてはMAP7社にお世話になりました。末筆ながら、お礼申し上げます。

　2017年12月1日

再び京都市木屋町にて

立命館大学　河原典史

【著者紹介（執筆順）】

水野真理子（みずの　まりこ）

アメリカ（日系アメリカ文学）研究

富山大学大学院医学薬学研究部（英語）准教授

主要著書・論文：『日系アメリカ人の文学活動の歴史的変遷―1880年代から1980年代にかけて―』（風間書房、2013）、「1930年代の日系アメリカ人の文学活動と『左翼的』結びつき―『収穫』『カレントライフ』『同胞』ほか―」（河原典史・日比嘉高編『メディア―移民をつなぐ、移民がつなぐ―』クロスカルチャー出版、2016）、「山城正雄の文学活動の軌跡―帰米二世の意義を問いつづけて―」（細川周平編著『日系文化を編み直す―歴史・文芸・接触―』ミネルヴァ書房、2017）。

デイ多佳子（でい　たかこ）

シカゴ日系移民史研究

independent researcher（アメリカ在住）

主要著書・論文：Michitaro Ongawa: The First Japanese American Chicagoan, *Discover Nikkei*, *Japanese American National Museum*, Los Angeles, 2016、「リトルブラウンマン（little brown man）をめぐる一考察―アメリカの包摂的視座から見た日本人の膚の色」（立命館言語文化研究26-4、2015）、*Show Me the Way to Go Home-The Moral Dilemma of Kibei No No Boys in World War Two Incarceration Camps*, Wren Song Press, 2014.

半澤典子（はんざわ　のりこ）

日本近現代史、ブラジル移民史研究

京都女子大学大学院特別研修者

主要著書・論文：「ブラジル・ノロエステ地方における日本語新聞―1910年後半～1930年代を中心に―」（河原典史・日比嘉高編『メディア―移民をつなぐ、移民がつなぐ―』クロスカルチャー出版、2016）、「香山六郎と聖州新報（三）」（京都女子大学大学院文学研究科研究紀要・史学編15、2016）、「コーヒー干害低利資金貸付問題と移民政策―1920-30年代のブラジル・サンパウロ州を中心に―」（移民研究年報23、2017）。

河原典史（かわはら　のりふみ）

歴史地理学、近代漁業史研究

立命館大学文学部教授

主要著書・論文：『カナダ日本人漁業移民の見た風景―前川家「古写真」コレクション―』（三人社、2013）、『カナダ日本人移民の子供たち―東宮殿下御渡欧記念・邦人児童写真帖―』（三人社、2017）、「幻の新渡戸庭園を造った人びと―忘れられたバンクーバーの日本庭園史―」（森隆男教授退職記念論考集刊行会編『住まいと人の文化』三協社、2017）。

志賀恭子（しが　きょうこ）

グローバル社会研究

同志社大学大学院グローバル・スタディーズ博士後期課程

主要著書・論文「ニューヨークにおける日本人女性の移住と文化変容」（移民研究年報20、2014）、「ムスリムタウンを歩く―9.11とボストンテロを経験したアメリカ東海岸の日常―」（内藤正典編著『イスラーム世界の挫折と再生―「アラブの春」を読み解く―』明石書店、2014）、「ボストン大都市圏におけるアメリカ市民の日本観」（立命館言語文化研究28-3、2017）。

和泉真澄（いずみ　ますみ）

日系アメリカ人・日系カナダ人文化史研究

同志社大学グローバル地域文化学部教授

主要著書・論文：『日系アメリカ人強制収容と緊急拘禁法―人種・治安・自由をめぐる記憶と葛藤―』（明石書店、2009）、『アメリカ研究の理論と実践―多民族社会における文化のポリティクス―』（趙無名と共編書、世界思想社、2007）、「ヒラリバー強制収容所の農業活動に見る日系アメリカ人の生存戦略―戦時中の一世の活動再考に向けて―」（移民研究年報22、2016）。

高橋侑里 (たかはし　ゆり)

カルチュラル・スタディーズ、アジア系アメリカ人研究

ロンドン・スクール・オブ・エコノミクス　人類学修士課程

主要著書・論文：「ポスト 9.11 に想起される日系アメリカ人の記憶—四世タッド・ナカムラのドキュメンタリー映画をめぐって—」(文化／批評 5、2014)、「境界から思考する—『方法としての境界、あるいは労働の多数化』が問いかけるもの—」(西川和樹・安里陽子・桐谷節子・小路万紀子と共著、同志社グローバル・スタディーズ 5、2015)。

青木香代子 (あおき　かよこ)

多文化教育、異文化間教育

茨城大学グローバル教育センター講師

主要論文：Name and Ethnic Identity: Experiences of Korean Women in Japan, *Journal of Asian and African Studies*, 47-4, 2012、森茂岳雄・青木香代子 (共訳)「ポストコロニアル教育学への招待—グローバリゼーション／トランスナショナリティ／ハイブリディティ—」(デイビッド・ヘンプヒル著『教育学論集　中央大学教育研究会』56、2014)、「海外日本語教師アシスタント実習プログラムにおける異文化間能力—日本人性に着目して—」(異文化間教育 47、2018)。

小林善帆 (こばやし　よしほ)

日本文化学、いけ花文化史

追手門学院大学地域創造学部准教授

主要著書・論文：「『女性満洲』と戦時下のいけ花」(河原典史・日比嘉高編『メディア—移民をつなぐ、移民がつなぐ—』クロスカルチャー出版、2016)、「植民地「満洲」といけ花・茶の湯・礼儀作法—流派、文学、女学校・高等女学校を通して—」(いけ花文化研究 4、2016)、「植民地サイパンの高等女学校といけ花・茶の湯、礼儀作法」(民族藝術 33、2017)。

李裕淑 (イ　ユスク)

共生文明学、在日コリアン研究

同志社大学非常勤講師

主要論文：「在日コリアンのチェサの継承について—チェサの書籍やビデオをもとに—」(在日朝鮮人史研究 44、2014)、「在日コリアンの祭祀 (チェサ) における供花」(いけ花文化研究 3、2015)、「在日コリアン社会のチェサの文化変容—儒教的チェサと仏壇との併祀—」(立命館言語文化研究 28-3、2017)。

木下　昭 (きのした　あきら)

社会学、移民研究、日本語教育研究

立命館大学大学院国際関係研究科非常勤講師

主要著書・論文：『エスニック学生組織に見る「祖国」—フィリピン系アメリカ人のナショナリズムと文化—』(不二出版、2009)、「日本語教育のトランスナショナル化—ダバオ日系社会の変遷と植民地主義—」(蘭信三編著『帝国以後の人の移動—ポストコロニアリズムとグローバリズムの交錯点—』勉誠出版、2013)、「軍政下日本語教育の記憶—元教員が描いたフィリピンとビルマ—」(河原典史・日比嘉孝編著『メディア—移民をつなぐ、移民がつなぐ—』クロスカルチャー出版、2016)。

佐藤　量 (さとう　りょう)

歴史社会学、満洲研究

立命館大学文学部非常勤講師

主要著書・論文：『戦後日中関係と同窓会』(彩流社、2016)、「1950 年代の日中民間交流と同窓会ネットワーク」(現代中国 88、2014)、「日中関係史のなかの大連—対立と友好のジレンマ—」(加藤聖文・田畑光永・松重充浩編『挑戦する満洲研究—地域・民族・時間—』東方書店、2015)。

Japaneseness and Immigrants:
Reclaiming National Culture in a Global Era

CONTENTS

Introduction

PART I   Japanese Culture in Americas before World War II

How American Readers Appreciate Lafcadio Hearn's Works: Focusing on Reviews of *Japan: An Attempt at Interpretation*
MIZUNO Mariko ·· 16

Brown Man: Japanese Skin Color from a Racially Inclusive American Perspective
DAY Takako ·· 37

What Rokuro Koyama (Rocro Kowyama), an Intellectual Immigrant in Brazil, Said and Did: Haiku Produced by Immigrants and Articles in a Japanese Newspaper
HANZAWA Noriko ·· 55

PART II   Japanese Culture in Americas after World War II

The Making of a Garden and Aspects of Japanese Society in Vancouver: Contributions of Japanese Gardeners
KAWAHARA Norifumi ·· 80

The American Citizens' View on Japanese Culture in Boston: An Interest in Japanese Culture Leading to Cross-Cultural Interaction
SHIGA Kyoko ·· 103

Unfolding Japaneseness in Japanese American *Bon-Odori* (Bon Dance): Multilayered Meanings of an Ethnic Marker at the Senshin Buddhist Temple in Los Angeles
IZUMI Masumi ·· 130

Interrogating the War Memory of Japanese American through Documentary Film "The Cats of Mirikitani": Reconsideration of the Incarcerated Camp Experience during World War II
TAKAHASHI Yuri ·· 153

A Zainichi Korean Group in the San Francisco Bay Area
AOKI Kayoko ·· 172

PART III   Japanese Culture in Asia

Cultural Interactions between Japan and Korea: Through the Commonality of Ikebana and Kokkoji
KOBAYASHI Yoshiho ··· 182

The Acculturation of Chesa in the Modern Society of Korean Residents in Japan
LEE Yousuk ··· 209

Impression of Japan by College Students Learning the Japanese Language in the Philippines: Focusing on Contact Zones between Japanese Filipinos or Non-Japanese Filipinos and Japan
KINOSHITA Akira ··· 217

Historic Preservation and Tourism Development in Dalian
SATO Ryo ·· 240

Epilogue

SUMMARY

How American Readers Appreciate Lafcadio Hearn's Works: Focusing on Reviews of *Japan: An Attempt at Interpretation*

MIZUNO Mariko

This paper clarifies American readers' views of Japan at the beginning of the20th century, by analyzing the contemporary reviews of Lafcadio Hearn's works on Japan. Although Hearn gave modern scientific explanations of the strangeness and mysteriousness of the Japanese mind and philosophy, the image of intangible, mysterious Japan did not change and continued to spread to American societies, especially through Hearn's readers who had strong interests in the nations' states and international relations in the world. This paper concludes that if you want to deeply understand the history concerning the views on Japan by foreigners, it is important to examine the views on Japan brought about by Hearn and how much they affected Japanese images thereafter.

Brown Man: Japanese Skin Color from a Racially Inclusive American Perspective

DAY Takako

This article focuses on the fact that the Japanese were once called "brown men" in various newspapers in America, not "yellow men," as Japanese people have been taught in school. Clarifying the difference between American English and British English, the article shows that "yellow" was a slang word for mulatto in American English. In America, where racial perspectives tend to be bipolar, black or white, all people of color between the two poles can be bundled into one term, "brown". In this sense, the term "brown men" newspapers used to describe the Japanese since the turn of the 20th century was a very American expression that still has contemporary significance.

What Rokuro Koyama (Rocro Kowyama), an Intellectual Immigrant in Brazil, Said and Did: Haiku Produced by Immigrants and Articles in a Japanese Newspaper

HANZAWA Noriko

Early Japanese immigrants in Brazil, living their lives under a foreign sky, created verselet-style immigrant literature including *Tanka, Haiku, Senryu*, and *Poetry*. Their literary activities are thoroughly alive in the society of Japanese descents in Brazil. Based on articles in a Japanese newspaper issued in Brazil, this paper takes the case of *Haiku* to explore the spiritual pillar behind the immigrants' creative activities and what supported them, and discusses how they perceived Japan. For those immigrants who were unable to understand the Portuguese language, the official language in Brazil, the sense of relief and fulfillment of being able to express in Japanese their sense of belonging to Japan, their nostalgia, and emotions which they experienced in Brazilian society were the very representation of their Japanese identity.

The Making of a Garden and Aspects of Japanese Society in Vancouver: Contributions of Japanese Gardeners

KAWAHARA Norifumi

This article, with a particular reference to the making of Nitobe Garden completed in 1960, discusses the history of the Japanese garden in Canada from the perspective of the history of Japanese immigrants and their society. Considering this issue, I utilize documents stored in The Vancouver Japanese Gardeners Association (VJGA) and The University of British Columbia (UBC). From his role as Professor in the Department of Gardening at Chiba University, Kannoskue Mori set out for Canada to build a full-blown Japanese garden. The person who assisted Professor Mori was

Tomomichi Sumi, from Seihaku-gun, Tottori Prefecture. He went to Canada in 1926 and worked for a lumber company until he embarked on a landscaping business, which at the same time another individual from Japan was also attempting to promote. After the completion of Nitobe Garden, it was Sumi who was responsible for administering the garden. And in the course of time, that duty was taken over by the Oyama brothers, who were from Kumamoto Prefecture.

The American Citizens' View on Japanese Culture in Boston: An Interest in Japanese Culture Leading to Cross-Cultural Interaction

SHIGA Kyoko

This article focuses on the views on Japanese culture held by American citizens in Boston, Massachusetts. Looking carefully at important points in the accumulated history of interactions between Japan and Boston, this study is based on qualitative research with Bostonians who come into contact with Japanese culture on a daily basis. Specifically, this study attempts to reveal why they are motivated to absorb Japanese culture into their lives, and how it has affected them. Based on an analysis of the participants' life stories, the factors motivating their attraction to Japanese culture are categorized into three types. There is only one participant with Japanese cultural roots, who is labeled as the first type. The second group consists of those whose childhood experiences of being surrounded by Japanese culture contributed to the quest of its allure. The third group is those whose exploration of Japanese culture originally developed from exposure to the globalized media. In conclusion, the participants involved in the study have developed their views on Japanese culture not by seeking an "essential" Japanese culture, but they have learned to be sensitive to different cultures in general and tried to learn about new cultures through the opportunity to learn about Japanese culture.

Unfolding Japaneseness in Japanese American *Bon-Odori* (Bon Dance): Multilayered Meanings of an Ethnic Marker at the Senshin Buddhist Temple in Los Angeles

IZUMI Masumi

This paper unfolds the multilayered meanings of "Japaneseness" in Japanese American *Bon-Odori*, or the annual Bon dance celebration at the Senshin Buddhist Temple. Music and festivals at ethnic religious institutions function as ethnic markers which help construct a shared identity within an ethnic community. However, analyses of Senshin's activities reveal the temple members' political as well as spiritual identities. Located in a mixed-race working class neighborhood in South Central Los Angeles, the temple members have had more interactions with people of different ethnic, racial, religious and cultural backgrounds, compared to the temple members in Little Tokyo. Particularly after 1968, the temple's head priest, Masao Kodani, introduced a series of reforms in the style of weekly worships and in the activities of the annual *Bon-Odori*, which re-oriented the temple activities from passive salvation to active engagement. He also invited local artists to train and rehearse in the temple's Social Hall. The racial integration of the temple prompted the creation of new *Bon-Odori* songs, such as Japanese American *Bon-Odori* and a fusion event called FandangObon, which amalgamated the Buddhist dance with the Mexican-American festival of Fandango.

Interrogating the War Memory of Japanese American through Documentary Film "The Cats of Mirikitani" : Reconsideration of the Incarcerated Camp Experience during World War II

TAKAHASHI Yuri

This study interrogates the meaning of the war memory of Japanese Americans by looking at the documentary film "The Cats of Mirikitani." This documentary originated in the meeting two people, Japanese American, Nisei (second generation) artist Jimmy Tsutomu Mirikitani and New York-based film editor Linda Hattendorf. One of the main questions this research asks is "who is Japanese American?" By examining politics across a wide scope, from nation states to the Japanese Americans'- community. By exploring the artistic activity of Mirikitani, who was exposed to the violence of war, it suggests the possibility of recreating society.

A Zainichi Korean Group in the San Francisco Bay Area

AOKI Kayoko

In this short article, the author will discuss a Zainichi Korean group, Eclipse Rising (ER), in the San Francisco Bay Area, focusing on how the group was formed, and how it works in solidarity with other ethnic groups there. The author will then discuss what ER activities and the group itself mean to its members.

Cultural Interactions between Japan and Korea: Through the Commonality of Ikebana and Kokkoji

KOBAYASHI Yoshiho

Kokkoji (Korean Ikebana) was started by a group of Korean women who mastered the art of Ikebana. This took place in South Korea in the mid-1950s and therefore, Kokkoji initially came from Ikebana. Besides, the lecture series on Kokkoji by a

Japanese woman in the magazine titled Joen ended up revealing what was known as Kokkoji was actually Japanese Ikebana in essence. However, Kokkoji went on to develop in its own way, more or less inspired by Ikebana. This series of Kokkoji lectures, along with other Kokkoji-related activities, can be considered part of the cultural interactions between Japan and Korea.

The Acculturation of Chesa in the Modern Society of Korean Residents in Japan

LEE Yousuk

Today, when the first generation of Korean residents in Japan are on the verge of disappearing, it would be highly challenging to inherit their identity if chesa (ancestral ritual) is not passed down to future generations. The woman appearing in this article do not attempt to have their sons keep the tradition of chesa. In a situation where residing in Japan is not uncommon, the third and following generations will not have the identity of being a Korean descendant. Korean women in Japan, considering the trend of the times, are now finding chesa is out of place in the modern age.

Impression of Japan by College Students Learning the Japanese Language in the Philippines: Focusing on Contact Zones between Japanese Filipinos or Non-Japanese Filipinos and Japan

KINOSHITA Akira

The purpose of this paper is to analyze the impressions of Japan by college students who major in Japanese-Language in Mindanao Kokusai Daigaku (Mindanao International College) in Davao, Philippines. There are four types of students in the school: "Old" Japanese Filipinos who are descendants of Japanese coming to the Philippines before the end of World War II, "New" Japanese Filipinos who are modern children of Japanese fathers and Filipino mothers, "Semi" Japanese Filipinos who are not Japanese descendants but have Japanese fathers or uncles in law, and general non-Japanese Filipinos. Each type of student has different views of Japan. To consider the differences, this paper focuses on "the contact zones," social spaces as follows, where these students meet Japanese people and experience Japanese culture: the college, a Japanese-style festival in Davao, and schools and/or workplaces where the students and their family members were involved in Japan. The investigation finds out that the zones emerge in the context of transformationalism between Japan and the Philippines. The context has been constructed and reconstructed since the1930's and are highly asymmetrical because of colonial and post-colonial relations.

Historic Preservation and Tourism Development in Dalian

SATO Ryo

After the 2000s, with the urban redevelopment in Dalian, China, "historic preservation" and "tourism development" of architecture from the Russian-Japanese colonial period is underway. However, not all those buildings are preserved, and many of them are being demolished, which entails dismantling the "living space" of residents in Dalian. This article focuses on the issue of preservation and demolition of historical architecture in Dalian to discuss what part of its history is remembered and what part is not.

編者紹介

河 原 典 史（立命館大学文学部教授）

木 下　　昭（立命館大学大学院国際関係研究科非常勤講師）

移民が紡ぐ日本
―交錯する文化のはざまで―

2018年3月25日　第1刷発行

<table>
<tr><td>編　者</td><td>河原典史・木下　昭</td></tr>
<tr><td>発行者</td><td>黒川美富子</td></tr>
<tr><td>発行所</td><td>図書出版　文理閣
京都市下京区七条河原町西南角 〒600-8146
電話 (075) 351-7553　FAX (075) 351-7560
http://www.bunrikaku.com</td></tr>
<tr><td>印　刷</td><td>新日本プロセス株式会社</td></tr>
</table>

©Kawahara & Kinoshita 2018　　　　ISBN978-4-89259-821-0

定価（本体1800円＋税）
ISBN978-4-88416-268-9 C0037 ¥1800E